ZHUANLIFA YANJIU

专利法研究

2019

国家知识产权局条法司　编

知识产权出版社
全国百佳图书出版单位
——北京——

图书在版编目（CIP）数据

专利法研究. 2019/国家知识产权局条法司编. —北京：知识产权出版社，2020.12
ISBN 978-7-5130-7329-5

Ⅰ.①专… Ⅱ.①国… Ⅲ.①专利权法—研究—2019—年刊 Ⅳ.①D913.04-54

中国版本图书馆 CIP 数据核字（2020）第 242399 号

内容提要

本书分 5 部分共 20 篇文章，分别从专利、商标、地理标志、知识产权基本法等角度，围绕知识产权领域相关热点问题展开研究。相关文章是相关领域的最新研究成果，可以为从事知识产权研究的人员提供借鉴和参考。

责任编辑：王祝兰	责任校对：王 岩
封面设计：韩建文	责任印制：孙婷婷

专利法研究 2019
ZHUANLIFA YANJIU 2019
国家知识产权局条法司　编

出版发行：知识产权出版社 有限责任公司	网　址：http：//www.ipph.cn
社　址：北京市海淀区气象路 50 号院	邮　编：100081
责编电话：010-82000860 转 8555	责编邮箱：wzl_ipph@163.com
发行电话：010-82000860 转 8101/8102	发行传真：010-82000893/82005070/82000270
印　刷：北京建宏印刷有限公司	经　销：各大网上书店、新华书店及相关专业书店
开　本：720mm×960mm　1/16	印　张：21
版　次：2020 年 12 月第 1 版	印　次：2020 年 12 月第 1 次印刷
字　数：360 千字	定　价：98.00 元

ISBN 978-7-5130-7329-5

目 录

1

"一带一路"沿线国家专利法律制度比较研究

韩秀成❶ 曾燕妮❷ 王 淇❸ 陈泽欣❹
黎 金❺ 赵北北❻ 李明亮❼ 徐正兴❽
马王菲❾ 王 强❿ 杨 超⓫ 路 莉⓬

摘 要

　　全球创新环境面临深刻变革,知识产权信息交流、立场协调和能力建设合作加强。同时,我国社会主义现代化强国建设已进入攻坚阶段,知识产权工作重心从本国制度建设过渡到全面融入国际制度发展当中,知识产权制度面临重大调整。中央多次就"更大力度加强知识产权保护国际合作"作出重要指示。当前知识产权是中方参与国际合作的重点领域之一,筹划知识产权领域合作与交流,是顺利推进"一带一路"倡议的关键。为全面、客观了解各国制度情况及特点,本文通过整理、翻译"一带一路"沿线部分国家专利法律文本,重点分析立法情况、授权、维权及运用方面的法律规定,总结各国与我国专利制度存在的差异和风险点,为开展专利领域立法、贸易磋商、企业对外合作等工作提供参考。

　　在目标国的选择上,基于前期针对外向型企业开展的问卷调查和调研内容,结合

❶～⓬　作者单位:国家知识产权局知识产权发展研究中心。

近年我国"向国外发明专利申请、授权、专利有效状况"国别统计排名靠前的国家数据，本文重点选取俄罗斯、南非、新加坡、越南、印度尼西亚、菲律宾、泰国、印度、马来西亚的专利法律制度情况展开讨论。

关键词

一带一路　专利制度　比较研究

一、各国专利制度基本情况及与我国规定比较

（一）各国立法体系及法律修订情况

关于综合立法，俄罗斯、越南、菲律宾在知识产权法律制度立法体例上采取了综合立法的形式。其中，俄罗斯已将全部知识产权法律规定纳入民法典中，越南、菲律宾则采用知识产权法统一立法模式。

关于外观设计立法，菲律宾、泰国的专利法对外观设计进行明确界定和规范，立法模式与我国相似。其余国家未将外观设计纳入专利法，采用专利、外观设计分别立法形式对权利进行保护。具体情况参见表1。

表1　"一带一路"沿线部分国家专利立法体系及修法情况

立法类型			国家	立法/修法情况
综合立法	民法典	专利、外观设计分别立法	俄罗斯	自2008年1月1日起所有单独的各知识产权法律法规全部集合在《俄罗斯联邦民法典（第四部分）》第七编（第69～77章）"智力活动成果和个性化方法权"，实现了知识产权立法的完全民法典化
	知识产权统一立法		越南	1996年民法典出台后，废除了前期制定的知识产权保护单行法，将"知识产权和技术转让"纳入民法典。2005年颁布了统一的法典式的知识产权法，2015年民法典移除知识产权专编。2017年新民法典生效后，知识产权的相关保护内容将依据知识产权法的规定
		专利法（包含外观设计）	菲律宾	1997年颁布知识产权法典

续表

立法类型		国家	立法/修法情况	
单独立法	专利、外观设计分别立法	南非	1978年颁布专利法，自通过以来共修正9次，❶最新修订于2005年	1993年颁布外观设计法
		新加坡	专利法首次发布于1994年，于1995年生效，分别于2002年、2005年、2012年、2017年进行了修订	新加坡关于工业外观设计保护的基本法律是2000年11月13日制定的《注册工业品外观设计法》（第266章），后经2005年、2012年、2014年、2017年修订
		印度尼西亚	1989年10月13日，印尼众议院通过了专利法案，1989年专利法于1991年8月1日生效。印尼政府于2001年颁布了关于专利的2001年第14号法律，该法律取代了之前的专利相关法律。2016年7月28日再次对专利法进行了修改	2000年底，印尼颁布了2000年关于工业设计的第31号法，为外观设计的单独保护提供了法律依据。该法律至今未进行修改
		印度	1970年印度制定专利法，并先后于1999年、2002年、2005年进行了修订。2003年印度制定专利法细则，2005年、2006年、2012年、2014年、2016年、2017年分别修订了专利法细则	2000年印度制定外观设计法，2001年制定外观设计法细则，2008年、2014年分别修订了外观设计法细则

❶ 分别为1979年第14号"专利法修正案"、1983年第67号"专利法修正案"、1986年第44号"专利法修正案"、1988年第76号"专利法修正案"、1996年第49号"综合性法律修正案"、1997年第38号"知识产权法修正案"、2001年第10号"专利法修正案"、2002年第58号"专利法修正案"、2005年第20号"专利法修正案"。参见：Patents Act 1978 [EB/OL]. [2019-08-10]. https：//wipolex. wipo. int/zh/text/474825.

续表

立法类型		国家	立法/修法情况	
单独立法	专利、外观设计分别立法	马来西亚	马来西亚专利保护依据的主要法律是1983年专利法（第A1264号法令）和1986年专利规则，专利法自颁布后于1986年、1993年、2000年、2002年、2003年和2006年共进行6次修订，对其中部分法律规定内容进行了相应修订；《专利规则》自制定后于1990年、1995年、2001年、2002年、2003年、2006年及2011年进行了7次修订	工业设计保护的主要法律依据是1996年工业设计法（第1449号法令）和1999年工业设计规则。工业设计法自颁发后于2000年、2002年、2013年进行了3次修改。工业设计规则自制定后分别于2012年、2013年进行了相应修订
	专利法（包含外观设计）	泰国	泰国专利法于1979年颁布实施，自颁布后至今共经历了2次修订，其分别于1992年、1999年对其中部分法律规定内容进行了相应修订	
		中国	1984年全国人民代表大会常务委员会通过专利法，分别于1992年、2000年、2008年进行了共3次修订	

（二）专利类型❶、授权条件、不可授予主题的规定

"一带一路"沿线部分国家有关专利类型、授权条件及不可授权主题的规定参见表2。

表2 "一带一路"沿线部分国家专利类型、授权条件及不可授予专利权主题情况

国家	权利类型			授予权利条件		
				发明	实用新型	外观设计
俄罗斯	发明	实用新型	外观设计	新颖性、创造性、实用性	新颖性、实用性	新颖性、独创性
越南	发明	实用新型	外观设计	新颖性、创造性、实用性	新颖性、实用性	新颖性、创造性、实用性

---

❶ 为便于与我国比较，本文将外观设计统一纳入专利项下论述。

续表

国家	权利类型			授予权利条件		
				发明	实用新型	外观设计
菲律宾	发明	实用新型	外观设计	新颖性、创造性、实用性	新颖性、实用性	新颖性、适于工业应用
印度尼西亚	发明	实用新型（简易专利）	外观设计	新颖性、创造性、实用性	新颖性、实用性	新颖性、适于工业应用
马来西亚	发明	实用新型	外观设计	新颖性、创造性、实用性	新颖性、实用性	新颖性、适于工业应用
泰国	发明	实用新型（小专利）	外观设计	新颖性、创造性、实用性	新颖性、实用性	新颖性、适于工业应用
南非	发明		具有美感的外观设计和功能性外观设计	新颖性、创造性	—	美感性外观设计：新颖性、为申请人独创；功能性外观设计：新颖性，且在所属技术领域不是公知常识
新加坡	发明		外观设计	新颖性、创造性、实用性	—	新颖性、适于工业应用
印度	发明		外观设计	新颖性、创造性、实用性	—	新颖性、适于工业应用

1. 授权类型

我国《专利法》第 2 条规定了"发明、实用新型、外观设计"3 种不同类型的保护客体。通过对比，俄罗斯、越南、菲律宾、印度尼西亚、马来西亚、泰国与我国在授权类型上相一致；南非、新加坡、印度的专利权保护类型仅限于"发明、外观设计"，不包括实用新型。

同时，南非外观设计专利与我国不同，分为两种类型：具有美感的外观设计（aesthetic design）和功能性外观设计（functional design）。具有美感的外观设计也称美感性外观设计，是指对物品的图案、形状、构造、装饰，或者对于以上两个或者多个元素特征的结合，且上述组合属于可以通过视觉来进行判断的特征，该美感性与应用该外观设计的产品的美学品味无关。功能性外观设计，是指对物品的图案、形状、构造、装饰，或者以上两个或者多个元素特征的结合，或者无论其以何种方式应用，只要上述组合属于应用该外观设计的产品具有该功能所必需的，其中包括集成电路布图设计、掩膜作品或者一系列掩膜作品等属于功能性外观设计保护的客体。南非不授予外观设计专利的情形则对应上述类型，如仅为实现产品本身功能的设计不给予美感性外观设计专利保护。

另外，南非对土著传统知识进行保护。2013 年南非颁布了知识产权法修正案（2013 年第 28 号法）。该法案为将南非的传统知识纳入知识产权体系进行保护，在引言部分将传统知识定义为包括传统作品、传统符号、传统文化表现形式和传统外观设计在内的人类创造活动过程中的智力成果，并全面系统地提出了传统知识的保护问题，在南非确立了土著知识保护机制。该法案对工业品外观设计法（1993 年第 195 号法）（规定了对传统外观设计进行认定和保护的条件）进行了修改。

2. 授权标准

（1）发明、实用新型

除南非以外，各国对发明专利权和实用新型专利权的授权标准基本上一致。发明专利要求符合"三性"即"新颖性、创造性、实用性"，对于设立实用新型专利保护制度的国家，均要求符合"新颖性、实用性"的授权标准。我国《专利法》第 22 条规定实用新型专利权授予条件为新颖性、创造性、实用性，但由于我国对实用新型采取形式审查，实践中符合新颖性、实用性即可授权，因此本文将我国实用新型授权条件明确为新颖性、实用性，与大部分国家授权标准相同。

南非对发明专利只要求符合"新颖性、创造性"标准。虽然南非对于发明专利申请不进行实质性审查，但对发明专利申请的实质性授权条件仍然具有相应的法律要求，后续撤销程序也涉及将新颖性和创造性作为权利是否有效的判定标准。

（2）外观设计

相比较而言，各国对外观设计专利权的授权标准存在较大差别。

一是"新颖性、适于工业应用"标准。采用"新颖性、适于工业应用"标准的国家占比最多，包括菲律宾、印度尼西亚、马来西亚、泰国、新加坡、印度；我国《专利法》第 23 条第 1 款、第 2 款可以分别理解为外观设计专利权授予条件为"新颖性、创造性"，但与上述实用新型情况类似，在形式审查过程中，只针对外观设计明显的新颖性进行审查，创造性不作考虑，同时鉴于外观设计定义中提到应"适于工业应用"的表述，因此本文将外观设计专利授权条件明确为新颖性、实用性，与以上国家授权标准一致。

二是部分国家的特殊规定。俄罗斯授予外观设计专利权的条件包含新颖性和独创性。独创性要求在我国外观设计专利申请初步审查中不涉及。南非对不同类型外观设计授权条件的规定有细微差别：对于美感性外观设计要求"新颖性、为申请人独创"，对于功能性外观设计要求符合"新颖性，且在所属技术领域不是公知常识"标准。越南对外观设计需进行实质审查，外观设计专利与发明专利一样须符合"新颖性、创造性、实用性"授权要求。

3. 不可授权的主题

从被调查国家专利法律制度规定及执行情况来看，各国对可以获得专利权的主题均进行了排除性规定，具体包括本身不属于专利权范畴的主题、基于特殊政策考虑不宜进行专利保护或考虑到社会利益而不予保护等情况。

（1）发明、实用新型

对于发明和实用新型专利，各国对科学发现、科学理论、数学方法、智力活动、游戏规则、数据信息计算机程序、动植物品种、微生物工艺或微生物工艺生产产品、手术治疗或诊断方法、违法或违反社会公共利益的发明创造等内容进行了明确排除，这与我国《专利法》第2条、第5条、第25条等对不能获得专利权保护主题的相关规定基本相同。

同时，部分国家有特殊规定。菲律宾、印度对药物和医疗器械方面的科学发现作出专门说明，规定仅仅发现一种已知物质的新形式或新性质而不会导致该物质已知功效的增强，或者仅仅发现一种已知物质的任何新性质或新用途，或者仅仅使用一种已知方法，无法获得授权，除非这种已知方法能产生使用一种新反应物的新产品；并且进一步明确，已知物质的盐、酯、醚、多晶型物、代谢物、纯形式、粒度、异构体、异构体混合物、络合物、组合和其他衍生物应被视为同一物质，除非它们在功效方面的性质有显著差异，否则无法获权。

我国《专利法》中并没有针对农业或者园艺方法的单独排除条款。印度法律规定，对农业或园艺方法不授予专利，同时印度对传统知识不进行专利保护。

俄罗斯、越南、菲律宾规定商业活动或经济活动的方案、规则或方法不授予专利权，但根据我国《专利审查指南 2010》最新规定，涉及商业模式的权利要求，如果既包含商业规则和方法的内容，又包含技术特征，则不应当依据《专利法》第 25 条排除其获得专利权的可能性，可以获得专利保护。

（2）外观设计

对于外观设计专利，各国基本上对涉及国家或地区、组织机构、社会或个人的徽章、勋章、名称缩写以及旗帜，违法或违反公共秩序、道德、宗教信仰等客体内容进行了排除，但在具体限制上各国存在差异。

俄罗斯对不能作为外观设计的情形解释较为丰富，特别是对仅受产品技术功能制约的设计方案以及外观设计与个性化标识（主要为商标）可能造成混淆的相同或近似设计进行了详细列举。在我国外观设计规定中暂无"混淆"概念。

南非针对不同类型外观设计，规定对于仅为实现物品本身功能而必须具备的特征，或者属于构造的方法或者原理的，不能给予美感性外观设计专利保护；对于机器、车辆或者设备的部件，不能给予功能性外观设计专利保护，但可以考虑申请美感性外观设计专利。

印度外观设计专利保护客体的限制较多，本质上主要属于文字或艺术作品的设计不受外观设计法的保护。中国对于外观设计专利保护客体的限制相对印度较少，对于平面产品仅针对平面印刷品的图案、色彩或者二者的结合作出的主要起标识作用的设计不予保护，对于其他的日历、卡片、徽章等产品均给予保护，此外，对于房屋建筑物的外观设计也给予专利保护。

菲律宾规定"主要是出于技术或者功能性考虑，为了实现技术效果的外观设计"不能授权，我国未明确针对该情形作出规定。同时，我国《专利法》明确规定对于平面印刷品的图案、色彩或者二者的结合作出的主要起标识作用的设计不能授予专利权，而菲律宾无相关规定。

泰国属于君主立宪制国家，为体现对国王及其王室的尊重，在外观设计专利保护中明确将王室法令规定的外观设计排除在授权客体以外。

（3）关于局部外观设计的保护

我国现行《专利法》及其实施细则只对产品外观设计的整体提供保

护，而对产品的某一组成部分的外观设计不给予单独保护。与我国情况一致，包括印度、新加坡、菲律宾、马利西亚、泰国在内的部分"一带一路"沿线国家，也未开放对局部外观设计进行保护。

在俄罗斯、南非、越南则可以申请保护局部外观设计专利。俄罗斯联邦经济发展部第 695 号法令"对外观申请文件的要求"第 32 条第 15 项中规定：允许在产品及其部分（部件）外观的视图中使用虚线表示，但上述内容申请人不能主张法律保护。申请的外观设计属于部分产品外观的，应使用实线绘制。南非外观设计法第 15 条关于外观设计的注册中提到"如果已经针对一项外观设计提出注册申请或者该外观设计已经获得注册，并且同一申请人另外就同样的外观设计或部分外观设计，提出在登记簿的相同或者不同部分就相同类别的物品或者一个或者多个其他类别的物品予以注册的申请"。

（三）各国关于专利申请程序的规定

1. 申请文件

（1）申请文件内容

首先，关于发明、实用新型申请文件。我国《专利法》第 26 条规定了发明和实用新型专利申请文件的组成以及对申请文件各组成部分的基本要求，包括请求书、说明书（包括附图）、说明书摘要、权利要求书。❶各国规定与我国基本相同，对发明专利申请要求提交包括请求书、说明书、权利要求书、摘要等相关文件资料，新加坡、印度等国还需提交委托书、优先权等证明文件。

同时，俄罗斯国家杜马委员会已审议了一项法律草案，该草案提议允许申请人向俄罗斯知识产权局提交发明专利、工业品外观设计、实用新型专利申请时附加电子形式的 3D 模型，即在提交各类知识产权申请时允许使用 3D 模型。这将改善并简化需要高度可视化领域的审查程序。目前，我国及其他国家无提交 3D 模型的相关规定。

我国目前不存在临时申请制度，申请人所提交的专利申请均为正式申请。与我国不同，南非、印度规定发明专利可提交临时申请。南非对发明申请文件作出特殊规定，申请文件包含三种：临时专利申请、完整专利申请、国际申请，针对不同情形包含不同的申请文件。其中，①临

---

❶ 尹新天. 中国专利法详解 [M]. 北京：知识产权出版社，2011：355.

时专利申请文件提交内容较完整专利申请文件简单，但要求在临时注册专利申请日起 12 个月内提交完整申请文件；②国际申请程序与完整申请大体相同，完整申请文件中需特别包含土著生物资源、遗传资源和传统知识的声明。印度发明专利可以提交临时申请，即在提交专利申请时提交"临时说明书"，并应在 12 个月之内提交完整的说明书；如果逾期未提交，则视为放弃该专利申请。

其次，关于外观设计申请文件。我国《专利法》第 27 条规定申请外观设计专利应当提交请求书、该外观设计的图片或者照片、简要说明。各国对于外观设计要求提交申请书、视图或照片、外观设计权利要求等文件。与我国不同的是，新加坡未对简要说明材料的提交作出规定；菲律宾要求申请人指明使用外观设计的制造产品或者手工产品所属的种类；马来西亚要求申请人提交外观设计的新颖性声明；我国要求申请人单独提交一份简要说明，并在简要说明中写明产品名称、用途、设计要点以及公告视图等内容。

（2）申请文件提交

俄罗斯规定了申请文件的 4 种提交方式：①直接递交；②通过邮局邮寄纸件申请文件；③通过传真提交；④通过俄罗斯知识产权局官方网站或联邦国家信息系统"国家和政府服务统一入口"提交电子申请文件（包括原申请的后续申请文件）。我国则不接受传真或电子邮件形式提交的专利申请文件，相关申请文件需要通过面交、电子申请客户端或邮寄纸件申请材料等形式提交。两国存在差异。

与其他国家相比，印度专利法对申请文件的提交方式作出了特别规定：①2005 年起开始接受邮件申请，但邮件申请的专利生效日期为授权日，而不是上溯到专利申请日，即在专利申请公开至授权前期间内该项发明创造不享有专利权；②电子申请方式，申请文件必须通过专利代理人以电子形式提交，原件通过扫描形成电子文件，且在电子文件提交后 15 天内须提交原件。

2. 申请日及优先权日的确定

（1）申请日的确定

调查各国对于申请日的认定标准上，基本为提交或收到符合规定的申请文件之日为申请日，具体如表 3 所示。

表3 "一带一路"沿线部分国家关于专利申请日的规定

国家	申请日
俄罗斯	最后提交文件的收到之日
南非	以规定的方式提出、缴纳规定的费用之日
印度	专利申请提出之日
新加坡	收到申请文件之日
菲律宾	收到专利申请文件之日
越南	申请文件的实际收到日或邮戳日
马来西亚	收到完整信息的申请书的日期
泰国	提交符合规定的申请文件之日
印度尼西亚	收到符合规定的申请文件之日，同时申请人应已缴纳相关费用

其中，俄罗斯联邦民法典中规定联邦知识产权执行权力机构收到发明、实用新型和外观设计申请文件之日视为申请日；如果上述文件没有同时提交，则以最后文件收到之日视为申请日。我国《专利法》规定国务院专利行政部门收到专利申请文件之日为申请日。由此可见，俄罗斯的申请文件可以先后提交，而我国的申请文件需要同时提交。

印度对临时申请的申请日进行了规定，指出如果同一申请人名下的两项或多于两项申请附有关于同源的发明的临时说明书，或其中一项是对另一项的修改，而主管官员认为该等发明的全部构成一项发明并且可以适当地包括在一项专利中，则可以允许就所有这些临时说明书提交一份完整的说明书，但须自最早的临时说明书提交日期起计算申请日；如果专利申请提交了一份完整的说明书，而该专利申请附有一份临时说明书，或附有一份根据规定作出的指示而视为临时说明书的说明书，则如申请人提出要求，主管官员可在授予专利之前的任何时间，取消临时说明书，并将申请日期推迟到完整说明书的提交日期。

菲律宾与我国规定相同，都是规定专利行政部门收到专利申请文件之日为申请日。但为了便于申请人获得较早的申请日，菲律宾规定知识产权局可以在通过传真或电子邮件收到申请文件副本时便确定申请日。原始文本须在该申请日后2个月内提交；否则，申请日将变为知识产权局收到原始文本之日。

11

（2）允许专利类型转化时的申请日

被调查国家中，俄罗斯、马来西亚、菲律宾、泰国的法律对允许专利类型的转化问题进行了规定。其中，马来西亚、菲律宾、泰国可在发明或实用新型之间相互转化，俄罗斯规定三类专利申请件均可以相互转化。以上国家均规定转化后保留原始申请的申请日。

3. 优先权

优先权的规定在各国专利制度中都占有较为重要的地位。作为《巴黎公约》缔约国，各国对优先权原则均进行了明确规定（参见表4）。

表4 "一带一路"沿线部分国家关于优先权的规定

国家	外国（或公约）优先权	本国优先权
俄罗斯	发明、实用新型：12个月；超期，给予不超过2个月延长期 外观设计：6个月；超期，给予不超过2个月延长期	发明：12个月 实用新型和外观设计：6个月
南非	发明：12个月或缴纳费用后15个月 外观设计：6个月	发明：附临时说明书、完整说明书在先申请递交日 外观设计：无本国优先权
印度	发明：12个月 外观设计：6个月	临时申请后12个月内可提交正式申请
新加坡	发明：12个月 外观设计：6个月	无本国优先权
菲律宾	发明、实用新型：12个月 外观设计：6个月	无本国优先权
越南	发明、实用新型：12个月 外观设计：6个月	发明、实用新型：12个月 外观设计：6个月
马来西亚	发明、实用新型：12个月 外观设计：6个月	无本国优先权
泰国	发明、实用新型：12个月 外观设计：6个月	无本国优先权
印度尼西亚	发明、简易专利：12个月 外观设计：6个月	无本国优先权

在外国优先权（或公约优先权）确定期限方面各国规定基本一致，但在本国优先权、副本提交等方面其他国家与我国存在差异。

对于本国优先权，我国《专利法》只适用于发明和实用新型专利，不适用于外观设计专利申请。但俄罗斯规定，同一申请人提交的发明专利申请可以自在先申请提出之日起 12 个月期限届满前要求已经披露发明的在先申请的优先权，同一申请人提交的实用新型或外观设计专利申请可以自在先申请提出之日起 6 个月期限届满前要求已经披露实用新型和外观设计的在先申请的优先权，在适用类型及期限规定上与我国不同。越南也对外观设计本国优先权作出了规定。

另外，南非、印度规定有临时申请制度。南非专利法第 31 条规定，"(1) 附有完整说明书的申请可以要求以下优先权：(a) 附有临时说明书的涉及相同主题的在先申请的递交日；(b) 附有完整说明书且未要求优先权的涉及相同主题的在先申请的递交日……"；印度没有明确的本国优先权制度，但是印度规定"临时申请后 12 个月内，可提交正式申请"。整体上看，南非、印度的临时申请在效果上相当于我国的本国优先权。

针对优先权文件副本的提交日期要求，我国规定申请人应在申请时提出书面声明，并在 3 个月内提交第一次提出专利申请文件的副本。印度、新加坡规定 2 个月内提交优先权文件副本，但新加坡起算时间为申请人收到通知书后。菲律宾、印度尼西亚分别规定自申请日起 6 个月、16 个月内提交副本。俄罗斯规定对于发明、实用新型专利申请，应自该申请提交之日起 16 个月内提交优先权文件副本，对于外观设计专利，应自该申请申请日起 3 个月内提交优先权文件副本。

针对逾期情形，我国规定未提出书面声明或者逾期未提交专利申请文件副本的，视为未要求优先权。俄罗斯规定，若发明、实用新型逾期未提交副本，仍可承认优先权的内容，条件是在先申请的副本是申请人向首次提交申请的专利局自该申请提交之日起 14 个月之内要求获得的，并自申请人获得之日起 2 个月内向联邦知识产权执行权力机构提交；外观设计若逾期未提交副本，仍可承认优先权的内容，条件是在先申请副本是申请人向首次提交申请的专利局自该申请提交之日起 8 个月之内要求获得的，并自申请人获得之日起 2 个月内向联邦知识产权执行权力机构提交。

泰国另有展会优先权的规定，即在由政府主办或者授权在泰国举办的展览会上展览的发明，如果自展览会开幕日起 12 个月内申请专利的，展览会开幕日视为提交专利申请的日期。而我国则将在中国政府主办或承认的国际展览会上首次展出的情形规定为不丧失新颖性宽限期的情形。

4. 不丧失新颖性宽限期

中国实行的是狭义宽限期制度，对享有宽限期条件的规定比较严格，仅限定了符合条件的展会、学术技术会议、他人未经同意的泄露等三种情形，期限均为 6 个月。各国对于不丧失新颖性宽限期和适用理由均与我国规定不同（参见表 5）。

表 5 "一带一路"沿线部分国家关于不丧失新颖性宽限期的规定

国家	不丧失新颖性宽限期
俄罗斯	发明、实用新型：自信息泄露之日起 6 个月内 外观设计：自信息泄露之日 12 个月
南非	实行广义宽限期制度，南非专利法和外观设计法中并未明确限定不丧失新颖性宽限期的期限时间
印度	发明：申请日或者优先权日前 12 个月内 外观设计：申请日或者优先权日前 6 个月内
新加坡	发明：申请日前 12 个月 外观设计：申请日前 12 个月
菲律宾	发明、实用新型：申请日或者优先权日前 12 个月内 外观设计：申请日或者优先权日前 12 个月内
越南	发明：公布之日起 6 个月内 外观设计：公布之日起 6 个月内
马来西亚	发明、实用新型：自申请日或者优先权日起 12 个月内 外观设计：申请日或者优先权日起 6 个月内
泰国	发明、小专利：因发明主题被非法获得而导致的公开、发明人自己公开或者发明人在国际展览会或官方展览会上展出后 12 个月内提交专利申请的，不视为出版物形式的公开，相关在后申请不会丧失新颖性
印度尼西亚	发明：申请日前 6 个月内或他人违反保密义务导致公开申请日前 12 个月内 外观设计：申请日前 6 个月内

适用情形方面，俄罗斯实行广义宽限期制度。对于发明和实用新型，其规定由于创作者、申请人或是其他任何一个可以直接或间接得到涉及发明或实用新型信息的人泄露公开（其中包含在展会中陈列展览发明或实用新型）导致有关发明或实用新型的实质内容成为公知的情形，不妨

碍专利性的认定，同时规定申请人负有关于信息泄露公开不妨碍发明或实用新型专利性认定的举证责任。对于外观设计，适用情形与发明和实用新型相同。

南非实行广义宽限期制度，对于发明，在以下情形下，不应仅因为据以授予专利权的发明或者其任何部分在该发明的优先权日之前已经被公开、使用或者已知这一事实而无效：①未经专利权人或者其之前的权利人知晓或者同意；②申请人或者专利权人或者其之前的权利人，以申请人或者专利权人的身份经过合理技术试验或者实验在南非工作得到的发明的结果。对于外观设计，如果在公开日之前已经被披露、使用或者获知，而其所有人能够证明这种获知、披露或者使用未经其知晓或者同意并且源自或获取自所有人，同时所有人在知悉这种披露、使用或者获知后付出了合理的努力来申请并获得对该外观设计的保护，则对于该外观设计注册不得仅仅因该披露、使用或者获知而宣告无效。

新加坡专利法除他人未经申请人同意而泄露秘密、国际会议展览、学术团体发表等与我国相类似规定之外，还包括发明人以论文形式描述该发明并由本人或经发明人同意或代表其利益的任何人在学术团体中朗读，以及如果在一项发明中包含了一种物质或组合物，且该物质或组合物通过外科手术或治疗法用于人类或动物身体疾病的治疗，或用于人类或动物身体疾病诊断的情况下，若此类方法中对此物质或组合物的使用并未构成现有技术的一部分，即使这种物质或组合物构成现有技术的一部分并不妨碍此项发明被认为是新颖的。

菲律宾规定对于发明人自己的提前公开、专利局作出的不当公开以及直接或者间接从发明人获得信息的第三方进行的公开，均可以获得不丧失新颖性宽限期。实用新型、外观设计适用发明规则。

越南对于发明、外观设计，规定在未经申请人许可被他人公开的、申请人以科学报告方式公开的、申请人在越南国家展览会或官方认可的国际展览会上公开展出三种情况下不丧失其新颖性。

马来西亚规定对于该公开是由于申请人或者该专利申请的权利人的行为引起的、由于侵犯申请人或者该专利申请的原权利人的权利的行为引起的情形均可以要求不丧失新颖性宽限期。

泰国因发明、小专利主题被非法获得而导致的公开、发明人自己公开，或者发明人在国际展览会或者官方展览会上展出后的 12 个月内提交专利申请的，不视为在专利申请日之前的公开。

对于发明和简易专利，印度尼西亚对不同情形作出规定：第一，在申请日前 6 个月内，有在印度尼西亚国内或者国外举行的官方或者官方承认的国际展览会上或者在印度尼西亚官方或者官方承认的国内展览会上展出过、其发明人在印度尼西亚为研究和开发实验而进行的实施情形之一的，不丧失新颖性；第二，在申请日前 12 个月内，任何其他人违反相关发明的保密义务而导致发明公开的，该发明也不被视为公开。对于外观设计，规定在申请日前 6 个月内，有在印度尼西亚国内或者国外、在官方或者被认为是官方的国家或者国际展览会上展览过，为教育、研究或者开发目的而由设计人在印度尼西亚的一项试验中使用过这两种情形之一的，不丧失新颖性。

（四）各国有关专利复审、异议、无效（撤销）程序的规定

1. 复审或申诉程序

"一带一路"沿线部分国家有关专利复审或申诉的规定如表 6 所示。

表 6 "一带一路"沿线部分国家关于专利复审或申诉程序的规定

国家	部门	理由	救济
南非	专利局、外观设计局	对专利登记主任❶作出的任何决定，可以向委员❷提出申诉	对专利委员作出的任何命令和决定，可以向法院提起诉讼
印度	印度知识产权申诉委员会	对印度专利局发出的驳回通知书	委员会裁决是最终判决，不能再进行进一步救济
新加坡	新加坡知识产权局	对注册员作出拒绝授予专利的通知	对审查决定不服的，申请人可以请求进行复审。对复审决定不服的，可以向法院提起上诉
菲律宾	菲律宾知识产权局专利部	对被驳回的申请	知识产权局对于申诉的处理将是终局裁定，不能再进行进一步救济

---

❶ 根据南非管理公共服务的法律，南非经济事务和技术部部长任命专利登记主任，贸易和工业部部长任命外观设计注册主任，分别管理专利局、外观设计局事务。

❷ 南非最高法院德兰士瓦省分院院长任命该法院一名或者多名法官或者代理法官作为一名或者多名专利委员依据专利法行使权力和履行职责。

续表

国家	部门	理由	救济
越南	越南国家知识产权局	对于专利权登记申请处理决定或通知	申请人或利害关系人可以向科学技术部提出第二次申诉或向法院提起诉讼
马来西亚	法院	对于登记主任或者专利委员会的决定	对审查决定不服的,申请人可以提出申诉。对知识产权局的决定不服的,可以向法院提起上诉
印度尼西亚	专利申诉委员会	对于驳回的相关申请	申请人可以向印度尼西亚商事法院就该决定提起诉讼

　　具体规定上,南非对申诉救济作出另外规定,在任何委员处理程序中,当事人可以在审理前书面协议向委员提出争议事项获得终局决定,并按照规定的方式向委员提出申请。如果存在这样的协议,则委员的命令或者决定应对所述当事人构成约束且为终局的,不得就其起诉。

　　印度外观设计无复审程序,而中国外观设计专利申请存在复审程序。

　　新加坡规定,所作出的检索报告、审查报告以及补充审查报告中存在任何问题未解决,则注册员应向申请人作出拒绝授予专利的通知;申请人在接到通知后可以在法定期间内请求对该审查报告进行复查,同时也可以法定的方式修改申请,以解决审查报告中的问题。审查员在进行复审后,可视情况作出复审报告。注册员在收到复审报告后,应将复审报告的副本发送给申请人;如果该报告已经解决原有问题,或者审查员未作出任何反对意见,注册员应当一并送达专利予以注册的通知。

　　菲律宾规定,对于被驳回的申请,申请人可以向专利部部长提起上诉,该上诉相当于我国的复审程序。专利部部长在收到相关上诉请求后,可以向该案审查员要求提供审查员的意见简报。审查员应当自部长命令发出后 2 个月内提交相关简报。如果部长的裁定推翻了审查员的驳回决定,那么该裁定将是最终裁定。如果部长的裁定支持了审查员的驳回决定,那么申请人可以在收到相关裁定后 30 天内向总局长提出申诉。申请人需在提出申诉后的 30 天内向总局长提交一份简报,写明其申诉的权威证据及理由。如果总局长要求，部长应在 30 天内就上诉人的简报提出意见。总局长的裁定将是最终裁定，申请人不能再到法院进行诉讼。由此可见，菲律宾知识产权局对于申诉的处理将是终局裁定。而我国规定申请人对于复审决定不服的，可以继续去法院起诉。

越南专利审查过程中申诉程序与我国复审程序规定不一致。越南针对专利权的授予、修改、无效、终止均可提起申诉，我国复审程序仅针对被驳回的专利申请。越南在针对驳回决定的申诉时，与我国复审程序一致。越南申诉程序规定，收到其专利权登记申请处理决定通知或知道该处理决定之日起 90 天内，申请人和利害关系人可向越南国家知识产权局提出首次申诉。越南国家知识产权局收到申诉 10 内作出决定，并 2 个月内在工业产权官方公报上公布，上述期限届满后，申诉未得到解决或申诉人不同意越南国家知识产权局的申诉解决决定，自期限届满起或申诉人收到申诉解决决定之日起 30 日内，申请人或利害关系人可以向越南科学技术部提出第二次申诉或向法院提起诉讼。

2. 异议程序

随着我国专利制度的发展，为适应实践需要，我国取消了专利申请审批制度中的异议程序。马来西亚与我国相同，未在专利审查中设置异议程序。其他部分被调查国家对异议程序则进行了具体规定。

俄罗斯联邦民法典规定，对联邦知识产权执行权力机构作出视为撤回、驳回、授予专利权的决定存在异议的，申请人可以自收到相应决定或者上述联邦机构驳回决定中指出的对比材料的复印件之日起 7 个月内，向指定联邦执行权力机构提出异议，具体是指向联邦工业产权学院下属的专利纠纷委员会提出异议。可以看出，提出异议的时机可以是授予专利权之前，针对视为撤回、驳回的审查决定，也可以是授予专利权之后，针对授予专利权的审查决定。对于俄罗斯专利纠纷委员会作出的最终决定不服的，可以向俄罗斯知识产权法院提起诉讼。

在南非，对于发明专利授权后，如果权利人对专利提出修改，则第三方可提出异议，包括：专利权人申请修改专利说明书、专利权人申请修改专利权利要求、申请恢复专利、申请许可使用发明。对于外观设计，申请人或与之有关的权利人，或者其他任何人可以对注册主任的任何命令和决定提出异议，而注册主任在收到异议申请后，需要就相关人员召开听证会，并根据听证会的结果对异议的问题作出最终决定；对于不服该决定的，可以向法院进行上诉。

印度在专利公开后授权前的阶段，任何人均可以以书面形式向印度专利、外观设计和商标局提出异议。如果异议理由成立，专利申请将被驳回。在授权公告后的 1 年内，任何利害关系人仍可以向印度专利、外观设计和商标局提出异议；如果异议理由成立，该专利权将被撤销。印度专利异议不仅可以在专利申请公开后且授权前任一时间提出，而且在专利申请授权公告后 1 年内的任一时间均可以采用异议程序针对该有效的专利权提起异议请求。

菲律宾规定，对于发明专利申请，在其申请公布之日或申请人提交实质审查请求日起 6 个月内（以较晚者为准），任何人可以书面形式提出有关发明可专利性的意见，包括相关申请是否符合新颖性、创造性和工业实用性的事项。这些意见应当传达给申请人，申请人可以就此进行答复。菲律宾知识产权局应当接受并将这些与申请有关的意见和答复放入该申请的案卷中。在后续实质审查过程中，审查员应参考该异议程序双方当事人提交的相关资料。我国对于发明专利申请则无授权前的异议程序设置。而对于实用新型以及外观设计专利申请，菲律宾与我国都未规定异议程序。

越南规定，任何第三方可以自申请公布日起到授权日期间内向越南国家知识产权局提出异议。知识产权局在收到第三方的意见 1 个月内，应当通知申请人并给予 1 个月答复期限。在接收到申请人的答复后，如果有必要，知识产权局应当通知第三方并给予 1 个月答复期限。当第三方的意见毫无根据时，知识产权局无须通知申请人，但应当通知第三方其拒绝参考意见，并说明拒绝理由。如果第三方的意见与注册权有关，当无法确定意见是否有依据时，知识产权局应当通知第三方，以便第三方向法院提出请求以进行处理。在知识产权局发出通知后 1 个月内，如果第三方未能通知知识产权局向法院提出请求，视为撤回其意见。如果第三方在上述期限内通知知识产权局，则应当暂停申请程序，直到法院解决争议。在获得法院的争议处理结果后，知识产权局应当根据处理结果恢复申请程序。

泰国规定，发明专利申请公布后，相关方可以在公布之日起 90 日内提出异议。对于异议人提出异议的相关申请，如果厅长审理后决定该发明属于异议人，则应驳回该专利申请。专利申请人对厅长的驳回决定没有上诉，或者上诉后委员会或者法院作出终局决定维持原驳回决定的，如果异议人在厅长驳回专利申请之日起或者终局决定作出之日起 180 日内提交专利申请，则异议人应当被认为是在原专利申请人提交专利申请之日业已提交专利申请，而泰国知识产权厅对原专利申请的公布视为对异议人的专利申请公布，且任何人不得再针对该异议人的专利申请提出异议。外观设计专利申请公布后，相关方可以在公布之日起 90 日内提出异议，异议程序与发明专利申请规定相同。另外，小专利无异议机制。

印度尼西亚规定，在发明与简易专利的公布期内，任何人均可以对相关申请提出异议。在公布期内，任何人均可以对相关申请提出异议。印度尼西亚知识产权总局会及时将第三方的异议理由等材料发送给申请人，申请人可以提交书面的意见陈述。在后续实质审查过程中，知识产权总局会将上述异议理由及申请人的意见陈述作为附加信息加以考虑。

对于外观设计专利申请，印度尼西亚规定任何人可以以书面形式向知识产权总局提出包含实质内容的异议。申请人应当自公布之日起 3 个月内提交相关异议。知识产权总局收到异议请求后应当及时通知申请人，申请人可以在知识产权总局的通知书发出之日起 3 个月内递交一份针对异议的意见陈述。对于被提出异议的相关申请，审查员也应当进行实质审查。审查员应当利用所提交的异议和陈述作为审查中考虑登记或者驳回申请的因素。知识产权总局应当自异议期限（3 个月）届满之日起的 6 个月内作出同意或者拒绝他人所提异议的决定。相关决定应当自决定作出之日起 30 日内以书面形式通知申请人或者其代理人。若相关决定驳回专利申请的，申请人可以自收到通知之日起 3 个月内向商事法院提起诉讼。

3. 无效或撤销

对于无效或撤销的救济方面，各国进行了不同规定（参见表 7）。

表 7 "一带一路"沿线部分国家关于专利无效或撤销的规定

国家	理由	主管部门
俄罗斯	① 一般是不符合法典中关于保护客体、专利授权条件、修改超范围、重复授权相关规定； ② 专利证书中记载的创作者或专利权人不符合规定，或未在专利证书中指明符合规定的创作者或专利权人	① 联邦知识产权执行权力机构； ② 法院

续表

国家	理由	主管部门
南非	① 发明专利：包括不具有新颖性、申请人不具有申请权利、公开不充分、欺诈等； ② 外观设计：注册申请不是外观设计所有人提出、欺诈、虚假声明或者陈述、注册主任驳回外观设计注册申请等	① 专利委员会； ② 法院
印度	① 一般是存在权利不清楚，权利不符合新颖性、实用性和创造性等实质性缺陷； ② 某一专利或其行使方式对国家有害或普遍损害公众利益； ③ 无效反诉申请（针对侵权诉讼中的被告）	① 任何利害关系人向知识产权申诉委员会提起无效； ② 中央政府向知识产权申诉委员会提起无效； ③ 高级法院
新加坡	撤销理由包括不符合关于保护客体、公开不充分、专利说明书所披露的事项超过了指定文件中披露的内容等	专利局
菲律宾	撤销理由包括不符合新颖性或不具有可专利性、公开不充分、未提交附图、违反公共秩序或者社会道德等	知识产权局
越南	无效理由包括申请人没有申请专利的权利、专利不符合专利授权条件；当专利的一部分未满足授权条件时，应当宣告部分无效	国家知识产权局
马来西亚	专利无效理由包括不属于保护客体、不具有可专利性、缺少附图、专利权不应属于目前专利所有人、非法的手段获得注册等	法院
泰国	① 撤销理由包括不符合授权的实质要件、不属于专利保护客体等； ② a. 自专利许可签发之日起 2 年，专利权人、专利权人的被许可人或者许可持有者无合法原因未生产专利产品或者使用专利方法，或者没有在本国销售或者进口专利产品或者采用专利方法生产的产品，或者以不合理的高价销售这些产品； b. 专利权人违反规定许可他人行使其权利	① 法院； ② 知识产权厅厅长可以请求专利委员会

续表

国家	理由	主管部门
印度尼西亚	发明、简易专利： ① 法定事由无效：专利权人未能在规定的期限内缴纳年费； ② 应专利权人请求所作的无效处理； ③ 因诉讼而导致的专利无效，理由包括：a. 相关专利不应当被授予专利权的，任何第三方均可向商事法院提出；b. 相关专利与他人已获得的专利相同的，在先专利权人或者其被许可人可向商事法院提出；c. 自授予相关强制许可之日起 2 年内，或者已授予多个强制许可的，自授予第一个强制许可之日起 2 年内，强制许可的授予不能阻止相关专利以违反公共利益的形式和方式实施的。 外观设计： ① 应权利人请求而取消登记； ② 因诉讼而无效	发明、简易专利： ①② 知识产权总局； ③ a. 第三方针对专利权人向商事法院提出；b. 专利权人或被许可人向商事法院提出；c. 公共检察官对专利权人或获得强制许可人向商事法院提出。 外观设计： ① 知识产权总局； ② 商事法院

俄罗斯规定，联邦知识产权执行权力机构根据民法典规定作出的决定或法院生效判决宣告专利权全部无效或者部分无效，对无效裁决结果存在异议的，可向俄罗斯知识产权法院提起诉讼。

南非专利委员会是专利诉讼的一审法院，其地位相当于高级法院分院。专利委员会既审理专利侵权案件，又审理专利无效案件，在某些情况下，可以在一个诉讼程序中审理这两种案件。对于专利委员会的裁决，可以上诉到德兰士瓦省高等法院或直接上诉到最高上诉法院。

菲律宾规定，除非知识产权局局长另行决定，法律事务部部长颁发的撤销决定或者命令应当予以立即执行，即使该专利处于上诉审理阶段。而我国对于被提起无效宣告的相关专利，如果当事人对于国家知识产权局专利局复审和无效审理部的审查决定不服，可以向法院提出上诉，此时，相关专利无效决定并不会被执行，直到法院针对该专利无效请求作出最终判决。

越南国家知识产权局经审查作出对专利权整体或部分无效的决定，或拒绝该请求的决定后，与我国在后续程序的规定上有所不同。越南请求人或相关人可以就该决定或相关通知提出申诉；我国对无效决定不服的，可以自收到通知之日起 3 个月内向人民法院起诉。

（五）各国有关专利保护程序的规定

1. 保护期限

"一带一路"沿线部分国家专利保护期限参见表 8。

表 8 "一带一路"沿线部分国家的专利保护期限

国家	权利类型		
	发明	实用新型	外观设计
俄罗斯	自申请日起 20 年；特殊情形最长保护期限为 25 年	自申请日起 10 年	自申请日起 5 年，最长保护期限为 25 年
越南	自申请日起 20 年	自申请日起 10 年	自申请日起 5 年，最长保护期限为 15 年
菲律宾	自申请日起 20 年	自申请日起 7 年	自申请日起 5 年，最长保护期限为 15 年
印度尼西亚	自申请日起 20 年	自申请日起 10 年	自申请日起 10 年
马来西亚	自申请日起 20 年	自申请日起 10 年，最长保护期限为 20 年	自申请日起 5 年，最长保护期限为 25 年
泰国	自申请日起 20 年	自申请日起 6 年，最长保护期限为 10 年	自申请日起 10 年
南非	自申请日起 20 年	—	美感性外观设计：15 年；功能性外观设计：10 年
新加坡	从申请日起 20 年；符合法定情形最长保护期限为 25 年		自申请日起 5 年，最长保护期限为 15 年
印度	自申请日起 20 年	—	自申请日起 10 年，最长保护期限为 15 年

（1）发明、实用新型

TRIPS 为在全球范围大幅提高知识产权保护力度，明确规定成员知识产权法律中发明专利保护期限不得少于 20 年。为履行条约承诺，包括我国在内，目前各成员一般均将发明专利权的保护期限规定为 20 年。但对于药品等专利权期限问题，部分成员进行了特殊规定。俄罗斯规定对涉及药品、杀虫剂或农业化学制品的发明专利，专利权人可请求延长 5 年有效期，获得 25 年保护期限。新加坡规定，符合法定情形的，专利权人可以申请延长专利权的保护期限不超过 5 年，也就是说最长保护期限为 25 年：①延长药物专利保护期以弥补市场准入程序带来延迟，最长不超过原期限届满后 5 年；②补偿专利权人因知识产权局授权过程引起的不合理延迟而消耗时间。

俄罗斯、越南、印度尼西亚、泰国❶法律将实用新型专利权保护期规定为 10 年，与我国情况一致。被调查国家中，菲律宾实用新型专利保护期限最短，为自申请日起 7 年且不得续展；马来西亚实用新型专利保护期限最长，10 年期限届满前可进行不超过 2 次续展，每次 5 年，即可自申请日起达到 20 年有效期。

（2）外观设计

TRIPS 规定对外观设计专利保护期限不得少于 10 年。关于外观设计的保护期限，被调查各国法律规定不尽相同。其中，我国 1992 年《专利法》修改时将外观设计专利权有效期延长为 10 年且不能续展，同样规定保护期限为 10 年的国家还包括印度尼西亚、泰国、南非（功能性外观设计）；规定保护期限为 15 年的有越南、菲律宾、新加坡、印度、南非（美感性外观设计）；规定保护期限为 25 年的有俄罗斯、马来西亚。

2. 侵权救济

（1）行政救济

对于专利侵权的行政救济，各国普遍设立有海关、警察等部门进行执法保护。例如，俄罗斯知识产权相关行政执法部门主要包括联邦反垄断局、联邦海关局，主要体现在海关执法方面；新加坡对知识产权的执法非常严格，专门设有知识产权警察部队知识产权保护组进行严格执法；南非在反假冒商品法中规定警察有权对涉嫌假冒的商品的制造等行为采取合理行动予以终止，可以查封、扣押涉嫌假冒专利等的货物。

同时，菲律宾、马来西亚就知识产权管理部门的行政救济方式进行了具体规定。菲律宾知识产权局具有行政执法权。申请人在权利受到侵害后，可优先选择行政投诉的方式进行权利救济。根据规定，菲律宾知识产权局对索赔额不低于 20 万比索的涉及知识产权的违法案件拥有管辖

---

❶ 泰国法律规定，小专利的专利保护期为 6 年，自申请日起计算，可以续展 2 次，每次 2 年。

权。菲律宾知识产权局内负责处理行政投诉的部门是知识产权执法办公室。菲律宾知识产权局在收到相关行政投诉后会及时通知被投诉人并召开听证会。在双方提交相关证据后，菲律宾知识产权局需要在收到双方证据后的 30 天内作出裁决。对于该行政裁决，双方当事人不服的，可以自收到裁决通知书后 15 天内向法院提起上诉。在执法权方面，马来西亚知识产权局拥有执法权力，包括逮捕、搜查、询问证人、查封物品、举证、提起诉讼。在行使上诉权力时，审查员将被视为刑法典中的公务员，应当向相关人出示由马来西亚知识产权局局长颁发的授权。

（2）司法救济

"一带一路"沿线部分国家关于专利侵权司法救济的规定参见表 9。

表 9 "一带一路"沿线部分国家专利侵权司法救济措施

国家	一审法院	相关程序
俄罗斯	知识产权法院	负责审查联邦知识产权局的法案和有关决定。俄罗斯知识产权法院既可以作为一审法院，审查知识产权无效案件和知识产权权利纠纷案件，也可作为上诉法院，审理与知识产权侵权有关的上诉案件
菲律宾	商事诉讼法院	首都地区的数家商事诉讼法院作为特殊知识产权诉讼法院而享有全国范围的管辖权。同时在最高法院内设立了知识产权特别法庭，审理涉及知识产权的相关纠纷案件
印度尼西亚	商事法院	商事法院判决应当在起诉之日起 180 日内作出。商事法院的诉讼判决在作出后 14 天内送交印度尼西亚知识产权总局，知识产权总局会对相关决定进行登记和公告
泰国	中央知识产权和国际贸易法院	负责管辖包括民事案件和刑事案件在内的全部一审知识产权案件。对一审判决结果不服的，当事人可以自宣判之日起 1 个月内向泰国最高法院上诉
南非	南非高等法院所辖专利委员会法院	专利委员会负责审理专利侵权及专利无效案件，对专利委员会的裁决可以上诉至德兰士瓦省的高等法院或者直接上诉至最高上诉法院
新加坡	高等法院	新加坡设立两级法院，初级法院及最高法院（高等法院、上诉法院）。专利纠纷民事案件由高等法院进行一审，判决可上诉至上诉法院
印度	联邦地方法院	一审由联邦地方法院管辖。联邦地方法院在专利侵权案件中作出的任何裁决、判决以及令状都可上诉到高等法院。对高等法院裁判的上诉应当上诉至联邦最高法院

关于侵犯专利权纠纷的司法救济措施方面，各国普遍规定权利人遇到侵权行为时，可以适用包括禁令、损害赔偿、没收、扣押或销毁侵权商品等民事救济程序。值得注意的是，俄罗斯民法典引入了强制性知识产权纠纷审前争端解决程序，对于知识产权纠纷，权利人在提起与侵犯专有权相关的损失赔偿诉求之前，需要向潜在的被告方发送要求函。这一规定要求相关的原告方在向商事法院启动诉讼前需要向涉嫌侵权人发送要求函，除非是一些特殊类型的案件，才可以自愿发送而非强制性的要求，这主要是指不寻求经济赔偿的案件。刑事责任及归责方面，各国基本采用处以罚金、限制自由或者监禁等处罚措施。

（3）仲裁、调解

除司法救济以外，大部分被调查国家还对专利权人就侵犯其专利权的行为获得救济的方式规定了仲裁、调解救济途径。

在俄罗斯，除向法院起诉外，权利人也可通过仲裁或调解程序解决知识产权纠纷，但双方必须事先签订仲裁或调解协议。根据俄罗斯普通法院和仲裁法院的管辖原则，如果发生专利侵权纠纷或非法使用专有权纠纷，对民事权利的保护，除法院、仲裁法院外，还可通过第三方仲裁庭进行。

新加坡构建了完善的侵权救济方式。新加坡知识产权局与世界知识产权组织仲裁调解中心合作，为新加坡知识产权局受理的专利争端提出一个新的解决方案。新方案允许当事各方将争议提交给他们挑选的一位专家来进行评估，主要面向信息技术、电信、制药、工程和生命科学等领域。同时新加坡国内设有新加坡中介中心、社区调解中心、新加坡国际仲裁中心、新加坡国际商业法庭等来处理国内和国外的侵权纠纷案件。

菲律宾允许纠纷双方当事人通过仲裁解决相关纠纷，在菲律宾知识产权局提出知识产权纠纷的当事人现在可以在 WIPO 仲裁与调解中心通过调解解决其纠纷。纠纷的类型包括侵犯知识产权的行政申诉、涉及技术转让支付的纠纷等。菲律宾知识产权局还可针对专利纠纷进行调解。其调解服务能够使相关方在法庭外解决其国内或跨境的知识产权纠纷。此举可帮助相关方摆脱掉烦琐的法律程序并节省下大笔诉讼费用。

为了提高知识产权侵权纠纷解决效率，减轻纠纷当事人纠纷解决的经济负担，泰国知识产权厅下设知识产权调解和仲裁机构即"知识产权纠纷防止解决办公室"，该办公室设有仲裁委员会，由具有知识产权专业知识的专家解决有关纠纷。仲裁和调解程序根据泰国商业部颁布的知识产权仲裁规则和知识产权调解规则进行。

（六）各国关于专利运用程序的规定

1. 转让

专利权作为民事权利，各国均根据尊重当事人意思自治原则，原则上允许当事人之间达成合意转让专利权。同时考虑到专利权作为无形财产，为方便管理及发生纠纷时进行查证，除继承、捐赠等情况，各国法律均要求专利权转让一般应当订立书面合同并到相关行政管理部门进行登记（参见表 10），与我国规定一致。

表 10　"一带一路"沿线部分国家关于专利权转让的规定

国家	转让形式	程序要件
俄罗斯	书面合同、继承	登记
南非	书面合同	缴纳费用、登记
印度	书面合同	登记
新加坡	书面合同	登记
菲律宾	书面合同、继承或者遗赠	登记
越南	书面合同	登记
马来西亚	书面合同、司法转让	登记
泰国	书面合同	登记
印度尼西亚	书面合同、继承、捐赠、遗嘱或法律认可的其他方式	登记

其中，马来西亚明确规定了司法转让的情况，如果专利申请或者专利发明的核心要素是非法从他人享有专利权的发明中获取的，该人可以向法院请求判决将该专利申请或者专利转让给他。但是，自授予专利权之日起 5 年后，法院不受理专利转让请求。另外，印度尼西亚专利法规定，第三人的先用权以及强制许可均可以通过继承的方式转让，但不能通过其他方式进行转让。

2. 许可

与专利权转让需让社会公众知晓权利主体变化情况的要求不同，专利许可合同主要仅涉及双方当事人的利益，因此我国《专利法》规定专利实施许可合同无须在国家知识产权局进行登记和公告。从表 11 所示情况来看，除菲律宾与我国规定相同外，大部分被调查国家规定，专利权的许可仍须符合订立书面合同并予以登记的要求。

表 11 "一带一路"沿线部分国家关于专利权许可的规定

国家	许可形式	程序要件
俄罗斯	书面合同	登记
南非	书面合同	背书
印度	书面合同	登记
新加坡	书面合同	登记
菲律宾	书面合同	—
越南	书面合同	登记
马来西亚	书面合同	登记
泰国	书面合同	登记
印度尼西亚	书面合同	备案

3. 开放许可

专利开放许可，也称当然许可制度，是鼓励和推广专利技术应用实施的方式之一。目前由于 TRIPS 等国际条约中未对开放许可制度进行明确规定，因此相关国家立法对开放许可达成条件、费用标准等规定仍未形成统一做法。被调查国家中，俄罗斯、南非、泰国设立了开放许可制度。

俄罗斯规定，专利权人可以向联邦知识产权执行权力机构提出申请，要求开放许可，许可需签订合同并登记备案。此种情况下，自主管机关在官方公报中公布开放许可有关信息的次年开始，专利年费降低 50％。

南非有关开放许可的规定指出，若非专利权已经得到背书，在此后的任何时间任何人在没有协议的情况下，应有权按照委员基于专利权人或者需要许可的人的申请确定的条件，享有该专利权的许可权。此种情形下，专利维持费降低一半。

泰国专利法规定，任何专利权人均可以按照部门规章规定的规则和程序向泰国知识产权厅厅长申请在登记簿上登记，表明其他任何人均可以获得专利许可。厅长可以在登记以后的任何时候，按照申请人和专利权人达成的条件、限制和许可使用费授予申请人许可。如果申请人和专利权人未在厅长指定的期限内达成一致，厅长应当以其认为适当的条件、限制和许可使用费授予申请人许可。任一当事人均可以在自收到厅长根据前述规定作出的授予许可的决定之日起 30 日内向专利委员会上诉。专利委员会的决定为终局决定。对于自愿登记开放许可的相关专利，其专利年费会根据部门规章的规定给予减免，至少减至没有登记时应缴年费的一半。

二、各国制度差异与风险点评估

（一）各国知识产权法律制度趋同化与差异性并存

整体上，尽管 9 个被调查国家的经济发展状况并不平衡，知识产权保护水平也存在区别，但就专利立法而言，国际条约对各国法律的协调导致目前各国法律实体部分的规定已逐渐趋同，各国更多是在申请或侵权救济程序上保留了特殊性。另一方面，各国由于法律传统和法律体系上存在的差异，因此在专利权权利保护方面亦表现出不同之处。各国法律制度在这些问题上的特殊性，加上区域性（如东盟-新加坡、马来西亚、印度尼西亚、泰国、菲律宾、越南、非盟-南非）多边框架协议的制度限定，使各国法律制度同时呈现出更为复杂的状态。

（二）各国法律修订频率不一，国际规则跟进程度各异

由于履行国际条约或多双边合作框架协议义务、区域化联盟制度协调、应对国外知识产权贸易调查（如美国"特别 301 条款"调查）压力以及国内知识产权保护内生需求等因素的影响，同时也受制于各国经济基础及保护能力的局限，各国知识产权法律修改频率呈现较大差别。就近几年来看，越南（2017 年）、印度尼西亚（2016 年）、新加坡（2017 年）对专利等知识产权法律进行了近期更新。泰国专利法于 1979 年颁布实施至今，仅在 1992 年、1999 年对其中部分法律规定内容进行了两次相应修订，法律更新频率较低，与目前国际知识产权保护标准及趋势可能存在差距；俄罗斯自 2008 年知识产权规定纳入民法典后，分别于 2014年、2018 年、2020 年（实施时间）多次对知识产权章节进行后续修订，并于 2009 年（3 次）、2011 年（2 次）、2015 年（9 次）、2016 年（2 次）、2017 年（1 次）针对专利发布实施细则文件，法律调整频率较高。需对该国法律及时给予关注。条约规则跟进方面，从《外观设计国际注册海牙公约》来看，9 个被调查国家中，新加坡（2015 年）、俄罗斯（2018年）、越南（2019 年）已签订加入该公约。其中，新加坡加入时间较早，

已逐步履行相关公约义务，俄罗斯、越南仍需在相关法律上进行跟进调整。

（三）各国授权程序存在不同制度设计，申请流程及难易程度不同

从授权程序的设置来看，各国采取不同审查要求。例如，大部分被调查国家对于发明专利采取形式审查及实质审查程序，但南非则仅对发明专利进行形式审查，满足形式审查要求即可授权，不判定专利申请的新颖性和创造性，同时也不对范围过于宽泛的专利申请限制其保护范围。虽然南非对于专利申请不进行实质性审查，但对专利申请的实质性授权条款仍然具有相应的要求。因此，申请人有责任保证专利的有效性；如果需要，申请人可以请求国际检索。与我国不同的是，俄罗斯对于实用新型、外观设计同样采取实质审查，对专利申请进行信息检索，如对实用性、新颖性、公开是否充分等内容逐一检索、审核判断是否是专利权保护客体，是否符合授权条件。在异议程序方面，新加坡、菲律宾、印度尼西亚等国没有设立相关程序，而印度则较为强调专利异议程序的利用，允许申请人、利害关系人等相关主体对在专利公开后授权前阶段、授权公告后的法定期限内的相关决定提出异议，异议机会最多可达到 2 次。另外，在申请流程与难易程度方面，以我国与越南专利申请程序比较来看，两国申请均经历申请、审查、异议、公告授权等主要流程，但越南审查程序相对更为复杂，授权周期更长。由于国别差异性大，实践中，我国申请人在对进出口国或交易标的相关知识产权授权程序认识及熟练运用上还将存在较大难度，尤其在向进出口国或交易对方所在国提交专利申请以及应对当地竞争对手通过异议方式阻止获取授权时，将面临无法获得授权保护导致知识产权资产大量流失的风险。

（四）各国法律传统及国内制度环境存在差别，侵权保护救济方式有效性有待评估

印度及东盟各国知识产权法律制度形成和发展受到殖民国家制度的较大影响，新加坡、马来西亚、印度等国受英国影响，菲律宾受美国法律影响，继承英美法系传统，判例法在知识产权司法保护中具有重要作用。其中，新加坡专利法以英国 1977 年专利法为蓝本，因此法院处理案件时，涉及解释新加坡专利法的具体规定时，经常援引英国相关案例。越南受法国大陆法系法律制度影响，形成以成文法为基础的保护体制，判例在司法实践中的法律约束力较小。

各国在侵权救济方面，尤其是司法诉讼时效、案件管辖等方面表现出一些不同。马来西亚专利法规定，专利侵权诉讼时效为行为发生之日起5年；菲律宾对于知识产权侵权纠纷规定的诉讼时效为4年，对于在提起侵权诉讼前已经超过4年的侵权行为，权利人不能获得损害赔偿；越南规定起诉要求赔偿损害的诉讼时效期限为自个人、法人或者其他主体的合法权益受到侵害之日起2年。在管辖方面，关于无效请求的受理及受理单位，印度规定针对有效专利提出的撤销请求，任何利害关系人或者中央政府可以向知识产权申诉委员会提起无效宣告请求，但针对侵权诉讼提起的无效反诉申请，只有印度高等法院才有权进行受理及审理。

同时，实践中行政执法方案也存在差异。例如，菲律宾于2001年出台了《关于侵犯知识产权法行政投诉的实施细则》，规定对于权利受到侵害的权利人，可以通过行政投诉的方式主张权利救济。该行政投诉适用于对法典中规定的各项知识产权权利的救济。行政投诉在处理侵权纠纷方面具有速度快、效率高的优势，因此，申请人在权利受到侵害后，可优先选择行政投诉的方式进行权利救济。但需要注意的是，菲律宾知识产权局对索赔额不低于20万比索的涉及知识产权的违法案件拥有管辖权。菲律宾知识产权局内负责处理行政投诉的部门是法律事务部。在具体流程方面，申请人进行相关侵权行为的行政投诉应在侵权行为发生之日（若该日期不明确的，则从发现侵权之日）起4年内向菲律宾知识产权局提交行政投诉。申请人需要注意的是，若提起行政投诉，则应确保其没有在仲裁机构或法院针对同一问题提出仲裁或诉讼。菲律宾知识产权局在收到相关行政投诉后会及时通知被投诉人并召开听证会。在双方提交相关证据后，菲律宾知识产权局需要在收到双方证据后的30天内作出裁决。对于该行政裁决，双方当事人不服的，可以自收到裁决通知书后15天内向法院提起上诉。其他多数国家的行政执法则主要集中在海关及警察执法中。

此外，侵权救济方式的有效性仍有待评估，法律文本体系上得到提升，但执行实效不足。目前越南、泰国、南非等国在协调保护的外部框架下，专利法律体系日渐完善。但从现实执法和司法救济情况来看，部分国家知识产权保护仍存在不少问题。例如，越南由于知识产权审理专业人员不足，国内审判实践不足，因此总体上在知识产权司法实践中仍缺少判决指导，企业也无法从案件中获取相应的维权指引。

由于行政、司法体制的复杂性给企业在各国进行知识产权维权带来一定障碍，因此在"一带一路"倡议不断推进过程中，我国需要在知识产权侵权救济方面打通与"一带一路"沿线各国知识产权维权渠道，解决侵权纠纷的及时处理和执行问题。

三、相关建议

（一）法律制定层面：吸收借鉴相关国家法律制度，完善我国知识产权法制体系

1. 积极推进我国知识产权基础性法律的研究制定

越南、菲律宾、俄罗斯不断完善现代知识产权法律体系，为其进一步促进国内各领域创新水准、参与国际经济技术合作、开展技术交流和转让奠定了法律基础。其中，俄罗斯的法律修订工作持续了近 4 年时间，修订涉及所有第四部分第七编知识产权编在内的近 2000 处内容，是 1995 年第一部民法典颁布之后的一次重要立法。新法规列举了过去 15 年间重大的司法判例，主要选自与俄贸易往来、俄与外国投资者以及俄本国居民相关的案件，为后续司法审判提供重要实践基础。

目前，我国实现经济高质量发展需要知识产权发挥助力，建设创新型国家实现创新驱动发展，必须在知识产权法律制度保障上下功夫。在对现行知识产权单行法律进行进一步完善的同时，需要立足我国发展，面向 2035 年的知识产权强国战略实施内容建立公平合理的知识产权保护法律制度，在新的历史时期重新观察和思考我国知识产权法律的原理和制度框架。研究制定知识产权基础性法律，是在我国制定民法典背景下解决单行法律衔接及执行缺陷的实践要求，也是夯实我国社会治理法律基础的有益选择。《国家知识产权局 2018 年法治政府建设情况报告》中指出，目前知识产权基础性法律前期研究已逐步开展，通过反复开展调研及论证，对我国构建知识产权基本法的可行性、必要性进行综合评估，形成基本法专家建议稿。下一步，应继续开展深入研究，对知识产权基本法立法所需要处理的包括法律规范与公共政策的关系、知识产权基本法与其他法律的关系、国内立法与国际规范的关系、与地方立法的合理

衔接等内容进行分析论证，推动知识产权基本法发挥对整体知识产权法律法规制度和公共政策体系的引领作用。

2. 合理完善开放许可法律规定

专利开放许可制度最主要的功能是促进专利实施。我国《专利法》第四次修改草案稿引入了专利开放许可制度。该制度可以促进专利技术的实施，有助于减少专利诉讼。该草案稿中的专利开放许可制度设计尊重了市场机制，但还须完善和细化相关规定，从而充分保障许可交易效率。应借鉴国外有益经验，进一步明确如开放许可人享受专利年费减半的优惠、惩罚开放许可欺诈行为、赋予专利行政机构对许可费裁决职能等内容，让专利开放许可制度切实发挥促进专利许可信息畅通、降低交易成本、降低诉讼概率的重要功能。

（二）制度落实与执行层面

1. 探索构建"一带一路"知识产权制度协调有效机制

知识产权的地域性特征充分尊重各国的主权，是对一国主权的保护，也有助于保护本国的技术资源。各国立足于自身国情，制定相应的法律和执法制度。目前知识产权的国际协调并非能完全统一各国的法律制度，同时，"一带一路"沿线国家数量较大，国情不同，经济水平差异明显，知识产权保护制度也存在很大差异。从各国的合作现状来看，建立长期有效的法律制度协调机制，能够经常性、有针对性地对包括审议的原则、结构、频率、内容等在内的各国知识产权法律与措施进行观察和协调。这类似于WTO中的贸易政策审查机制。通过定期审查，可以提高我国与"一带一路"沿线国家知识产权审查、授权及保护的协调性，防止合作各方的知识产权立法出现与协调一致方向背离的状况，有助于弥补各方完善各国知识产权立法保护标准不一的缺陷，从而营造良好的投资合作制度环境，促进各国经贸繁荣，实现共赢。

2. 协调完善知识产权纠纷解决方式

实践中，随着海外市场的发展，我国企业遭遇的知识产权诉讼也逐年增加。过去由于中国企业很少接触海外诉讼，因此一旦发生海外纠纷，我国企业基本采用"坐以待毙"的消极方式处理。我国企业很少有直接到海外应诉，相应地也失去了很多主张权利和抗辩的机会。消极的方式导致在新加坡这类判例法国家，会形成一些对我国企业不利的判决先例，妨碍我国企业在新加坡或者其他海外市场正常开展营业活动。

维权援助不可能只是我国企业在"一带一路"合作舞台上单打独斗，而是要从国家层面、从制度层面进行协商合作，从而有效促进知识产权跨境纠纷的解决。在推进"一带一路"知识产权保护合作工作中，一是要积极协调建立知识产权争端解决机制和知识产权维权事务合作机制，二是要在涉外谈判及合作中，明确强调当地政府向我国企业提供充分的维权渠道，例如向新加坡提出通过新加坡中介中心（SMC）、社区调解中心、新加坡国际仲裁中心（SIAC）、新加坡国际商业法庭等机构公平处理涉及我国企业的知识产权侵权纠纷案件，三是应重视案件的判决结果，同时全面考虑判决执行问题，包括考虑"一带一路"沿线国家法院判决是否在中国或者在第三国得到承认和执行（或中国判决在国外执行）。

3. 加强宣传服务，开展常态化法律人员交流及培训

目前，我国知识产权公共外交活动不够活跃，渠道不够丰富，缺乏具有国际影响力的知识产权交流平台。通过积极开展各类法律巡讲活动、探索设立法律专题展区、密切与"一带一路"相关国家和组织的交流，能够进一步引导国际社会各界关心了解中国知识产权保护成果，拓宽知识产权国际交流渠道，加强我国与各方在知识产权问题上的沟通，有效引导国际舆论，向"一带一路"沿线国家和地区阐述中国知识产权保护理念。

应积极培养知识产权法律人才，例如常态化开设"一带一路"知识产权法律培训班，召集各国派驻来华的审查员或相关专业人员集中培训交流，同时定期派驻法律人才骨干去往"一带一路"沿线国家进行访问学习，加强法律人才输入及输出，保障我国涉外知识产权事务的人才储备和人力配备。

"一带一路"沿线国家专利法律制度评估调查研究报告*

郭　平❶　马照英❷　张　利❸　谭意平❹

摘　要

　　根据现有研究成果，选取印度、俄罗斯、新加坡、越南、波兰、印度尼西亚、以色列、马来西亚作为目标国家，通过发放调查问卷及实地访谈方式对以上"一带一路"沿线八国的专利法律制度状况进行调查评估。调查结果表明，企业在向"一带一路"沿线国家"走出去"的过程中遇到了对专利法律制度及申请流程了解程度不够、与知识产权审查机构沟通不畅、难以找到可靠的代理机构、费用高昂等多方面的问题，并且担心在海外获权后保护效果不理想、收益低。

关键词

　　一带一路　专利法律制度　评价　调查问卷　实地访谈

　　＊　田悦宁、姚洁、马丽丹、李莹、孟君、于晓栋、陈雅利、滕洪强参与了项目调查问卷发放、数据整理及实地访谈工作。

　　❶～❹　作者单位：国家知识产权局专利检索咨询中心。四位作者对本文贡献相当，同为第一作者。

在"走出去"的大趋势下，我国企业最关注的问题是：如何在"一带一路"沿线国家更好地开展贸易往来，精准布局"一带一路"沿线国家，有效降低中国企业的运营风险与专利布局成本。课题组在研究我国企业在"一带一路"沿线重点国家专利申请现状的基础上，通过专题调查问卷及实地访谈的方式进一步了解外向型企业对沿线国家知识产权法律制度的评价和诉求，并整理形成本报告，以期为我国推进"一带一路"知识产权法治工作提供参考，为促进企业精准布局"一带一路"沿线国家提供支撑。

报告选取 2013～2018 年中国申请人在"一带一路"沿线国家申请的专利公开数据，根据中国申请人在"一带一路"沿线国家的专利公开量排名（参见表1）、沿线国家的知识产权政策完善情况及地理位置分布（除中亚外），选取以下国家作为"一带一路"沿线主要目标国家：东盟的新加坡、越南、马来西亚、印度尼西亚，西亚的以色列，南亚的印度，独联体的俄罗斯，中东欧的波兰。选取专利申请公开量在 5 件以上的企业作为调查目标，本次调查共回收有效问卷 101 份。课题组还对 10 家各行业有代表性的企业进行了实地访谈，以更深入地了解企业"走出去"遇到的困难及诉求。

表1　2016～2018 年度中国在"一带一路"
沿线国家专利公开量排名情况　　　　单位：件

2018 年		2017 年		2016 年	
国家	数量	国家	数量	国家	数量
IN 印度	2059	IN 印度	2890	IN 印度	3637
RU 俄罗斯	1893	RU 俄罗斯	1354	RU 俄罗斯	889
SG 新加坡	671	SG 新加坡	643	SG 新加坡	425
VN 越南	379	VN 越南	279	VN 越南	285
ID 印度尼西亚	243	ID 印度尼西亚	169	ID 印度尼西亚	75
PL 波兰	144	PL 波兰	144	IL 以色列	49
PH 菲律宾	111	MY 马来西亚	128	PH 菲律宾	47
MY 马来西亚	94	PH 菲律宾	68	PL 波兰	46
HU 匈牙利	83	IL 以色列	59	MY 马来西亚	38
IL 以色列	60	LT 立陶宛	55	TR 土耳其	33
LT 立陶宛	58	TR 土耳其	51	UA 乌克兰	26
TR 土耳其	43	HU 匈牙利	42	CZ 捷克	8
HR 克罗地亚	23	UA 乌克兰	18	HR 克罗地亚	6
SI 斯洛文尼亚	19	SI 斯洛文尼亚	17	SI 斯洛文尼亚	6

从调查问卷的数据统计及实地访谈的结果来看，外向型企业对目标国家专利申请及审查制度、保护制度等了解不足，获取信息困难，在"走出去"的过程中遇到了专利制度、专利申请实务、语言、费用等方面的困难。同时企业还存在担心在海外获权后会有保护效果不理想、收益低的问题。

一、"一带一路"沿线国家专利法律制度的问卷调查分析

根据中国申请人在沿线国家专利申请公开量排名、专利申请人的来源行政区域分布、专利申请技术领域分布等主要因素，选取代表性企业作为调查对象形成企业名单。调查涉及的企业总数为 78 家，分布在北京市的最多（23 家），其次是广东省（16 家），第三位是山东省（10 家）。另外，在初期调查中发现企业向外申请以委托代理机构提交为主，为增加调查问卷填报的针对性及准确性，因此向部分代理机构发放了调查问卷。其中有 62 家企业在沿线国家有较多的涉外贸易活动，最主要的涉外贸易活动目的地国家为印度，其次是俄罗斯，第三位是新加坡和印度尼西亚，接下来分别是越南、马来西亚、波兰、以色列。

（一）对"一带一路"沿线国家专利申请及审查制度的相关评价

1. 在"一带一路"沿线国家专利申请情况

78 家企业申请人中有一半多在多个国家递交了专利申请，进行专利布局，充分展示出企业对知识产权的重视。企业在"一带一路"沿线国家专利布局最多的集中在印度和俄罗斯，其次为印度尼西亚。企业在沿线国家专利数量分布最多的是 10～50 件，占比 25.6%；申请专利的方式主要是委托代理机构申请，占比为 87.2%，小部分自己申请。这一情况主要是由于在专利布局目标国家"没有居所或者营业场所的申请人在处理与其专利有关的事务时应当委托专利代理人"的规定。

从数据情况来看，企业在"一带一路"沿线国家申请专利的途径主要是 PCT 途径，其次是《巴黎公约》途径。企业认为，通过 PCT 途径有12 个月的期限可用以完善专利申请文件，并有充足的时间考虑进入哪些国家，能够节省成本。除此之外，国际检索报告能够帮助申请人初步评

估专利申请的新颖性与创造性。而当专利申请进入的目标国家明确时，企业会选择以《巴黎公约》途径进行申请。

2. 我国企业基本了解"一带一路"沿线目标国家的专利制度

企业在"一带一路"沿线国家申请专利时，通过代理机构了解目标国的专利法律法规的最多，占 85.9%；其次为自己调查方式；之后是其他方式获取，如通过相关培训或会议等。

企业对"一带一路"沿线各个目标国家专利制度大都处于"基本了解"的程度。代理机构对"一带一路"沿线目标国家的专利法律制度相对熟悉，处于"基本了解"以上的程度。

3. 我国企业对"一带一路"沿线目标国家发明专利保护客体的看法

企业认为发明专利保护客体的范围限制严格的国家中，最严格的为印度。

印度专利法对发明予以专利保护。在问卷调查涉及的企业当中，有15 家生物医药及化学企业，有 26 家通信领域企业。参与调查企业认为印度对于发明专利权客体范围的限制更为严格，如已知化合物的新用途、已知化合物的盐、同分异构体、代谢物等，商业方法涉及支付场景类的，均不给予保护。

4. 我国企业对"一带一路"沿线目标国家实用新型专利保护客体的看法

调查结果显示，部分企业认为越南对实用新型专利权客体的范围限制严格，占比 39.7%。有一半以上的企业认为马来西亚对实用新型专利权客体的范围限制适当。

越南的实用新型专利需经过实质审查。在越南，实用新型专利应当满足以下要求：新的、具有工业实用性，但应排除越南专利法第 59 条规定的不作为发明受保护的客体。

马来西亚的发明专利申请可以转化为实用新型专利申请，实用新型专利申请也可以转化为发明专利申请。

5. 我国企业对"一带一路"沿线目标国家专利授权条件（可专利性条件）的看法

问卷调查显示，大部分企业认为印度的授权条件应降低，比例达84.5%。认为在某些领域如计算机领域，印度发明的授权条件明显比中国的发明授权条件严格，如在审查技术效果方面，印度审查员审查重点在于申请人对于硬件上的效果改进，对于互联网应用层的专利申请难以授权。

企业认为俄罗斯应降低实用新型专利性条件（授权条件），比例达85.7%。俄罗斯联邦专利法第1351条规定：实用新型专利性的条件包括新颖性、工业实用性和披露充分性，而且将包括前案检索。俄罗斯的实用新型采用实质审查。申请人和第三人有权请求对实用新型申请进行确定现有技术水平的信息检索，与之比较的结果可用于评价实用新型的专利性。

6. 在"一带一路"沿线目标国家进行专利布局费用较高

问卷调查显示，企业几乎都同意专利费用高昂的国家为新加坡（参见表2）。此外，调研企业普遍同意印度尼西亚的专利费用较高，占比85.0%。

表2 在各国申请一件发明专利需要的费用情况

国家	发明专利官费（只包括申请费、审查费及授权费）/美元	授权后的维护费用/美元	备注
印度	＞（60~300）	＞（1285~5715）	纸质或在线申请方式，收费标准不同
俄罗斯	＞（113~300）	＞4018	纸质或在线申请方式，收费标准不同
新加坡	＞360	＞11435	新加坡专利在进行检索和审查时，有4种路径，收费标准不同；纸质或电子申请方式收费标准不同；使用电子申请的格式（PDF或XML）不同，收费标准不同
越南	＞（30~100）	＞1870	纸质或在线申请方式，收费标准不同
波兰	＞（140~300）	＞3961	纸质或电子申请方式，收费标准不同
马来西亚	＞（305~350）	＞5255	纸质或在线申请方式，收费标准不同

续表

国家	发明专利官费 （只包括申请费、审查费 及授权费）/美元	授权后的维护 费用/美元	备注
印度尼西亚	＞（25～106）	＞3709	纸质或在线申请方式，收费标准不同；印度尼西亚专利法规定：申请人想通过不缴纳费用的方式直接放弃已经获得的专利权，专利权终止失效后，申请人需要补缴失效之前 3 年的年费，如不缴纳该笔费用，该申请人的后续任何新的专利申请则会被拒绝
以色列	＞（365～420）	＞（5874～6149）	纸质或在线申请方式，收费标准不同

企业除了缴纳上述专利官方费用，还要承担中国专利代理机构的费用、沿线国家的专利代理机构的费用以及翻译费等。越南、印度尼西亚等东南亚国家虽然官方费用较少，但代理机构收费很高，且一个国家的不同代理机构之间收费标准有很大差别。

企业对于"一带一路"沿线目标国家节约专利费用的途径（参见表3）了解不多，仅有少数企业了解"一带一路"沿线目标国家节约专利费用的途径，比如采用电子申请方式比纸质申请方式有优惠等。对当地实施的一些优惠政策，我国企业几乎无法达到其要求的条件，比如印度出台的初创公司可以节省 80％的专利费用减免政策。

表3　各国节约专利费用的途径

国家	节约专利费用的途径
印度	（1）外国实体可享受初创企业的专利申请优惠政策，可节省 80％ 的专利费用。 （2）电子申请途径便宜。 （3）自然人、小实体作为申请人，各项官费大约可分别享受 80％ 和 50％ 的减免。外国申请人可提交印度专利局接受的其本国相关机关出具的文件。 （4）任何投资额不超过 150 万美元且从事工农业生产制造行业的企业可享受一定比例的减免

续表

国家	节约专利费用的途径
俄罗斯	电子申请,俄罗斯专利官方费用约减少30%
新加坡	(1) 电子申请比纸质申请有优惠。 (2) 电子申请的格式(PDF或XML)不同,收费标准不同。 (3) 新加坡的专利在进行检索和审查时,有4种路径,其中依据PCT申请的国际初步可专利性报告(IPRP)或依据相关申请的审查结果,向新加坡知识产权局请求补充实审,该路径没有官费
越南	在线申请比纸质申请有优惠,每件专利在线申请费用可减免18~32美元
波兰	电子申请比纸质申请有优惠,每件专利电子申请费用减免12美元
马来西亚	电子申请比纸质申请有一定优惠
印度尼西亚	电子申请比纸质申请有优惠,每件专利电子申请费用,可减免7~17美元,另外,微型企业、小型企业、教育机构和政府研发机构可享受一定的费用减免
以色列	电子申请比纸质申请有优惠,每件专利电子申请费用可减免7~17美元

7. 我国企业对"一带一路"沿线目标国家专利审查过程的态度/看法

74.2%的企业认为审查过程严格的国家是俄罗斯。印度、马来西亚、印度尼西亚这几个国家在审查实践中,公开透明度较差,申请/审查进度也很难获取,授权通过率低,企业普遍认为其审查过程较为严格。新加坡具有较为完备的知识产权保护体系。据世界经济论坛(WEF)《2014~2015年全球竞争力报告》显示,新加坡的知识产权保护位居世界第二,亚洲第一,专利申请、审查程序比较规范、成熟、透明,调查的企业对新加坡专利审查过程评价比较适中。

8. 我国企业对"一带一路"沿线目标国家专利审查周期的态度/看法

调查结果表明,参与调查的企业普遍评价印度的专利审查周期(参见表4)最长,认为以色列、俄罗斯的审查周期也比较长,仅次于印度,但也有企业评价俄罗斯的审查周期较短,占比18.47%。这是因为审查周期的长短与审查的领域有较大关系,某些领域的审查周期可能只有1~2年。国内企业进入波兰时,一般都是通过欧洲专利生效,很少单独进入,因此企业基本评价其审查周期较短或适中。国内企业如果通过PCT途径进入新加坡,国际检索报告认可创造性的话,新加坡知识产权局的审查员基本上就不再审查,直接授权,因此有部分企业评价其审查周期较短或适中,占比59.2%。

表 4　各国发明专利平均审查周期对照

国家	发明专利平均审查周期
印度	5～8 年
俄罗斯	3～5 年，某些领域审查周期为 1～2 年
新加坡	2～4 年。若是 PCT 申请，国际检索报告认可创造性的话授权较快
越南	2～4 年
波兰	波兰一般是通过欧洲专利生效，单独进入较少
马来西亚	2～3 年。若是 PCT 申请，国际检索报告认可创造性的话授权较快
印度尼西亚	2～3 年
以色列	5 年左右

9. 我国企业对"一带一路"沿线目标国家的专利实施策略的态度/看法

企业普遍认为印度的专利实施制度比较严格。这是因为印度的专利商业应用报告制度：专利权人或者被许可人每年 3 月 31 日前需要向印度专利局提交上一年度专利应用情况的报告。对企业来说，商业应用报告公开了企业隐私信息，而且对于一些预研性质的专利技术方案，实际上还没有相应的产品，商业应用报告对企业来说要求相对严格。

（二）企业对"一带一路"沿线国家专利保护制度的相关评价

1. 企业对"一带一路"沿线目标国家的知识产权保护水平的看法

企业普遍认为目前"一带一路"沿线目标国家的知识产权保护水平需要提升，知识产权保护环境需要进一步改善。针对"一带一路"沿线具体目标国家来说，企业认为知识产权保护水平需要大幅强化的是越南，占比为 34.5％；认为现今知识产权保护水平比较适当的企业比例最高的国家是新加坡，占比 40.0％。由此看出越南的知识产权保护水平相对较低，新加坡的知识产权保护水平相对较高。世界经济论坛全球竞争力报告对国家竞争力作全面评估，在《2014～2015 年全球竞争力报告》中，新加坡在知识产权保护方面位居亚洲之首。除此之外，调查显示俄罗斯、波兰及以色列的知识产权保护环境相对较好。

企业认为现阶段专利行政执法（海关）总体上最令人满意的国家为新加坡和马来西亚，专利司法保护力度最令人满意的国家是新加坡和俄罗斯。所调查的企业在"一带一路"沿线具体目标国家尚未遭遇过群体侵权以及重复侵权的情况。

2. 企业对"一带一路"沿线国家的专利侵权诉讼风险的了解情况

随着我国专利申请人知识产权意识的提升，未经专利调查而造成侵犯他人专利权的现象在逐步减少，但是仍然为最有可能侵权的情况，占比 38.6%。企业认为专利可能遭遇恶意诉讼、专利可能被故意侵权的占比分别为 19.8% 和 27.7%；企业认为产品技术出口时，未经专利调查而可能造成侵犯他人专利权的，存在其他情况的占比为 15.8%。

3. 企业遇到专利纠纷的解决方式

企业遇到专利纠纷时，倾向选择"进行诉讼"解决方法的最多，占比 67.3%；其次由多到少倾向选择"与对方协商解决""通过仲裁方式"和"政府部门解决"，分别占比 66.3%、41.6% 和 23.8%；倾向选择最少的是"放弃妥协"，占比 7.8%。企业放弃妥协的原因是对当地的政策不甚了解、语言问题、国外高额的诉讼费用等。

4. 维权便捷程度

在发生专利纠纷需要维护专利权益时，调查涉及的企业和代理机构认为维权的程序便捷快速的国家为新加坡。当专利权人被侵权时，既可以向新加坡知识产权局请求处理，也可向法院提起诉讼。新加坡知识产权局作出的决定和法院的裁判具有同等法律效力，如新加坡知识产权局受理案件后认为由法院处理更为适宜，其可以将案件移送法院处理。新加坡对知识产权的执法非常严格，专门设有警察部队知识产权保护组。

5. 企业对专利实施的强制许可的看法

在有关专利实施强制许可的看法上，调查涉及的企业认为以色列的专利实施强制许可条件较为合适的，占比 81.5%；而专利实施强制许可条件不太合适的，相较其他国家而言，印度略高，占比 27.3%。

印度专利法 2005 年修正案第 84 条规定，自专利权授予之日起满 3 年后的任何时间，任何人包括曾经与专利权人签订许可协议的被许可人，可以依据以下理由向专利局申请强制许可：①授权专利未满足公共利益的合理需求；②公众不能以合理的价格获得专利产品；③该专利没有在印度本土内实施。第 92 条规定，"中央政府在国家紧急状态、紧急情况或者维护公共利益时可以从专利授权之日起受理强制许可申请人的申请"。其中的公共利益包括公共健康危机，包含了艾滋病、结核病、疟疾或其他流行性传染疾病。该条款使强制许可下的印度仿制药可以出口到无相关生产能力的地区和国家。这一规定是对本国仿制药企业进行强制许可申请的极大鼓励。

（三）问卷调查结果分析

1. 企业应重视专利布局，特别是海外市场

多数大型企业在"一带一路"沿线国家的5~7个主要国家都有同族专利的申请，说明企业重视多个国家的专利保护，不再局限于某个国家的市场。例如，艾欧史密斯（中国）热水器有限公司、中石化、华为终端有限公司、中国国家电网公司、怡维怡橡胶研究院有限公司、上海绿谷制药有限公司、山东绿叶制药有限公司、比亚迪股份有限公司、中国石化北京研究院、完美（中国）有限公司、同方威视、康力电梯等，这些企业都在"一带一路"国家中至少6个国家提交过专利申请，占比19.0%。在3个国家以上提交过专利申请的有36家，占比46.2%。

2. 企业知识产权管理仍需加强

在调查涉及的企业中，有专门的知识产权管理部门，且有专职的知识产权管理人员的企业有60家，占76.9%；没有专门的知识产权管理部门，但有专职知识产权管理人员的企业11家，占14.1%。目前企业对知识产权的重视程度有所加强。随着知识产权的申请量的增多，相信众多中型企业也会逐渐建立一支内部知识产权队伍，或建立自己的知识产权管理部门，逐渐了解和学习"一带一路"沿线国家的知识产权制度，在一定程度上帮助企业在"一带一路"沿线国家进行专利布局。

二、"一带一路"沿线国家法律制度的实地访谈调查

在调研座谈中发现，大部分企业在"一带一路"沿线重点国家进行专利布局的首要影响因素是企业本身的市场策略，竞争对手的海外申请会影响企业专利布局决策。少数企业在"一带一路"沿线重点国家进行专利布局的首要影响因素是资金预算问题，其次会考虑市场及技术。当地的专利法律环境尤其是专利保护环境为企业在海外布局的重要考量因素。

企业在"一带一路"沿线重点国家进行专利布局过程中，存在的普遍性的困难和问题。一是对沿线国家专利制度的了解不足，查阅信息困难；二是审查制度不透明，部分国家审查周期过长；三是对专利保护环境存疑；四是缺乏对当地代理机构的了解；五是专利费用高昂。

（一）对"一带一路"沿线国家知识产权制度了解不足，查阅信息困难

各企业均表示对"一带一路"沿线国家专利制度的了解不足，尤其是在专利申请实务方面。目前企业一般通过官方网站，或者同国内代理机构及国外代理机构的沟通获得相关信息。当进入具体国家时，企业会寻求当地事务所的帮助，向其了解其国家相关专利制度，但是所获信息有限，对于细节问题尤其是实务问题缺乏获取渠道。另外，由于语言的原因，也导致申请人或代理机构查阅专利信息资源困难。

（二）专利审查制度不透明，部分国家审查周期过长

企业表示"一带一路"沿线部分国家审查制度不透明，审查周期过长。如印度、马来西亚、印度尼西亚审查力度很薄弱，公开透明度较差，申请/审查进度也很难获取，授权通过率低。印度是参与调研企业进行专利申请最多的国家，专利申请审查周期在5~8年。

（三）对当地知识产权保护环境存疑

专利授权后是否能够得到有效的保护是申请人制定专利布局策略时的重要考量因素。"一带一路"沿线国家的知识产权保护水平不一，尤其是在欠发达国家，专利保护力度薄弱。

（四）当地知识产权服务机构专业性不强

目前国内代理机构对于海外知识产权纠纷提供的服务并不能满足专利申请人的需要，专利代理师对国外法律程序经验不够熟悉，影响了专利海外布局的质量。国内专利代理机构大多数仅起到翻译的作用，而对于国外专利法法条的解释、案例的判定倾向等了解甚少，因此有时答复意见不到位。

除新加坡外，"一带一路"沿线国家知识产权服务机构能力不足，缺乏高质量的、稳定的代理机构。目前国内申请人选取"一带一路"沿线国家当地代理机构主要依靠国内代理机构推荐。国内代理机构选所时会参考知名杂志 *Managing IP* 的排名情况，或者本领域其他企业尤其是跨国企业所用代理机构推荐。企业反映国外代理机构案件更新不够及时，给予的信息不准确，国内代理机构希望在与国外代理机构沟通上更加有效、畅通。

（五）专利费用高昂

在海外进行专利布局费用较高。如印度尼西亚知识产权局在 2018 年 8 月 16 日发出通知，在该国的专利持有人需在 2019 年 2 月 15 日之前缴清所有专利年费，否则将无法在该国申请专利。在此情况下，中小型企业较易受资金预算的影响。参与调研的企业均委托代理机构进行专利申请，除支付官方要求的专利相关费用外，还需要支付国内外代理机构费用。另外，国外代理机构收费高昂，如印度尼西亚代理机构的费用是国内代理机构收费的 2 倍多。

三、企业在"一带一路"沿线主要
国家遇到的具体困难

（一）印度

1. 审查标准不一，查询困难

印度专利局是印度专利的管理部门，总部设在加尔各答，下设 3 个专利分局，分别位于金奈、新德里和孟买。每个专利分局负责管理各自辖区范围内的专利事务，均有权授予专利。印度专利局对各种文件的要求不是很明确，而且审查员的审查标准不一样。国内申请人在准备文件时需要咨询多家事务所，从而确定一个最终的递交方案。如专利申请权的转让文件，有的事务所要求转让证明需要公证，有的要求签字的原件。由于公证对于个别申请人来说办理起来比较烦琐，只能先递交原件，如果官方审查员认为需要公证，申请人再进行补充。

另外，印度专利申请/审查进度很难获取。

2. 文件提交烦琐

印度目前可以通过电子方式提交专利申请文件，但是印度专利局还是要求申请人提交纸质版的申请书等文件，这对国内申请人造成不便。

另外，印度专利局要求每半年提交同族专利授权情况的文件。印度专利局一般参考欧洲专利，基本不参考中国专利。这些情况都会延长我国专利申请在印度的审查周期，对企业竞争不是很有利。

3. 审查制度不透明，审查周期过长

审查制度和审查要求公开透明度较差，例如对 GUI 外观设计的解读无法获取准确的信息，申请人自己摸索审查尺度，在申请专利时存在困惑。

印度对专利申请的审查周期过长。目前平均审查周期 5~8 年，专利授权后该技术可能已经更新换代，失去了专利布局的意义。

4. 专利商业应用报告制度

印度的专利商业应用报告制度是企业反映的最大的问题。该制度要求专利权人或被许可人在收到官方发出的专利商业应用报告提交通知之日起的 2 个月内或者官方允许的更长期限内提交关于其发明专利在印度商业实施程度的相关信息。如果未发出专利商业应用报告提交通知，专利权人或被许可人应当在每年的 3 月 31 日之前提交上一年度的营业情况（例如应在 2018 年 3 月 31 日之前提交 2017 年该专利应用情况报告）。对未按规定提交专利商业应用报告可以处以 100 万卢比（约相当于 9.7 万元人民币）以下的罚金，情况恶劣者可判处 6 个月以下监禁。如果专利权人或被许可人 3 年内都未实施该发明专利，该专利将可以成为强制许可的对象。如果在强制许可行使之日起满 2 年还未实施，印度专利局的官员可以根据印度专利法（第 85 条）撤销该专利。

报告内容需要填写以下内容：①权利人的名称、地址、国籍。②专利实施报告的年份。③专利是否实施。如果没有实施，其理由是什么，又将采取什么措施以实施该专利；如果已经实施，在印度制造和从国外进口的专利产品的数量和价值是多少。④该年度该专利授予专利实施许可的情况。⑤是否以合理的价格满足了社会公众的需求，何种程度地满足了社会公众的需求。

企业认为，首先，专利是否实施由市场决定，而不由专利决定。其次，专利商业应用报告每年需填报一次，企业需要统计大量信息，且提交专利商业应用报告会泄露商业隐私，不利于关键技术的保护，给企业在印度市场内的竞争带来不利的影响。同时，企业也担心会给后续专利实施带来影响。如果出现商业失误，对后续专利实施会有一定的影响。企业很难做到精准对应，导致专利市场价值很难切割。

（二）俄罗斯

俄罗斯的专利审查尺度适中，但是个别领域如化工领域审查周期相对较长，需要 3~5 年的时间。

（三）印度尼西亚

1. 审查力量薄弱，审查周期长

印度尼西亚审查周期非常长，没有显著的审查进程。印度尼西亚审

查力量薄弱，通过 PCT 途径进入该国的专利，一般都是直接引用国际检索报告进行审查，不像一些专利大国还会重新检索审查。另外，印度尼西亚审查制度和要求不透明，公开透明度很差，申请/审查进度也很难获取，因此申请人缺乏获取该国专利制度信息的资源。印度尼西亚为小语种国家，申请人或代理机构难以查到审查意见，会带来费用增加、审查周期过长的问题。

2. 文件提交烦琐

印度尼西亚需要提交同族其他国家审查的各个阶段的文件。

印度尼西亚部分签字的文件要求提交原件，比如转让合同或者其他程序性的文件，需要发送国际快递。

3. 专利费用高昂

在印度尼西亚，知识产权局在 2018 年发出通知，在该国的专利持有人需在 2019 年 2 月 15 日之前缴清所有专利年费，否则将无法在该国申请专利，在此情况下，中小型企业较易受资金预算的影响。另外，代理机构收费高昂，如印度尼西亚代理机构的费用是国内代理机构收费的 2 倍多。

（四）马来西亚

缺乏获取马来西亚专利制度信息的资源。在该国，如果是标准实质审查程序，差不多要 2 年；PCT 申请国际检索报告认可创造性的话基本上直接授权，一般需 12 个月。

（五）越南

越南虽然官方费用较少，但代理机构的收费高昂，且不同代理机构之间收费标准有很大差别。

（六）新加坡、波兰、以色列

新加坡、波兰、以色列的专利审查及保护制度相对比较完善。

（七）其他国家

沙特阿拉伯：申请及翻译费需 3 万～4 万元；发明人多时需要进行认证，认证费一份 8000 元；年费也较高，20 年需要 20 万元左右。

泰国：一项外观设计只能保护一幅视图。很多的外观设计申请进到泰国之后，需要选择最能体现外观设计设计要点的一幅视图来保护，其他视图需要删除。

除此之外，国内创新主体也普遍表示遇到了与当地的代理机构沟通不畅、代理机构专业性不强、代理费用高等问题。

四、国内创新主体"走出去"的诉求及建议

结合在向"一带一路"沿线国家"走出去"的过程中遇到的困难，国内创新主体希望国家知识产权局在信息共享、同沿线国家的知识产权局/专利局的协调沟通、资金支持、人才培养等各个方面给予更多帮助，为企业在海外经营保驾护航。

（一）企业对在"一带一路"沿线国家专利布局的诉求

针对上述问题，参与调研企业期望国家知识产权局在对"一带一路"沿线国家专利申请方面提供如下相应的服务。

1. 设置"一带一路"沿线国家知识产权信息专栏

企业希望由国家知识产权局牵头组织力量研究和收集"一带一路"沿线国家尤其是"一带一路"沿线重点国家的专利申请程序、诉讼维权程序、专利维持及专利保护等信息，对于各国的专利申请流程及审查要求等提供更加完善的信息，发布具有操作性的实务指引手册（包括当地的专利审查及执法机构、办理的手续、需要的材料及证明文件等内容）。

企业希望在国家知识产权局官网设置"一带一路"知识产权信息专栏，快速、准确地通过信息发布渠道向申请人提供相应政策信息，以方便申请人及时调整专利布局策略。建立申请及维权的专利案例库，及时更新数据信息，方便申请人及时查找并参考借鉴。

2. 加强与"一带一路"沿线国家的国际交流协作

企业反映，其从市场角度重点关注的"一带一路"沿线国家，如印度、印度尼西亚等国家存在专利审查周期过长、授权周期难以预测的问题，已严重影响企业海外专利布局和市场运营，希望政府或国家局层面通过国际交流合作予以沟通解决。同时，企业希望增加与中国进行 PPH 合作的国家，增加中国与其他国家的单边协议（如柬埔寨登记制），期望其他国家尤其是专利审查及检索能力薄弱的国家也可采用此种形式。

另外，一些"一带一路"沿线国家（如越南）承认中国的检索结果，但也有一些国家不承认中国的检索结果。企业希望开通检索互认的通道。如果沿线国家能与中国双向互认或单向地承认中国的检索结果，一方面

可以减小企业负担，另一方面可以加快审查速度，减缩审查周期。

3. 提供专业的知识产权实务培训

参与调查企业主要分布在经济相对发达的北京、广东、山东、上海等省市，配备了专门的知识产权管理部门且有专职的知识产权管理人员的企业较多，但是企业内部人员对涉外专利尤其是在专利申请实务方面知识了解不足，需要进行针对性的培训及实践积累。企业尤其是代理机构希望国家知识产权局举办"一带一路"沿线国家专利制度尤其是实务培训、加快审查及 PPH 方面的培训。培养"一带一路"沿线国家专利人才，提高本地中介代理机构的服务能力，积累好的专利，带动企业，以点带面，实操实战。

4. 针对向外申请，出台专利费用资助政策

企业表示希望从国家层面出台相应政策，对在"一带一路"沿线国家进行专利布局的企业进行费用资助，政府的扶持会促进企业在"一带一路"沿线国家的专利布局。

（二）对推进针对"一带一路"知识产权法治建设工作的政策建议

1. 进一步完善专利国际合作，强化涉外专利事务统筹协调

在一些国家，如果发明专利在欧洲获得授权后可以直接在该国办理生效，比如波兰、罗马尼亚、捷克共和国等国家，极大节约了申请人的成本及增加了获取保护国家的数量。建议我国政府积极推进"一带一路"沿线国家知识产权合作机制，构建"一带一路"知识产权合作新格局。另外，建议由国家知识产权局牵头，针对不同国家、不同产业的特点，给予企业有针对性的涉外知识产权政策指导，为企业对外知识产权交流合作提供更多的支持和便利。

2. 建设"一带一路"沿线国家知识产权法律制度信息共享平台

目前智南针网提供了部分国家知识产权法律法规、提供知识产权资讯等信息，但对"一带一路"沿线国家相关信息的梳理相对较少，专利申请实务方面的指引更为缺乏。依托国家知识产权局网站，建立"一带一路"沿线国家信息平台，为外向型企业提供有关海外专利制度、流程、案例、服务机构、研究报告等，尤其是实操过程中各类专利信息，为企业提供"一带一路"沿线主要国家专利相关中文信息，包括法律制度、申请指引、典型案例等。

在上述平台中设立"一带一路"沿线国家代理机构黑名单，按照地区、类别遴选实力较强、经验丰富的海外知识产权服务机构，依托信息平台发布机构相关信息，以便国内申请人选择。

3. 开展"一带一路"沿线国家知识产权法律制度培训

由国家知识产权局牵头，开设专门课程，面向外向型企业及代理机构开展"一带一路"沿线国家专利法律制度、申请策略和操作流程、海外诉讼、贸易纠纷应对等相关内容培训。

企业及代理机构应积极参加政府搭桥组织的与技术创新、管理、涉外知识产权知识普及等相关的培训，培养外语能力强、了解国外知识产权法律和国际规则以及具有实战经验、实务技能的知识产权人才，并着力培养一批精通国际专利规则、了解专利争端解决机制、专利保护等业务领域的高层次人才。

4. 建立"一带一路"沿线重点国家知识产权工作站

依托国家知识产权局，尝试逐步建立"一带一路"沿线重点国家知识产权工作站，承担国内申请人与国外知识产权局及代理机构的沟通、信息传递工作。

我国企业的技术水平不断提高，经济发展迅速，但同欧美等发达国家相比，还存在比较大的差距：企业关键技术领域的核心技术缺失，自主知识产权占有率比较低，对外技术依存度比较高，并且对核心关键技术保护不足，自主创新能力依然有待加强。因此，我国企业有必要继续提升自主科技创新能力，构建完善的知识产权保护体系，从而不断打造企业自己的核心竞争力。

论专利侵权赔偿数额
认定中的特殊证据制度

马忠法❶ 谢迪扬❷

摘　要

　　《专利法》第 65 条第 1 款规定的三种赔偿数额计算方式均存在举证困难的现象：专利权人损失额方面证明标准僵化、因果关系难以建立，侵权人获利方面存在证明妨碍情形，许可费及倍数确定困难。这些问题加剧了法院对法定赔偿制度的依赖，进而导致权利人获赔数额总体偏低、侵权诉讼的预防与威慑效果不太理想之结果。为此，在专利侵权损害赔偿数额的认定中，建议适用因果关系举证责任倒置制度，同时灵活运用证明标准，细化证明妨碍制度，并增设许可费确定制度。以上措施不但符合实用主义的法哲学基础，而且回应了集体理性的内在需求，还能体现专利制度的无形性和公开性，有望化解损害赔偿计算中的举证困境。

关键词

专利　损害赔偿　因果关系　证明标准

---

　　❶❷　作者单位：复旦大学法学院。

一、问题的提出

随着我国科学技术不断发展，国民专利维权意识不断提高，法院受理的专利侵权诉讼案件数量逐年上升。然而，在确认侵权的案件中，法院判决的赔偿数额总体上偏低，而专利维权诉讼费用总体上高于其他类型的案件，出现了所谓"赢了官司、赔了钱"的怪象。有学者采用抽样调查的方法研究发现，法院最终判决的赔偿数额与原告诉请的数额差距过大，87.2%的案件未达到原告诉请的50%，38.3%的案件未达到原告诉请的20%；而原告诉讼费用在最终获赔额中的平均占比又高达52.94%，这意味着原告一半以上的获赔金额将在诉讼过程中损耗；更有11.1%的案件所花费的诉讼费用大于获赔金额。❶这种司法现实在很大程度上打击了专利权人的维权积极性。国家知识产权局在相关调研中发现，大约有30%的专利权人遭遇了侵权，却只有10%选择诉讼途径维权，专利侵权逃避追究率高达66.67%，大量侵权人逍遥法外。❷而且即使受到追究，由于判赔数额过低，部分侵权人的非法获利完全可以覆盖对专利权人的赔偿，侵权诉讼的预防、威慑效果并不理想。

专利权人获赔数额过低与法定赔偿滥用有着紧密的关联。因为法定赔偿是在证据不足的情形中才能适用的，而法官在事实真伪不明的案件中很可能会倾向于给出较低的赔偿数额。尽管现行《专利法》除了法定赔偿之外还规定了三种计算赔偿数额的方式，即权利人的损失额、侵权人的获利额和专利许可费的合理倍数，而且将法定赔偿的适用顺位限定在其他三种方式之后，但是实践中法院适用法定赔偿的案件占案件总数的比率却一直居高不下。有学者做过一份调查统计报告，针对我国东部、中部、西部和东北四个区域进行抽样，发现只有约1%的判决根据"权利人的实际损失"计算赔偿数额，约1%的判决根据"侵权人获利"计算，8%左右的判决根据"许可费的合理倍数"来计算，高达89%左右的判决

---

❶ 盘佳. 论惩罚性赔偿在专利侵权领域的适用：兼评《中华人民共和国专利法修改草案（征求意见稿）》第65条 [J]. 重庆大学学报（社会科学版），2014（2）：116.

❷ 国家知识产权局. 关于专利法修改草案（征求意见稿）的说明 [EB/OL]. [2019-03-25]. http://www.sipo.gov.cn/zcfg/zcjd/1020229.htm.

适用的是法定赔偿。❶

设立法定赔偿制度的初衷在于提高诉讼效率、降低举证成本、减轻原告的举证责任。在 2001 年入法之后，该制度解决了专利侵权诉讼中的不少问题，也为学界所赞许。但在适用过程中，法定赔偿制度出现了异化，从辅助裁判的兜底功能逐渐转变为裁判的主要方法。在证据不足的案件中，法院为规避裁判错误风险进而选择适用法定赔偿是符合法律规定的。此外，实务中还有相当一部分当事人出于经济上的考虑，诉讼之初就放弃举证，直接请求法院适用法定赔偿。❷ 这不仅与法定赔偿制度的初衷相违背，也使得判决的赔偿数额与填平权利人损失的指导原则相差甚远，最终形成了赔偿数额整体偏低、专利侵权诉讼效果不佳的局面。

法定赔偿之所以被滥用，究其根本原因是《专利法》规定的其他三种赔偿数额的计算方式都存在举证困难的问题，另外普遍存在证明妨碍的情形也加剧了法院对法定赔偿制度的依赖。要解决专利侵权诉讼赔偿过低的问题，关键是要减少法定赔偿的适用，将法定赔偿制度回归到解决特殊案件的兜底条款的定位上来。这就意味着要将大量案件引流到《专利法》规定的其他三种赔偿数额的计算方式上。本文旨在研究专利侵权诉讼中相关证据制度的设计，以期化解举证困难、证明妨碍等难题，为法院适用其他三种赔偿数额的计算方法扫清障碍，减少法定赔偿的适用，最终达到《专利法》第 65 条中填平损失、预防和打击侵权行为的立法目的。❸

二、专利侵权损害赔偿数额的证明困境

（一）涉及赔偿的具体数额确定举证艰难

1. 证明标准僵化导致相关数额难以确定

在我国民事诉讼中，通常一方提出的证据要达到高度盖然性的标准，其主张才有可能被法院采纳。在权利人损失数额的证明中，如果原告提

---

❶ 党晓林. 我国专利侵权损害赔偿数额计算方式之探讨 [J]. 知识产权，2017 (10)：60.

❷ 何培育，蒋启蒙. 论专利侵权损害赔偿数额认定的证明责任分配 [J]. 知识产权，2018 (7)：50.

❸ 蒋舸. 著作权法与专利法中"惩罚性赔偿"之非惩罚性 [J]. 法学研究，2015 (6)：83.

供的证据达不到高度盖然性的证明标准，则法院就很难支持原告所主张的数额。由此可能导致法院放弃这种以损失数额为基础的计算方式，而改用其他计算方式，甚至导致直接适用法定赔偿。这一问题同样可能会出现在"侵权人获利"及"许可费合理倍数"（许可费计算是基础）赔偿方式的案件中。这种做法显得有些刻板。因为赔偿数额是一种定量的判断，与"侵权与否"这类定性的判断相比，具有更大的裁量空间。如果权利人提供的证据没有达到证明标准，法官可以运用自由心证原则，将赔偿数额作适当调整——这也是法官智慧的一种体现，而不应一概放弃。

从案件审判的实际情况来看，证明标准的僵化是法院大量适用法定赔偿的重要原因之一。专利侵权不同于传统的有形财产之侵权。在有形财产侵权案件中，涉案财产的数量是特定的，损失直观且多数场合下显而易见，故容易证明。而专利技术具有无形性和无限可复制性，侵权事实发生之后，专利权人虽然仍旧能够实施其专利并获取收益，但侵权行为会使其遭受无形的、潜在的损失。这种损失要透过市场竞争机制才能被慢慢反映出来，是一种间接的、可能发生在未来的损失，证明起来非常困难。如果专利侵权案件的赔偿数额认定也适用高度盖然性的证明标准，就忽视了专利侵权案件区别于普通有形财产侵权案件的特殊性，在审判工作中会引发一系列的问题。

2. 因果关系证明困难

以专利权人的实际损失计算赔偿数额时，按照"谁主张，谁举证"的原则，原告需要证明的事实有三：一是单件专利产品的合理利润；二是原告专利产品销量减少的数目；三是销量减少与侵权行为的因果关系。在这三个事实中，因果关系的证明最具难度。一方面，原告提供的销量减少的证据往往只能在时间与地域范围上与被告的侵权行为产生联系，而法官在判断因果关系时，一般采用的是相当因果关系说。按照该学说的观点，侵权行为的出现与销量减少之间介入了过多的影响因素，仅时空上的联系无法完成因果关系的构建。❶ 另一方面，被告却很容易提出不构成因果关系的抗辩，比如销量减少是由原告经营不善、市场上出现其他替代产品、市场需求日渐饱和等原因造成的，很容易形成事实真伪难辨的局面。此时法院往往会倾向于放弃以"权利人受损数额"为基础来

---

❶ 王利民. 侵权责任法研究：上 [M]. 北京：中国人民大学出版社，2016：387.

确定赔偿数额的计算方法。同样,"侵权人获利"和"许可费的合理倍数"这两种计算方式中也很有可能出现因果关系的证明问题。此时适用法定赔偿就成了法官最好的选择。

(二) 证明妨碍规则可能失灵

这种问题常出现在涉及"侵权人获利"计算方式的案件中。其要求证明"侵权人获利",而相关材料原告一般无法获取。在"侵权人获利"计算方式的案件中,原告在举证时要拿出涉及侵权人获利的关键证据,比如被告公司账簿、商务信息等。但它们都在被告的控制之下,这样就会遇到证明妨碍的情形。原告若要取得上述证据,一般会采用下列三种途径:一是向法院申请证据保全,二是通过公证处来实施证据保全,三是依靠法庭调查取得。但是在实践中,被告总是会想方设法逃避交出证据。因为这些证据不仅可佐证侵权事实,还可能意味着赔偿数额的增加,而且由于我国与商业秘密相关的证据保护制度欠缺,交出证据后还可能会对其今后的经营产生重大不利影响。因此,对涉及被告侵权的证据进行保全难度较大,即使法院责令被告交出证据,被告依旧会找借口拒不提供,甚至提供虚假证据。这种无视法庭调查命令的情况不是偶尔发生,而是屡见不鲜。❶

另外,证明妨碍规则在司法适用中也不能达到预想的效果。我国的证明妨碍规则主要是指《最高人民法院关于民事诉讼证据的若干规定》(法释〔2019〕19 号)第 48 条和第 95 条、《最高人民法院关于适用〈中华人民共和国民事诉讼法〉的解释》(法释〔2015〕5 号)第 112 条与《最高人民法院关于审理侵犯专利权纠纷案件应用法律若干问题的解释(二)》(法释〔2016〕1 号)第 27 条。综合上述各条可以推知,无论何种证据形式,只要被告无正当理由拒不提供,或者提供虚假证据的,人民法院可以根据原告的主张和证据来认定侵权获利数额。但在实践中,相当一部分原告虽然主张某一赔偿数额,但只能提供被告侵权的证据,具体赔偿数额认定方面的证据则较为欠缺,难以构成法律所规定的"初步证据"。❷ 在这种情况下,人民法院并不会直接支持原告的主张,而是会

❶ 何培育,蒋启蒙. 论专利侵权损害赔偿数额认定的证明责任分配 [J]. 知识产权,2018 (7):52.

❷ 参见上海知识产权法院(2015)沪知民初字第 354 号民事判决书。

放弃"侵权人获利"的计算方式，转而适用其他方法。

（三）许可费及其倍数难以确定

在以"许可费的合理倍数"作为计算赔偿数额的方式中，也存在不少适用上的问题。首先，很多专利并未被许可，也未产生正常的许可费收入。有些专利获得授权后不久就遭遇侵权，还未走到许可步骤。还有另一些专利，权利人希望仅自己使用，并不希望许可他人使用。因此，这些专利侵权案件中就无许可费可参考。其次，法院采用这种计算方式时，往往只认可在专利管理机关进行备案的许可合同，而且需要原告证明合同已经实际履行。部分企业缺乏备案方面的法律意识，导致专利侵权发生后，即使可以提供许可合同的证据，但因无法提供备案方面的材料，法院也很有可能不会采纳。

即便存在许可合同的证据，最终的赔偿数额仍旧难以确定，因为各地法院对翻倍条件的认识有分歧，而且何为合理倍数也是法院适用该方式的难点。有观点认为，判赔许可费属于补偿性赔偿，依照许可费翻倍后的数额确定最终赔偿数额则属于惩罚性赔偿，因此原告只有证明侵权人具有侵权故意（而不是过失），且侵权案件情节严重，才能将许可费进行翻倍。而另有观点认为，由于许可合同签订时，专利价值的不确定性较高，许可费会远远低于专利真正的价值，并且侵权行为发生时，绝大部分侵权人选择的专利都是价值较高的专利，侵权人的获利在一定程度上高于许可费本身，因此以翻倍后的许可费数额作为最终赔偿数额，仍属于补偿性赔偿的范畴，并未产生惩罚性赔偿。这样一来，原告无须进一步证明侵权人故意及情节严重，就能获得更高的赔偿数额。这种认识上的分歧，以及具体倍数确定的困难，都有可能令法院放弃以"许可费的合理倍数"作为确定赔偿数额的计算方式，最终选择适用自由裁量空间最大的法定赔偿。

三、国外相关制度的借鉴

（一）德国相关证据制度

在确定专利侵权赔偿数额时，德国法院适用的证明标准较为灵活。按照《德国专利法》（2009 年）及《德国民事诉讼法》（2014 年）的一般规定，专利权人应就其主张的损害赔偿请求负担充分的证明责任。为了降低这一证明高度，德国法院在适用《德国专利法》第 139 条"损害赔偿"时往往辅之以《德国民事诉讼法》第 287 条。该条款在理论界被称为"赔偿额认定制度"。其主要内容是：在当事人对是否存在损害、损害的数额以及赔偿额有争论时，法院应考虑全案情况，经过自由心证，对上述争点作出判断；是否依申请而调查证据、是否依职权进行鉴定以及调查和鉴定进行到何种程度，都由法院酌量决定；同时，法官可就损害和利益讯问举证人。这一制度与我国"法定赔偿"制度的区别在于，它并未创设一个新的赔偿数额计算方式，而是将法定赔偿的理念嫁接到原有的计算方式之中，使得法定赔偿依旧受到原有计算规则的约束。

此外，德国还以法律推定的方式简化因果关系的证明。在专利侵权行为与权利人获利减少之间因果关系的证明问题上，按照德国法律的规定，权利人获利的减少原则上就是由侵权行为导致的；如果侵权人认为是由其他原因造成的，则须由侵权人承担举证责任。换言之，德国法律在根本上承认侵权行为与权利人的损害存在相当因果关系，该因果关系可以通过相反证据"部分"推翻，而非"完全"推翻。❶ 在非法实施专利与侵权获利之间因果关系的证明问题上，德国也以法律推定的方式规定，原则上将专利的贡献度认定为 100%，即侵权人所获的所有利润都是因实施了专利侵权行为而取得的；如果侵权人能提供相反事实证明专利的贡献度并不是 100%，法院再根据证据酌情降低。比如，侵权人能证明获利中仅有一部分是来自专利侵权行为，而其他部分的获利则是其自身努力的结果，那么该部分的获利数额将在赔偿总额中扣除。❷ 这些规定在事实上形成了因果关系证明责任倒置的特殊证据制度，对我国而言有较强的借鉴意义。

（二）日本相关证据制度

《日本专利法》（2015 年）也适当调低了专利权人对侵权数额的证明

---

❶ 胡晶晶. 德国法中的专利侵权损害赔偿计算：以德国《专利法》第 139 条与德国《民事诉讼法》第 287 条为中心 [J]. 法律科学（西北政法大学学报），2018，36（4）：192.

❷ KRABER R. Patentrecht：Ein lehr-und handbuch zum deutschen patent und gebrauchs-musterrecht，europ ischen und internationalen patentrecht [M]. München：Verlag C. H. Beck，2009：33.

责任。该法第 105 条第 3 款规定了平均心证制度，即负有举证责任的一方不能提供充足的证据时，法官可以选择适用一种较为平均的计算方法。举例来讲，假如在某一案件中，法官综合全案证据认为，损害赔偿数额有 50％ 的概率是 200 万日元，有 50％ 的概率是 1000 万日元。按照一般规定，在既有的心证程度下往往只能承认权利人 200 万日元的损害数额。但是依据第 105 条第 3 款的平均心证制度，则可能达到 600 万日元（50％ ×200 万日元＋50％×1000 万日元）。而且，当权利人已经尽到其他要素的举证责任，但对某一要素的证据没有达到证明标准时，法官可以采用行业内的通用数据加以填补。比如在以"权利人损失"计算赔偿数额时，专利权人完成了其他要素的证明，唯独对"专利产品的合理利润"这一要素未能达到证明标准，法院即可采用行业内通用的利润加以计算，而不会直接放弃"权利人损失"的计算方式。

在因果关系的证明问题上，日本规定了逸失利益数额的推定制度。按照该制度，权利人只需证明被控侵权产品与专利产品具有替代可能性，就完成了因果关系的证明。[1] 实践中，替代可能性的证明并非难事。在"病理组织检查标本用托盘"案中，只要两种产品属于同种类型的产品就能满足证明要求；[2] 在"血液采集器"案中，成套产品中的一部分与专利产品属于同种类型的产品也能满足证明要求；[3] 另外，即使侵权人没有使用与权利人一样的技术方案，只要两种技术方案之间存在市场需要的替代关系，那么专利权人就满足了证明要求。[4] 至于专利贡献度的证明问题，《日本专利法》采用了类似德国的做法，规定由侵权人承担有关专利贡献度的举证责任。《日本专利法》设置上述规定的理由在于：在部分案件中，专利只占侵权产品的一部分，如若将所有侵权获利都算作赔偿数额，则有违公平原则。但至于专利贡献度的具体确定，侵权人一方掌握了更多信息，因此将举证责任配置给侵权人并无不妥。[5]

另外，值得一提的是，《日本专利法》通过一系列配套制度的设计，实现了证明妨碍制度的灵活适用，在一定程度上缓解了权利人的举证困

---

[1] 张鹏. 日本专利侵权损害赔偿数额计算的理念与制度［J］. 知识产权，2017（6）：93.

[2] 参见大阪地判平成 17.2.10 判时 1909 号 78 页（病理组织检查标本作成用トレイ）。

[3] 参见東京地判平成 12.6.23 平成 8（ワ）17460（血液采取器）。

[4] 田村善之. ライブ講義：知的財産法［M］. 東京：弘文堂，2012：362.

[5] 张鹏. 日本专利侵权损害赔偿数额计算的理念与制度［J］. 知识产权，2017（6）：95.

境。首先，商业秘密并不必然构成拒绝提供证据的正当理由。《日本专利法》第 105 条规定，当事人可以申请法院责令对方提供相关资料，但如果资料持有者有正当理由的，可以拒不提供。在日本司法实践中，仅声称所持资料属于商业秘密的，并不必然构成正当理由。是否属于正当理由，由法院在综合衡量双方当事人所涉利益的基础上，给予合理认定。其次，一旦侵权人构成证明妨碍，法院原则上会认定权利人主张的赔偿数额。因为根据《日本民事诉讼法》（2003 年）的一般规定，当法院责令提交相关资料而被告无正当理由拒不提供的，即认定原告关于损害数额的主张为真实。最后，当专利权人提供的证据严重不足时，法院会以行业通常的损害数额为基础，对专利权人主张的数额进行调整❶，而非直接否定专利权人的主张。❷

（三）美国相关证据制度

虽然美国属于判例法国家，其证据制度与我国存在较大的差异，借鉴起来比较困难，但在多年司法实践中，美国逐渐探索形成了一套以许可费为基准确定赔偿数额的证据制度，颇具参考价值。首先，在专利权人无法提供有效的许可合同时，可以采用"虚拟谈判法"确定合理的许可费数额。所谓虚拟谈判法指的是，假设侵权人与权利人在侵权没有发生之时就进行谈判，双方都会同意的专利许可费就是合理的许可费。❸ 以这种方法确定的合理许可费是专利权人可获得的最低赔偿数额。法院最终判定的数额只可以高于此，而不能低于此。因为专利权人自己实施专利所获的利益肯定高于许可费的收入。而这种赔偿数额确定方式剥夺了专利权人是否给予对方许可的选择权。❹ 在权利人能提供与本案情形类似的许可合同时，可采用 1970 年 Georgia-Pacific 案中列出的 15 个因素确定

---

❶ 田村善之. 知的财产法［M］. 東京：有斐閣，2010：322.

❷ 刘晓. 证明妨碍规则在确定知识产权损害赔偿中的适用［J］. 知识产权，2017（2）：55-63.

❸ 李明德. 美国知识产权法［M］. 北京：法律出版社，2002：80.

❹ 参见 Rite-Hite Corp. v. Kelley Company Inc.，56 F. 3d 1538，35 U. S. P. Q. 2d 1065 (Fed Cir. 1995).

许可费率，再乘以侵权人的销售数量即为合理的许可费数额。❶ 其次，在没有与本案情形类似的许可合同时，权利人可以聘请专家证人直接采用知识产权评估的"经验法则"（rule of thumb, or 25 percent rule，也可以译成"大拇指法则"）进行合理许可费的计算。❷ "经验法则"是美国等发达国家知识产权许可评估机构广泛应用的一种方法，经过多年的实践，已经较为成熟，可以为司法审判服务。❸ 同时，Georgia-Pacific 案中列出的 15 个因素、谈判双方的经济地位和非侵权替代品的因素❹，也被专家证人或法官用以调整许可费数额。最后，无论是否存在情形类似的许可合同，专利权人都可以选择以"分析法"确定合理许可费。分析法的步骤如下：法院先假设侵权人可预期的净利润，然后把该净利润减去"产业标准"（industry standard）利润或者"可接受的"（acceptable）利润，剩余的值就是权利人可以得到的合理许可使用费。❺ 其中"产业标准"利

---

❶ 参见 Georgia-Pacific Cor. v. United States Plywood Corp. 318 F. supp. 1116, 266 U. S. P. Q. 235（S. D. N. Y 1970），modified by 446 F. 2d. 295（2d Cir. 1971）。15 个因素分别为：(1) 专利权人已经接受了的专利许可费，用以证明或试图证明已确立许可费；(2) 与涉案专利权相类似的其他专利技术的许可费；(3) 专利许可的性质和范围（比如是独占许可还是非独占许可，有无许可的地域限制或销售对象限制）；(4) 专利权人不许可他人使用专利以维持专利垄断，或为许可设置特殊的许可条件来保护该垄断的既定政策和营销安排；(5) 专利权人与侵权人的商业关系，比如他们是否为在同一地区、在同一商业链条上的竞争者，抑或他们分别是技术的开发者与推广者；(6) 被许可人因销售专利产品而对促进自身其他产品销售所产生的影响，该项专利技术带动专利权人销售其他非专利产品的既有价值，以及这种衍生销售或者附带销售的程度；(7) 专利权的有效期限和许可的期限；(8) 已有专利产品的获利能力、商业成功情况、现时的市场普及率；(9) 该项专利权与能够得到同样结果的旧模式或设备（如果有的话）相比，其所具有的用途和优势；(10) 发明创造的性质、专利许可方所拥有和生产的专利商品的特征，以及给使用这项专利技术的人所带来的利益；(11) 有关侵权人在多大程度上使用了专利技术，以及使用后所带来的可证实的利益；(12) 在特定商业领域或类似商业领域中，商业习惯所允许的该发明或类似发明在产品利润或售价中所占的比例；(13) 在所实现利润中应当归功于发明的利润比例，相对于应归功于非专利因素、制造方法、商业风险，侵权人增加的重要特征或者改进所带来的利润比例；(14) 具有资质的专家的证言；(15) 假设许可人（例如专利权人）与被许可人（例如侵权人）合理地、自愿地努力达成协议，这种情形下双方会（在侵权开始时）达成的许可费数额。

❷ 相关论述可以参见：马忠法. 国际技术转让实务合同：法律制度与关键条款［M］. 北京：法律出版社，2016：224-225.

❸ 张玉. 美国专利侵权诉讼中损害赔偿金计算及对我国的借鉴意义［J］. 法律适用，2014 (8)：117.

❹ 李秀娟. 评美国 Uniloc USA 案中重要规则法适用的转变［J］. 知识产权，2011 (5)：87.

❺ 参见 TWM Mfg. v. Dura Corp.，789 F. 2d 899（Fed. Cir. 1986）。

润和"可接受的"利润可从相关行业协会的统计数据中取得，因此较易证明，而侵权人的预期净利润则可通过证明妨碍制度从侵权人处取得关键证据。

四、专利侵权赔偿数额认定适用特殊
证据制度的内在合理性

本文所指的特殊证据制度，其特殊性主要体现在两点，一是与"谁主张，谁举证"相背离的因果关系举证责任倒置制度，二是与高度盖然性的普通民事案件证明标准相出入的"灵活化的证明标准"。所谓"灵活化的证明标准"与"损害额认定制度"（德国：Schadensschtzung；日本：损害额の认定；中国台湾：酌定损害赔偿额）有异曲同工之妙。后者是指在损害赔偿诉讼中，如果损害事实确已发生，但权利主张者难以证明或无法证明具体损失大小，从诉讼公平角度出发，赋予法官根据言词辩论和证据材料对该损害赔偿数额作出裁量的权力。❶ 从理论角度分析，《专利法》第65条中的法定赔偿制度乃是"损害额认定制度"的具体实现形式之一。但如上文所述，法定赔偿滥用导致的赔偿额严重偏低的问题，可以说是"损害额认定制度"异化副作用的产物。与法定赔偿制度不同，"灵活化的证明标准"，是将"损害额认定制度"中适当扩大法官自由裁量权的理念，融入权利人损失、侵权人获利和专利许可费的具体认定过程中，也即法官的自由裁量权仍旧限制在上述三种计算规则的框架之内，而不是笼统地综合全案进行自由裁量。专利侵权案件在侵权事实确认无疑，但赔偿数额有争议的情形下，应当适用上述特殊证据制度，这与专利侵权案件的特殊性密不可分。下文将逐层分析特殊证据制度的内在合理性。

（一）实用主义的法哲学基础

实用主义哲学起源于亚里士多德的实践理性论。亚里士多德的实践哲学开始于他的一个判断：任何人都可以在特定情境下决定何为正确，

---

❶ 毋爱斌. 损害额认定制度研究 [J]. 清华法学，2012 (6)：116.

而不需要一个关于何为正确的普遍性理论。❶ 实用主义主张的是具体情境化的解释工作，反对的是包罗万象的宏大理论，强调的是对复杂问题的有效解决。❷ 在实用主义的指导下，诉讼法的终极目的在于促进裁判的可接受性。换言之，我们不考虑一些事件的状态是真还是假，而考虑一个计划或决定是否服务于我们追求的目标并满足我们的需要。❸ 另外，当今社会专利制度的法哲学基础普遍从自然权论转换为功利主义的理论。功利主义者认为，专利法的终极目的在于发展科技、促进人类社会进步。如果不付出任何代价就能获得他人的智力产品，就会使社会整体息于科研创新，最终损害整个社会的效益。❹ 就专利权的正当性而言，功利主义者认为，社会创立专利制度的终极原因在于为智力产品的供给提供刺激，确保公众更充分地享有获取权。❺ 结合实用主义理论与功利主义理论可以推知，在客观真理确实无法企及，或者达到客观真理须付出的代价过高时，所谓"裁判的可接受性"在很大程度上是由"社会效益的促进程度"所决定的；诉讼制度越能够促进社会效益，则由其导出的裁判结果就越具有可接受性。而在侵权事实没有疑义的案件中，在确定侵权赔偿数额时，以保护为原则、以不保护为例外的制度能够最大限度地保护专利权人的合法权益，从而最大限度地促进社会效益。由此可知，以实用主义和功利主义的专利权论作为法哲学基础，可以论证因果关系举证责任倒置、证明标准的灵活处理等特殊证据制度在专利侵权赔偿数额认定中的合理性。

（二）集体理性的内在需求

理性主义是一种承认"人的推理"可以作为知识来源的哲学方法

---

❶ ESKRIDGE W N，FRICKEY P P. Statutory interpretation as practical reasoning [J]. Stanford Law Review，1990，42（2）：324.

❷ 易延友. 证据法学的理论基础：以裁判事实的可接受性为中心 [J]. 法学研究，2004（1）：110.

❸ SEIGEL M L. A pragmatic critique of modern evidence scholarship [J]. Northwestern University Law Review，1994，88（3）：1028.

❹ 何鹏. 知识产权立法的法理解释：从功利主义到实用主义 [J]. 法制与社会发展，2019（4）：122.

❺ 彭学龙. 知识产权：自然权利亦或法定之权 [J]. 电子知识产权，2007（8）：14-17.

论，❶ 集体理性则是一种利用理性主义的方法论达到集体利益最大化的价值观。集体理性是与个人理性相对应的概念。个人理性追求的是个案正义，集体理性追求的是社会正义，有时两者难以兼顾。在专利侵权赔偿数额的认定中，个人理性要求诉讼双方提供充分证据，形成清晰完整的证据链；但这种要求与集体理性相背离，因为当权利人普遍陷入维权困境之时，则会出现专利保护水平总体偏低的局面，在一定程度上阻碍社会正义的实现。正如上文所述，专利被侵权后，权利人所遭受的损失往往难以直接计算，而是需要通过专利产品销量减少、社会评价降低等现象间接反映出来，具体损失数额很难被清晰证明。如果一味追求明确的损失数额的证明标准，反而要付出高昂的社会成本，从经济角度来说也是非理性的。这些成本包括但不限于专利价值的评估、现有技术的全面排查、专家证言的调取、市场调查、当庭测试等所需费用。有些证据还涉及权利人的其他商业敏感信息。为证明损失而将这些信息公之于众，有可能给权利人将来的经营活动带来负面影响。由此可知，损失清晰未必永远合理，损失模糊不一定总是瑕疵，清晰明确的证据链在专利侵权赔偿数额认定中确实难以形成，于社会也不是始终必需；平衡诉讼双方利益的证据规则，才能展现集体理性，实现社会正义。对专利侵权赔偿数额认定的证据制度而言，适当容忍侵权损失的模糊，正是集体理性的抉择。在集体理性的考量下，适当容忍因果关系的模糊、证明标准的下调、法官自由裁量权的行使，才是认定专利侵权损害赔偿数额中最为经济合理的做法。相反，如果不加变通地适用普通民事案件中高度盖然性的证明标准、"谁主张，谁举证"的举证责任分配制度，反而会无意义地拖延诉讼进程，抬高诉讼费用，弱化权利人的保护，减损专利制度的激励作用，最终于社会发展无益。

（三）无形性对因果关系的虚化

专利技术的无形性对因果关系产生了进一步的虚化作用。相对于传统的有形财产，专利具有无形性，这意味着其物理控制力远远低于有形财产。一般情况下，有形财产的侵犯与保护是一场零和博弈。有形财产一旦遭遇侵权，权利人的损失即为有形财产本身的价值；在有形财产部

---

❶ 岳彩申，杨青贵. 经济法逻辑起点的理性主义解读 [J]. 理论与改革，2009（03）：140-143.

分损失的情形中，损失部分也可以较为容易地计算出来。而专利这类无形财产却大不相同，无形性能带来无限的复制性，侵权人实施侵权行为的同时，专利权人仍旧可以通过实施专利来获取利润。但由于没有研发投入，侵权产品的定价普遍偏低。这不仅会影响专利权人的市场占有率，还会导致专利权人的直接收益因为专利产品的价格下跌大大减少，最终导致专利权人的利润严重下降，甚至在不少情形下，其研发成本都难以收回。从这一因果关系链可知，专利权人的损失与专利侵权行为的联系，在定性上无疑是肯定的，在定量上却受到诸多因素的干扰，变得扑朔迷离。因此，专利的无形性也体现了对特殊证据制度的需求。在因果关系的证明中，应当适用特殊的证明责任分配制度和灵活化的证明标准，在相对真理的价值追求下实现个案正义的最大化。

（四）公开性对举证责任的减轻

在功利主义的理解下，专利制度的内在机制在于，国家要求专利权人公开技术方案，从而换取国家赋予的一定期限内的排他使用权。在上述期限内，侵权行为人将受到惩处，权利人因侵权行为而受到的损失将得到弥补。如果发明者并未申请专利，而是选择以"专有技术"的方式运营，那么发明者就无须公开技术方案；但若他人未经许可获取了该技术，发明者也不能得到国家的救济。对比两者可以得知，选择申请专利的发明人必须把技术方案公之于众，他人可以轻易获取，降低了侵权的难度，增加了侵权行为发生的概率，可以说是为促进社会发展作出了牺牲。但是，如果公开技术特征并不能交换到充足的保护，相对于"专有技术"的运营方式，申请专利就显得不甚明智。长此以往，整个专利制度都有被架空的危险，对社会的激励作用更加无从谈起了。因此，可以将公开技术方案看作权利人对部分权能的让渡，这部分权能应当在侵权发生后得到相应补偿，以体现国家对排他使用权的充分救济。

五、我国专利侵权赔偿数额认定中
特殊证据制度的构建

基于对我国目前专利侵权损害赔偿数额认定中举证艰难等相关问题的分析，结合前述论证的相关理论，本文就完善我国专利侵权赔偿数额认定中的特殊证据制度提出如下建议。

（一）专利案件中证明标准的灵活处理与运用

在对证明标准进行灵活处理和运用时，可以借鉴德国和日本的做法。首先要说明的是，这种灵活化处理仅限于侵权损害赔偿数额的认定过程，对是否构成侵权的认定仍应坚持适用高度盖然性的标准。具体来说，如果法官心证程度达到 75%，则视为达到高度盖然性的证明标准；如果法官的心证只能达到 50%，那么法官则可以将权利人主张的赔偿数额等比下调，在这个例子中就是下调 1/3。这样，在适用"权利人损失""侵权人获利""许可费的合理倍数"这三种计算方式时，权利人无须真正达到高度盖然性的证明标准，而是在权利人举证的基础上，由法院根据其心证程度适当调整赔偿数额。这实际上是将法定赔偿中法官酌定的方式，融合到其他三种赔偿数额的计算方式中。与法定赔偿相比，融入其他三种计算方式后，法官酌定有着计算公式的引导、原被告双方证据的支持，不至于过多考虑侵权行为恶意、专利的创新程度等未列入其他三种计算方式的因素，使得最终判决的数额与权利人真正的损失数额相差过大。

（二）因果关系举证责任的倒置

这方面也可以借鉴德国和日本的相关制度，将因果关系的举证责任倒置。如果专利权人主张以"权利人损失"的方式计算赔偿数额，那么他很有可能会遇到因果关系的证明难题。在很多案件中都是因为权利人无法证明因果关系，导致最终无法适用"权利人损失"这一计算方式。因此，可以参照德国和日本的相关制度，用法律推定的方式，将因果关系的证明责任配置到侵权人一方。也即首先确认权利人销量减少与侵权行为的发生具有因果关系，侵权人对此有异议的，可以对"没有因果关系"进行举证。侵权人可能提出的抗辩包括权利人自身经营不善、市场需求饱和、有其他非侵权替代产品进入市场等。法院则须根据侵权人为支持抗辩而提供的证据是否达到高度盖然性的标准，决定是否支持权利人提出的赔偿数额的主张。这样就能适当减轻权利人的举证责任，提高"权利人损失"这一计算方式的实用性。

同样，在以"侵权人获利"的方式计算损害赔偿数额时，权利人常常遇到的证明难点在于：侵权人获利中有多少是专利带来的贡献；多少是侵权人自身的努力，与专利实施无关。由于专利贡献度无法确认，双方争执不下，法院会认为事实真伪不明，从而放弃这种计算赔偿数额的方式。因此，本文建议在专利贡献度这一问题上，也借鉴日本和德国的相关做法。即先用法律推定的方式确认专利对侵权人获利的贡献度为100%，如果侵权人对此有异议，可以提出相应的主张及证据。如果法院认为侵权人提出的证据达到了高度盖然性的标准，就可以支持侵权人的主张。采用这种法律推定的做法，可以适当缓解权利人的举证压力；而且由于侵权产品中专利贡献度的相关证据与侵权人的证据距离更近，由侵权人提供也更为合理。

（三）证明妨碍制度的细化

我国虽然制定了证明妨碍制度，但在适用中却没有达到理想的效果。其原因在于，即使侵权人拒不提供证据，原告的主张也会因为没有初步证据的支持而不被法院采纳，因此在相当一部分案件中，侵权人完全不会因证明妨碍而承受不利后果。要解决这一问题，须对证明妨碍制度进行细化。首先要界定侵权人拒不提供证据的正当理由。虽然很多有关"侵权获利"的关键证据属于侵权人的商业秘密，但商业秘密本身不足以成为被告拒绝提供证据的正当理由。本文认为，可以学习日本的做法，由法院根据案件的整体情况、原被告双方的市场地位等因素，综合判断是否构成侵权人拒不提供证据的正当理由。其次，在被告拒不提供对其不利的证据时，在原则上应推定原告的主张为真实。这也是《最高人民法院关于民事诉讼证据若干规定》第 95 条的要求。但实践中，法院由于担心支持了原告过高的诉讼请求，仍要求原告提供其他证据加以佐证，以达到初步证据的证明标准。这实际上减弱了证明妨碍制度的效果。其实，如果原告主张的赔偿数额过高，被告主动提交证据的可能性就很大；而被告选择拒不提供证据时，很可能原告主张的数额还不及证据中显示的数额。因此，原则上推定原告的主张为真实的做法较为妥当。再次，为了防止原告主张的数额过高，而被告由于商业秘密的保护等其他正当理由确实无法提供证据，法院可以参考日本的相关做法，依照行业内一般的赔偿标准对原告的主张进行适当调整，而不是直接放弃"侵权人获利"这一计算方式的适用。最后，还可以建立专利案件的证据开示制度，完善目前的庭前证据交换制度，以进一步强化举证责任，加重当事人举证不力的后果。❶ 这也是响应 2015 年最高人民法院向全国人大常委会提

---

❶ 詹映. 我国知识产权侵权损害赔偿司法现状再调查与再思考：基于我国 11984 件知识产权侵权司法判例的深度分析 [EB/OL]. http：//m. soho. com/a/408793018_120133310/？ pvid＝00015_3w_a.

交的《关于专利法执法检查报告所提有关问题的整改落实情况报告》中的一项建议：为解决专利侵权诉讼举证难等问题，建议建立知识产权诉讼证据开示制度。❶

（四）许可费确定中的证据制度的完善

在"许可费的合理倍数"证明制度的完善中，最重要的一点是，不必然需要真实存在的许可合同，而是可以借助专家证人和行业一般标准拟制许可费，从而最终确定侵权人应赔偿的数额。一方面，可以学习美国的做法，将权利人分为两种：一是计划自己实施专利的权利人，二是计划许可他人实施专利的权利人。如果权利人主张要对许可费进行翻倍，则须证明他属于上述第一种权利人。换言之，只有在权利人原本计划自己实施专利的案件中，要求许可费翻倍的主张才能被支持。在实施能力的证明上则不应设置过高的要求，只要排除个人发明家、以许可为业的企业等极端情况即可。另一方面，在权利人无法提供许可合同时，也不必然排除"许可费的合理倍数"这一计算赔偿数额的方式，可以采用美国的"虚拟谈判法"或"分析法"来拟制一个假想中的许可合同，然后根据实际情况确定是否要将许可费翻倍。在专家证人的辅助下，"虚拟谈判法"可以还原到侵权发生之前的状况，假设被告没有实施侵权行为，而是与权利人签订了专利许可合同，并将双方当时都能够接受的价格作为许可费。采用"虚拟谈判法"确定许可费时，法官还可考虑上文所述的15个因素，对赔偿数额进行最后的调整。"分析法"则是将侵权人所获利润减去行业中的一般利润，其差额就是侵权人未缴纳的专利许可费。❷ 这两种方案可以同时实施，互为参考，最终得出一个合适的赔偿数额。

六、结　语

综上所述，专利损害赔偿数额整体偏低的现象与法定赔偿的滥用有着密切联系，而法定赔偿过度适用的症结可归因于《专利法》第 65 条第

---

❶ 陈丽平. 建立知产诉讼证据开示制度法官视角 [EB/OL]. （2015-01-27）［2019-03-21］. http：//www. chinaiprlaw. cn/index. php? id=615.

❷ 对于专利技术等许可费的详细论述，参见：马忠法. 国际技术转让实务合同：法律制度与关键条款 [M]. 北京：法律出版社，2016：224-229.

1款规定的权利人损失、侵权人获利和许可费的合理倍数这三种计算方式均存在举证上的困难。在专利侵权损害赔偿数额认定中，其证据制度应与普通民事案件有所区别。这不但建立在实用主义和功利主义的法哲学基础之上，而且回应了集体理性的内在需求，还能体现专利制度的无形性对因果关系的虚化、公开性对举证责任的减轻。适用特殊证据制度有望化解上述三种损害赔偿计算方式的举证困境。借鉴他国相关经验可以得知，构建特殊证据制度须从以下几个方面着手：证明标准的灵活化、因果关系举证责任的倒置、证明妨碍制度的细化以及合理许可费确定中的证据制度的完善。利用特殊证据制度有助于排除上述三种计算方式的举证困难，即便在现有证据不充分、获取新证据的成本过高的案件中，法院也能够在实体法和程序法的框架之内确定合理的赔偿数额。这能够降低法定赔偿的适用频率，解决赔偿数额偏低的问题，切实保护专利权人的合法权益。

引入局部外观设计保护
制度的必要性和规则制定

——从实务视角的研究

严若菡❶ 郭静娴❷

摘 要

近年来，我国企业的设计水平和设计能力不断提升，某些领域的产品外观设计已经具有国际水平。从产品设计创新的角度来看，社会公众对产品局部设计创新的保护需求已经越来越突出。目前，《专利法》对于产品的局部设计创新还不能提供有效的知识产权保护。针对社会普遍反映的需求，《专利法修订草案（送审稿）》修改了相关条款。但是对于是否引入局部外观设计制度，社会各界还存在一定的分歧。本文从实务角度分析论证了引入局部外观设计保护制度的必要性，并对制度引入后的规则制定进行了探讨。

关键词

局部外观设计 制度缺失 保护意义 判断规则

---

❶ 作者单位：国家知识产权局专利局外观设计审查部。
❷ 作者单位：国家知识产权局专利局复审和无效审理部。

随着我国经济的快速发展，外观设计保护在知识产权领域的重要性越来越凸显，同类型产品之间的竞争日趋激烈，产品的外观设计对消费者的最终购买具有不容忽视的影响力。为适应社会公众的保护需求，《专利法修订草案（送审稿）》（以下简称《修订草案》）将第 2 条第 4 款修改为：外观设计，是指对产品的整体或者局部的形状、图案或者其结合以及色彩与形状、图案的结合所作出的富有美感并适于工业应用的新设计。"局部外观设计"的英文为"partial design"，我国学者有时将其译为"部分外观设计"。我国第三次修改后的《专利法》仅对工业品的外观设计予以整体保护。在《专利法》第四次修改的研究阶段，考虑到"partial design"指为产品局部而非整体设计提供保护，在汉语中"局部"相对于"部分"的指向性更为明确、更加符合该制度的本质，因此在《修订草案》中选择了"局部"一词，力图在表述上更为准确。❶

一、制度缺失产生的问题及分析

实务中，申请人出于保护创新的需求，会采取一些申请方式试图使产品局部创新获得保护。例如，围绕一项外观设计，申请人分别提交多件申请，每件申请仅提交能显示其某个设计要部的主视图和立体图。但此类申请会因为不能清楚地表达请求保护的完整的外观设计而被驳回。此外，抄袭者往往会保留产品的核心设计，而修改产品其他部分的设计，这样的申请也能获得外观设计专利保护。例如，好孩子集团在美国申请了针对其侧面弧形杆的局部外观设计专利 D396206（如图 1 所示），该弧形杆用在了多款好孩子热销手推车上。而在国内，好孩子集团只能申请整车的外观设计专利，保护范围有限。国内很多生产厂家模仿了好孩子集团该款手推车的核心设计，修改了产品的其他方面，也均获得了外观设计专利授权。

---

❶　参见国家知识产权局官方微信于 2016 年 4 月 7 日发布的《专利法修订草案你问我答——解读局部外观设计保护制度》。

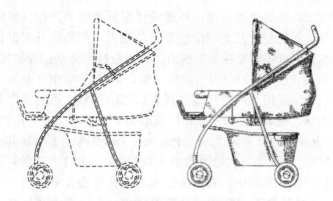

图 1 好孩子集团在美国的局部外观设计申请 D396206

总体来说，我国目前不保护局部外观设计引发了以下几个方面的问题。

第一，不利于外观设计自主创新能力的提升。在现有专利法律框架下，提交包含他人核心设计的外观设计专利申请也能获得授权。这种行为实质上抄袭了他人在先设计的创新点。局部外观设计保护制度的缺失，损害了在先权利人的利益，不利于外观设计局部创新成果的充分保护，也不利于知名品牌的培育。

第二，不利于对改进型创新设计的保护。在外观设计发展比较成熟的产业中，产品之间的差异性往往体现在产品局部的设计特征上。在没有局部外观设计保护制度的情况下，改进型外观设计专利可能会由于目前"整体观察、综合判断"的判断原则而被认定为与在先外观设计专利实质相同或没有明显区别，从而被宣告无效。

第三，国内外申请人可享有的优先权基础不对等。由于我国没有局部外观设计保护制度，国内申请人在向某些国家或者组织申请局部外观设计时，无法以中国在先的整体产品外观设计申请作为国外局部外观设计申请的优先权基础，不能享有优先权；而国外申请人在向我国申请整体外观设计时，则可以因其获得的局部外观设计保护，享有其局部外观设计的优先权。

第四，与外观设计国际规则不一致。目前我国正积极研究论证加入《外观设计法条约》的可行性。《外观设计法条约实施细则草案》允许在外观设计图片或者照片的表达中使用虚线等方式表示不要求保护的部分。

我国欠缺局部外观设计保护制度，导致我国在国际合作中缺少话语权，制约了我国申请人在外观设计全球保护中抢占领先地位。

二、引入局部外观设计保护的利弊分析

（一）建立局部外观设计保护制度的意义

1. 保护产品的核心设计、鼓励改进型外观设计

成功的产品外观设计中往往都包含有核心设计。在没有局部外观设计保护制度时，企业只能获得产品的整体外观设计专利保护，而局部外观设计创新成果则很容易被别的企业抄袭。在民事侵权诉讼中，抄袭者如果大面积修改了产品的其他部分，则很可能被判外观设计专利侵权不成立。因此，创新型企业对局部外观设计保护制度有迫切的需求。例如，英国戴森公司制造的无叶风扇，其外观设计创新地采用了中空环型送风装置。之后，一些企业将相同的中空环型送风装置与改变形状后的底座相结合，提交外观设计专利申请并获得了保护。在这种情况下，作为核心技术拥有者的戴森公司无法主张他人采用了自己的中空环形设计特征，而其他企业所设计的新款底座也不能得到应有的重视。对于设计空间较小的产品，产品之间的差异往往就体现在局部设计特征上。而同一企业在产品升级时，不但要与其他企业的同类产品进行横向比较，还要和自己的历代产品进行纵向比较。因此，如果建立局部外观设计保护制度，则不仅部分企业的核心技术可以获得保护，其他企业的改进型外观设计也可以得到有效的专利保护。

2. 确保国内外申请人可享有的优先权基础一致

目前，国际上局部外观设计保护已经是一个成熟的制度。国外申请人通过在申请文件中采用诸如实线与虚线结合表达的方法，明确区分了产品外观设计中要求保护的部分和不要求保护的部分。国外申请人在我国提交申请并要求外国优先权时，由于我国不保护局部外观设计，因而申请人获得了修改在后申请文件的机会。申请人可以根据需要改变在先申请文件在我国的保护范围，随意删除优先权文件中的虚线或者将其修改为实线，甚至可以提出分案申请。反之，由于我国没有局部外观设计保护制度，国内申请人不能获得局部外观设计专利，其在向某些国家或地区申请外观设计时，无法以国内申请文件作为申请所在地的局部外观

设计申请的优先权基础。因此，引入局部外观设计制度将能够解决长期以来国内外申请人可享有的优先权基础不对等的问题。

3. 完善外观设计专利侵权的判定标准

随着产品局部创新成为企业研发新产品的常规设计手段，司法层面也已经开始意识到权利人对局部外观设计专利的保护需求。在丹阳市盛美照明器材有限公司与童先平侵害外观设计专利权纠纷一案❶中，最高人民法院在再审民事裁定书中认为："整体观察、综合判断的进行，离不开对涉案专利设计和被诉侵权设计以及现有设计特征的考虑，在这一考量过程中，涉案专利设计区别于现有设计的设计特征相对于涉案专利设计的其他设计特征在外观设计的整体视觉效果判断上更具有影响"。但是在外观设计专利侵权诉讼中，被控侵权人还是可以利用"整体观察、综合判断"的原则，合法规避侵权责任。以"手持淋浴喷头"外观设计案❷为例，在一审阶段、二审阶段和再审阶段，不同法院对涉案"局部要素"的认定差异较大。虽然判决中都体现了法院对"局部要素"精细化和复杂化的考虑，但却与局部外观设计保护制度的目的相距甚远。引入局部外观设计保护制度，可以充分响应创新主体的保护需求，弥补外观设计整体保护制度的局限性，完善外观设计专利的侵权判定标准。

4. 与国际外观设计规则相协调

世界知识产权组织（WIPO）在制定外观设计领域的国际条约时已经将局部外观设计纳入了保护范围。其商标、工业品外观设计和地理标志法律常设委员会在第 23 届会议"可能统一的方面"就提到："应当允许申请人以虚线或者点划线表示不要求保护的部分"。《工业品外观设计法律与实践——实施细则草案》第 3 条"关于工业品外观设计图样的细则"规定："申请人可以在工业品外观设计的图样中标示不要求保护的内容"。我国如果实施局部外观设计保护制度，不仅可以提升我国的外观设计保护力度，而且可以与国际外观设计规则相协调，并增加我国在国际知识产权谈判中的话语权。

---

❶ 参见最高人民法院（2015）民申字第 633 号民事裁定书。

❷ 参见浙江省台州市中级人民法院（2012）浙台知民初字第 573 号民事判决书、浙江省高级人民法院（2013）浙知终字第 255 号民事判决书、最高人民法院（2015）民提字第 23 号民事判决书。

5. 为图形用户界面保护提供法律基础

图形用户界面的保护和局部外观设计保护制度密不可分、互相影响。事实上，在很多国家和地区，图形用户界面正是被视为产品的一种表面图案（即局部外观设计保护的一种形式）而获得保护的。引入局部外观设计保护制度可以解决图形用户界面的通用性保护问题，即图形用户界面可以以局部外观设计的形式要求保护，从而适用在不同形状的同类产品上，突破了单一固定形状产品作为载体的限制，这和其通用性的特点是相符的。同时，将图形用户界面作为局部外观设计进行保护，可将其与载体分离，使图形用户界面的保护范围更加准确，增强图形用户界面的保护力度和有效性。可以说，局部外观设计保护制度奠定了专利法对图形用户界面提供有效保护的基础，顺应了产业发展、技术和设计发展的诉求。

（二）保护局部外观设计可能引发的问题

1. 关于申请量变化

目前，我国外观设计专利的申请量已位居世界首位，一些社会公众担心引入局部外观设计保护制度会导致申请量的大幅度增长。对于这个疑虑，可以从以下几个角度进行分析。首先，近5年来我国外观设计申请量虽有波动，但总体情况保持稳定，说明社会公众对外观设计专利的认知趋于理性。其次，局部外观设计保护制度在授权阶段有严格的标准，国家知识产权局可以通过对保护客体的具体规定调控局部外观设计的授权数量，确保授权质量。最后，某些地区出现外观设计申请量偏高的现象，并不是我国外观设计制度造成的。党的十九大强调要倡导创新文化，不能因为某些原因而扼杀社会公众对局部外观设计创新保护的正常需求。

如果实施局部外观设计保护制度，会出现申请人只提交产品核心设计的情况，也会出现同时提交产品整体设计与局部设计的情况。如果申请人只提交核心设计的外观设计专利申请，将会进一步优化外观设计专利的申请结构，降低申请量，提升外观设计专利质量。如果申请人同时提交了产品的整体和局部外观设计专利申请，或者当一项整体外观设计包含多个局部设计要点时，申请人如果就产品各个要点分别提交申请，确实会导致申请量有所增长。但是这些情况下，专利权人也需要同时缴纳多份外观设计专利的申请费及年费，理性的申请人会从经济角度权衡需要提交的局部外观设计专利申请数量。通过上述分析可以看出，引入局部外观设计保护制度后，短期内申请量可能有小幅提升，但并不会导致我国外观设计专利申请量的明显增长。

2. 关于我国企业的创新压力

对于创新设计能力一般的企业而言，借鉴创新企业产品中的核心设计，是进入细分市场的捷径。局部外观设计保护制度会阻碍部分企业的改进型设计进入市场。但以保护局部外观设计为契机，激发我国企业的竞争意识，则可以促进我国企业注重产品设计，提升设计水平，提高国际竞争力。此外，在后的改进型外观设计申请人也可以通过获得在先权利人许可的方式实施在后申请的改进型外观设计专利。当然，局部外观设计保护制度可能会导致我国一些缺乏创新能力、依靠仿制生存的企业在国际竞争中被淘汰出局，最终让出一定的市场份额。但从长远看，我国企业要生存、要发展、要在更大程度上参与国际竞争，就必须更多地依靠和运用知识产权来激励和保护自己，提高掌握和运用知识产权的能力和水平。当今，我国已经拥有一批如海尔、格力、好孩子等具有很强自主知识产权意识及团队设计能力的企业，局部外观设计制度的建立无疑将为创新企业在国内市场发展提供有力的知识产权保护，也为企业海外拓展更大的国际市场提供了助力。

3. 关于法院案件受理量变化

引入局部外观设计保护制度，可能会带来外观设计专利权划分更加细致的问题，侵权纠纷也会随之增多。但是，局部外观设计保护制度是一套完整的制度，在判断主体、保护客体、保护范围、侵权比对标准等规则明确的前提下，并不会导致出现侵权纠纷判断更加复杂的情况。由于局部外观设计专利的侵权判断标准较整体外观设计专利更加明确，专利行政部门可以通过建立健全专利行政执法查处机制，解决一部分涉及局部外观设计专利的侵权纠纷，缓解该类案件法院受理量增长的情况。此外，法院也可以通过调整审判团队、统一裁判标准、加强人员交流、提高专业化审判能力等方式提升该类案件的审结率。

三、局部外观设计的判断规则

（一）判断主体

《专利审查指南 2010》第四部分第五章第 4 节中规定："不同种类的

产品具有不同的消费者群体。作为某种类外观设计产品的一般消费者应当具备下列特点：（1）对涉案专利申请日之前相同种类或者相近种类产品的外观设计及其常用设计手法具有常识性的了解。……常用设计手法包括设计的转用、拼合、替换等类型。（2）对外观设计产品之间在形状、图案以及色彩上的区别具有一定的分辨力，但不会注意到产品的形状、图案以及色彩的微小变化。"根据《专利审查指南 2010》的规定，判断主体"一般消费者"是一个法律拟制的人，具有现实中产品的设计者和实际消费者的某些特点，但是又不同于产品的设计者或实际消费者。专利法意义上的"一般消费者"的认知水平更接近设计领域的"专家用户"或"经验用户"。局部外观设计的保护需求千差万别，不可能对被判断的外观设计与现有设计之间的差异作出统一的分类和定性。"一般消费者"这种虚拟的法律主体概念已经能够满足法律实践的需要，因此，建议在局部外观设计保护制度中沿用"一般消费者"作为判断主体。

（二）保护客体

局部外观设计虽然是针对产品局部进行的设计，但承载该设计的载体应是产品。我国现行整体外观设计保护中所排除的客体也应适用于局部外观设计保护，不能重复生产的手工艺品、农产品、畜产品、自然物不能作为外观设计的载体，局部外观设计保护制度引入后上述规定同样适用。此外，局部外观设计应该是产品整体中所包含的一个封闭区域，同时应当是能够与其他外观设计进行比较的完整设计单元。

从制度的引入来看，局部外观设计主要是出于保护有创造性的形状及结构的目的，因此，单纯装饰性的平面图案不属于局部外观设计保护的对象。以摩托车贴花为例，其本身即为装饰性平面产品，应将其按照贴花类产品进行保护，而不作为摩托车的局部外观设计。对于以图案为设计要点的纺织品或其他片材类产品，均应参照现行授权标准给予外观设计专利保护。

对于复杂的大型产品而言，构成产品的零部件较多，所有可拆分部分均获得局部外观设计保护不仅增加行政成本，也不符合制度设计的初衷。因此，可根据产品的不同类别对该类产品可获得局部外观保护的最小产品单元作出规定。例如，对于汽车前后保险杠、车灯、仪表盘、车座椅、轮毂和轮胎等，可在零部件产品的基础上给予局部外观设计保护。

（三）保护范围

在保护范围方面，目前各国或地区的规定也不相同。例如，美国的局部外观设计在保护时会延伸到某一个具体的完整产品上，同时局部外观设计可以覆盖多个实施例，其保护范围不限于外观设计申请文件本身所体现的产品，还可以扩展到以局部外观设计为设计要点的多个实施例中。但是日本局部外观设计的保护范围，是根据所属领域通常知识以及申请书中记载的外观设计使用的产品、外观设计说明以及申请书所记载的附图（包括局部外观设计以外的部分）来界定的。其申请文件所记载的附图可以体现局部外观设计在整体产品中的位置、大小、范围等，因此局部外观设计以外的部分也是作为判断依据的。我国在引入局部外观设计保护制度初期，可以采取中等强度保护的方式，在确立局部外观保护范围时考虑要求保护的局部的设计特征、整体产品的用途、设计特征所示局部的功能或用途和设计特征在产品整体中的位置比例关系，予以合适的保护范围。对于局部外观设计而言，保护范围仅考虑视图中明确限定的要求保护的局部设计特征。对于视图中未要求保护的其他设计特征，用于帮助理解该"局部设计"所处位置及其大小、功能或用途等。简要说明还应对局部外观设计的功能或用途有所描述。

（四）申请文件

在申请文件要求方面，要求申请人在请求书中写明申请的是局部外观设计，在图片或照片中以"虚线与实线"或者"清晰与虚化"的方式清楚表达需要保护的局部外观设计，并在简要说明中进行相应的解释。申请文件提交要求主要包括请求书、图片或照片以及简要说明三个部分。

1. 请求书

为了更好地区分局部外观设计和整体外观设计，申请人应在请求书表格中声明"局部外观设计"。产品名称应同时包括完整产品和要求保护的局部的名称。举例来说，如果请求保护的产品仅为手机键盘，则请求书中该局部外观设计的产品名称应为"手机键盘"。

2. 图片或照片

局部外观设计申请应当提交六面正投影视图，将需要获得外观设计专利的局部用实线绘制，其他部分用虚线绘制，或者用色块区分要求保护的局部，以此来确定需要获得外观设计专利的局部，同时将请求保护局部与非请求保护部分的区分方式记载于外观设计简要说明中。局部外观设计如果是具有独立使用价值的产品单元，应最大限度地清晰表达请求保护的内容。以汽车轮毂的局部外观设计为例，提交的六面视图应该是汽车轮毂而非汽车，应用于汽车的视图可以作为参考图提交。

3. 简要说明

简要说明的表述的内容应当与图片或者照片的内容一致，不能超出图片或者照片表达的范围。产品用途应包括整体产品的用途以及要求保护局部的用途。设计要点应当描述要求保护的产品局部，同时应结合图片或照片明确描述要求保护的局部的表达形式。例如简要说明可以撰写为：视图中实线绘制的部分为请求保护的局部，虚线绘制的部分为非请求保护的局部。

（五）判断原则

局部外观设计是外观设计的一种特殊类型，对其保护不能脱离保护的本质和目的。在设计创新的实践中，设计师更多时候是对产品的某些局部进行改良性的设计创新。目前，外观设计在比较时遵循"整体观察，综合判断"的原则，但是，当创新的局部在整体产品中不能占有显著地位时，往往在整体观察时被认为对整体视觉效果不具有显著影响。因此，在局部外观设计比对时，建议在延续现有判断原则的基础上，承认局部外观设计相对独立的创新价值，适当考虑其在整体外观设计中的位置、大小以及对整体视觉效果的影响。除上述判断标准外，还要考虑局部外观设计所应用的环境，即应用该局部外观设计的整体外观设计的功能或用途。

（六）修改超范围

局部外观设计修改超范围判断原则与整体外观设计相同，以申请日提交的图片或者照片表示的范围为依据，判断是否超出要求保护的局部外观设计的范围。修改后的内容应在原图片或者照片中已有表示，或者可以直接地、毫无疑义地推导出来。如果申请人补正时要求改变局部外观设计的形状，或者改变其在整体产品中的位置、大小，均属于修改超范围。除上述判断原则之外，请求书和简要说明的修改，也是判断其修改是否超范围的一部分。

四、小　结

创新型企业对局部外观设计保护制度的需求主要体现在两个方面：一是局部外观设计创新成果很容易被抄袭，企业希望可以充分保护产品的核心设计；二是同类型产品的设计空间较小，企业希望可以有效保护改进型外观设计。调查问卷的统计结果显示，41％的企业认为产品外观设计的整体改进空间较小，77％的企业遇到过被他人抄袭局部外观设计的情况，33％的企业与他人发生的外观设计侵权纠纷涉及产品局部设计。《修订草案》中引入局部外观设计保护制度，体现了将局部外观设计纳入《专利法》的保护范围，适当扩大专利保护范围的修法思路。引入局部外观设计保护制度，不仅符合我国外观设计创新发展的保护需求，也有助于激发外观设计创造力，加强对外观设计创新的保护力度，完善我国的知识产权法律建设。

"申请专利应当遵循诚实信用原则"的审查方式探索研究

孙龙生❶　刘　青❷　熊　恋❸

摘　要

本文围绕"申请专利应当遵循诚实信用原则"的审查方式开展研究。首先归纳整理了"诚实信用"相关的《商标法》、国外专利法的制度设计以及我国《专利法》配套法规规章的相关内容；接着结合实际案例，研究分析了实质审查阶段涉及违背"诚实信用"原则的典型情形和法律竞合情况，以期找到适用诚实信用原则高效处理案件的审查方式；最后就《专利审查指南 2010》中如何规定诚实信用原则审查标准提供了初步的方案和相关工作建议。

关键词

诚实信用　实质审查　审查标准

❶~❸　作者单位：国家知识产权局专利局专利审查协作湖北中心。三位作者对本文的贡献相当，均为第一作者。

　　诚实信用原则作为民法的一项基本原则，目的在于追求当事人之间的利益平衡以及当事人与社会之间的利益平衡，被学者誉为"帝王条款"。同时，诚实信用原则是将道德规范与法律规范合为一体的原则，具有道德调节和法律调节的双重功能，因而其内涵、外延均具有不确定性。在法律存在缺陷或不完备时，诚实信用原则具有弥补漏洞的功能。

　　现代大陆法系国家的立法对诚实信用原则的规定主要表现为两种形式：一是在总则中明确将诚实信用原则规定为一项基本原则，二是以具体条文的形式对诚实信用原则的各种适用情况作出规定。我国《民法总则》第 7 条规定："民事主体从事民事活动，应当遵循诚信原则，秉持诚实，恪守承诺。"而在我国主要民事单行法中，有 6 部以不同形式规定了诚实信用原则。有学者指出，民法中诚实信用原则主要包含三方面的要求：第一是善意真诚，要求行为主体在从事法律交往时要动机善良、善待他人，以真诚的心态和诚实的行为行使权利、履行义务；第二是恪守信用，要求行为主体于自己先前所作承诺要积极予以兑现，不得作出背信行为损害善意相对人的利益；第三是公平合理，要求在具体法律关系中当事人之间的利益以及当事人利益与社会利益之间要保持平衡，避免出现利益分配严重不均的情况。❶

　　专利相关权利（专利申请权、申请专利的权利、专利权）是法律赋予发明创造所有人的一项民事权利，和其他民事权利一样，行使也需要遵循诚实信用的基本原则。在专利申请程序中，存在申请人抄袭现有技术、编造技术信息等违背诚实信用原则的行为。尽管这些申请绝大部分在实质审查过程中被驳回或者授权后被宣告无效，但浪费了大量的专利审查行政资源，也给公共利益造成影响。为了更好地规制申请专利和行使专利权违背诚实信用原则、滥用专利权的行为，《专利法》第四次修改后的第 20 条第 1 款增加了诚实信用原则的内容："申请专利和行使专利权应当遵循诚实信用原则。不得滥用专利权损害公共利益或者他人合法权益。"本文针对"申请专利应当遵循诚实信用原则"的审查方式开展探索性研究工作，以期找到适用诚实信用原则高效处理案件的审查方式，为未来审查指南的修改提供意见和建议。

---

❶ 阎尔宝. 行政法诚实信用原则研究［M］. 北京：人民出版社，2008：第二章.

一、《商标法》、国外专利法等有关
诚实信用原则的借鉴研究

（一）商标法借鉴研究

与专利审查中遇到的情况类似，在商标注册申请中同样存在傍名牌、恶意囤积等违反诚实信用原则的申请行为。在规制不诚信行为方面，商标相关的法律制度建立更早，规定更为具体。在商标的审查、审理与司法过程中也积累了适用诚实信用原则的实践经验和指导原则，这对于专利审查中如何适用诚实信用原则具有一定的参考和借鉴意义。

在法律制定方面，2013 年修正后的《商标法》在第 7 条中规定："申请注册和使用商标，应当遵循诚实信用原则。"这是《商标法》中明确规定诚实信用原则的条款，相当于《商标法》关于诚实信用原则的总条款。《商标法》在具体条文中同样也引申出若干关于诚实信用原则的延伸原则和具体规定，主要包括表 1 所列条款❶。

表 1 诚实信用原则在《商标法》中的具体规定

关于诚实信用的延伸原则	具体规定举例
保护在先权利	第 13 条（驰名商标的保护） 第 32 条（申请商标注册不得损害他人在先权利） 第 59 条（商标先用权）
遵守商业伦理和职业操守	第 19 条（商标代理机构的行为规范） 第 68 条（商标代理机构的法律责任）
禁止不正当注册和恶意抢注	第 15 条（禁止申请人与代理人或代表人的恶意抢注） 第 32 条（不得以不正当手段抢先注册他人已经使用并有一定影响的商标） 第 44 条第 1 款（违反诚实信用原则注册商标的无效宣告）
规制权利滥用及合理配置商标标识资源	第 45 条（商标注册 5 年内在先权利人可申请宣告无效） 第 49 条第 2 款（注册后连续 3 年不使用的处理）
不损害公众利益及他人合法权益	第 10 条第 1 款第（7）项（商标注册不得具有欺骗性） 第 10 条第 1 款第（8）项（商标注册不得有其他不良影响） 第 16 条（地理标志不得误导公众）

---

❶ 宋妍，邓梦甜. 诚实信用原则在侵犯商标权民事纠纷中的直接适用 [J]. 人民司法（案例），2018（14）：100-103.

　　考虑到诚实信用原则内涵和外延的不确定性以及弥补漏洞的功能，在具体适用法律时，对于《商标法》明确规定的具体情形，优先适用相应的法律条款；在《商标法》相应具体法律条款未作规定时，才会考虑适用第 7 条所规定的诚实信用原则，以避免自由裁量权过大导致滥用诚实信用原则的问题。

　　在商标审查中，根据《商标审查及审理标准》，涉及"诚实信用"相关情形规定在"不得作为商标的标志的审查"这一部分。对于申请内容违反诚实信用原则的情况（例如"傍名牌"），可适用《商标法》第 10 条第 1 款第（7）项"带有欺骗性，容易使公众对商品的质量等特点或者产地产生误认的"和第（8）项"有害于社会主义道德风尚或者有其他不良影响的"；如果涉及大量抄袭、模仿他人知名度较高商标，还可以通过商标相同、近似审查的方式予以规制。对于申请行为违反诚实信用原则的情况，在审查实践中不会适用第 7 条的原则性条款，而是将其认定为第 10 条第 1 款第（8）项的"其他不良影响"情形。❶

　　2019 年 4 月修正的《商标法》，加强了对于恶意注册行为的规制，在第 4 条增加了"不以使用为目的的恶意商标注册申请，应当予以驳回"，增强了商标的使用义务，明确在审查阶段可适用上述条款对申请行为予以规制，并将其作为提出异议和宣告无效的理由。在与之配套的《规范商标申请注册行为若干规定》的第 3 条规定了"其他违反诚实信用原则，违背公序良俗，或者有其他不良影响的"属于申请商标注册不得有的六种行为之一，明确提及了违反诚实信用原则的情形。第 8 条规定了在判断商标注册申请是否属于违反《商标法》第 4 条规定时需要考虑的因素：包括申请人及相关人注册商标情况，申请人所在行业和经营状况，申请人过往商标相关的行政或司法行为、申请注册的商标与他人有一定知名度的商标相同或近似的情况、申请注册的商标与知名人物姓名或企业字号等相同或近似情况、商标注册部门认为应当考虑的其他因素这六个方面。

　　综合上述内容可以看到，相比专利制度，商标制度在规制不诚信注册申请行为上无论从法律设置，还是从审查规则的角度看，都更加具体

---

❶ 范亚利. 严把商标实质审查程序，遏制恶意注册 [J]. 中国商标，2018（6）：22-24.

和体系化，对于完善专利制度有一定的借鉴和参考意义。

与商标注册申请类似，专利申请中"诚实信用"相关问题同样可归纳为两大类，即申请行为不诚信和申请内容不诚信。诚实信用原则是专利制度"公开换保护"的内在要求。与《商标法》均涉及注册行为和注册内容的情况不同，《专利法》中的"诚实信用"原则体现在对于申请实体内容的相关规定中（例如"三性"条款、说明书充分公开条款等）。对于申请行为不诚信的情况，尚没有明确的法律适用规定。实践中专利的申请行为不诚信和申请内容不诚信往往是同时存在的，通常是以审查申请内容的方式对申请行为不诚信进行间接的规制。《商标法》适用时，通常只有相应具体法律条款未作规定时，才能适用第 7 条的原则性规定。在专利审查适用"诚实信用"条款时，同样应当考虑法条竞合的问题，避免"诚实信用"条款的滥用问题。此外，商标审查和审理中对于不诚信注册申请行为的相关适用要件和处理方式对于专利审查中如何适用"诚实信用"条款有一定的参考价值。

需要注意的是，相比于商标审查，专利审查在具体流程、审查内容等方面存在明显的差异，这主要是由商标制度和专利制度立法本意的不同带来的。商标保护的是用于识别产品或服务来源的标记。如果仅强调商标的"标识"属性而忽略其"产品或服务"属性，就背离了商标制度的初衷，会造成商标标识资源的不合理配置。专利制度的本质是"公开换保护"，即通过给予专用权的方式鼓励专利权人向公众披露技术信息，从而促进技术信息的传播和利用。其重点在于技术信息的公开，而非技术信息的运用。专利制度要求申请人有公开技术信息的义务，而并未要求申请人有运用技术信息的义务。考虑到商标与专利不同的属性特点，不适宜将是否以"以使用为目的"作为认定专利申请行为是否违反诚实信用原则的依据。

（二）国外专利法借鉴研究

美国、日本、欧洲、德国、韩国等国家或地区专利相关法律法规中诚实信用原则相关的条款规定和适用情况，详见表 2。

经过对国外专利法的调研可知，诚实信用原则在各国或地区专利法律体系中均得到了体现。下文从其规则设置、执行等方面，总结对专利制度设计及适用有借鉴意义的内容。

表 2　国外主要国家或地区专利相关法律法规中诚实信用原则的内容

法条要点	国家或地区	条款	条款内容	具体适用
诚实信用原则	德国	专利法第 124 条	在专利局、专利法院或联邦最高法院的程序中，当事人应当真实、完整地陈述事实	
	日本	专利法第 197 条	欺诈行为罪：以欺诈行为获得专利、专利权存续期间延长注册或审判决定的行为，判处 3 年以下有期徒刑或 300 万日元以下的罚金	①向审查员提供虚假资料，使缺乏授权要件的发明获得授权的行为可以认定为欺诈行为。具体来说，如说明书中记载的效果不能实现、记载虚假的比较例或提供虚假的实验成绩证明书等行为。②欺诈行为不为无效理由，专利权不为物品也不能没收，但此行为损害了国家的权威和机能，因此设置刑罚规定，为非亲告罪。③此条款用于规制通过以上欺诈行为获利的情况
	韩国	专利法第 229 条（欺骗）	任何获得专利权的个人，如果在专利有效期限延长的注册过程、专利申请决定或审判裁决中以欺骗或其他不正当方式谋取利益的，应当受到不超过 3 年的劳动监禁或不超过 300 万韩元的罚款	
	加拿大	专利法第 73 条第 1 款	在专利审查过程中，如果申请人没有真实地回复审查员提出的要求，则应视为放弃申请	案例：2009 FC 1102；2011 FCA 228

法条要点	国家或地区	条款	条款内容	具体适用
诚实信用原则	澳大利亚	专利法第138条（在其他情况下对专利的撤销）	如果一项专利权获权过程中有欺诈、虚假或者失实陈述，或该专利请求书或者完整说明书的某项修改是通过欺诈、虚假或者失实陈述提出或者获得的，法院可基于上述理由全部撤销该专利或者只撤销所涉及的某项权利要求	
现有技术的披露	美国	专利法实施细则1.56	任何欺骗或试图欺骗专利局的专利申请、恶意或故意违反披露义务的专利申请，都不会被授权	诉讼阶段，当专利权人主张其专利权受到侵害时，被告可依据此条款进行抗辩
	德国	专利法实施细则第5条	根据申请人公开的已知文献可以有助于理解发明以及考量发明的可专利性，因此申请人应当披露其所知晓的现有技术水平	
		专利法第34条第7款	申请人应当根据专利局的要求，将所知晓的全部现有技术完整、诚实地记载在说明书中	①为驳回条款，但实际上鲜少使用，目的在于促进申请人主动披露信息。②不成为专利权行使过程中的抗辩理由
	欧洲	欧洲专利公约实施细则第27条	说明书的内容：申请人应当公开对理解发明、形成检索报告以及审查有用的背景技术，最好能够在说明书的背景技术中引用这些文献	
	日本	专利法实施细则样式29备注14	遵循专利法第24条第2款以及第36条第4款的规定，当和专利申请取得授权相关的现有技术文献存在时，在说明书中记载文献信息	

1. 法律规则的制定

此次《专利法》第四次修改涉及的第 20 条（新增）中规定：申请专利和行使专利权应当遵循诚实信用原则。上述法律规则为原则性规定，没有给出具体法条适用的条件。在实际专利授权和确权程序中，审查员或法官都要对法律规则作出理解，然后才能够具体适用。因此，需要在专利法实施细则、专利审查指南或相关司法解释中设置更加细化的规定。

从表 2 可以看出，日本专利法司法解释中具体列出了申请人或专利权人不诚信行为的类别，即"向审查员提供虚假资料，使缺乏授权要件的发明获得授权的行为……具体来说，如说明书中记载的效果不能实现、记载虚假的比较例或提供虚假的实验成绩证明书等行为"。由此，我国也可根据国情，在专利审查指南中对申请发明专利违背诚实信用原则的主要类别进行规定，如本文第二部分中列举的情形。

2. 法律程序的设置

专利申请从提出申请到最后专利权终止的过程中可能会经历几个重要的程序：专利实质审查、专利复审、专利无效、侵权诉讼等。应当针对各个程序的实际情况，设置专利申请过程中诚实信用原则的适用程序。

如澳大利亚专利法在规定了专利权人不诚信行为类别的基础上，给出了法院可以采取全部撤销该专利或者只撤销所涉及的某项权利要求的措施；加拿大专利法在专利审查程序中明确规定了申请人应当履行的诚信义务，并将该法条适用延续到无效阶段，即若在专利审查期间申请人构成缺乏诚信，则在专利无效阶段可以以此为理由认定专利权无效。因此，面对在专利申请阶段发生的不诚信行为，在后续程序如无效、诉讼阶段均可以进行追溯。具体追溯时，可以借鉴美国专利法中规定的专利权行使过程中抗辩程序的设置。

3. 法律后果的明确

我国现行法律及相关规定中对公民诚信行为进行约束的方式为建立个人诚信档案，其诚信记录影响公民的贷款、出行等方面。通常而言，法律规则只有在明确了法律后果后才具有执行层面的意义，如日本专利法和韩国专利法设置了刑罚。由此可见，诚实信用原则的法律后果根据情形可在专利法或其他相关法律中进行具体规定，如本文第三部分中所列举的类型。

（三）我国《专利法》配套法规规章借鉴研究

国家知识产权局令第 75 号《关于规范专利申请行为的若干规定》（以下简称《若干规定》）第 3 条以例举的方式对"非正常申请专利的行为"进行了定义，具体包括 6 种类型，认定时需要考虑两个方面的要求：一是申请行为，包括申请人/提交人（同一单位或者个人）和申请数量（多件）；二是申请内容，包括明显相同、抄袭、简单替换、明显编造、计算机随机生成 5 种情况。上述两个方面缺一不可。对于认定为非正常申请的案件，会根据《若干规定》第 4 条的规定给予不予减缴或资助、惩戒、通报、纳入全国信用信息共享平台等处理。非正常申请专利的行为不以保护发明创造为目的，具有明显恶意和欺骗意图，属于违反诚实信用原则的申请行为。《若干规定》对于如何适用"诚实信用"条款给出了 3 点启示：一是对诚实信用原则的审查原则等进行规定时应当考虑申请行为和申请内容两方面；二是对申请发明专利违背诚实信用原则的主要类别进行规定时，可以借鉴技术方案抄袭、多件明显相同、效果编造等分类方式；三是可以明确规定违背诚实信用原则的法律后果。

专利代理相关的行政法规对于诚实信用原则也有所体现，对于专利代理的不诚信行为起到了一定的规制作用。《专利代理条例》第 4 条规定专利代理机构和专利代理师应当遵守法律、行政法规；第 25 条规定了专业代理机构在执业过程中提供虚假证据的，依照有关法律、行政法规的规定承担法律责任。《专利代理管理办法》第 5 条规定专利代理机构和专利代理师执业应当恪守职业道德、执业纪律，诚实守信；第 54 条规定国家知识产权局按照有关规定，对专利代理领域严重失信主体开展联合惩戒。在确定申请专利应当遵循诚实信用原则的基本概念和违背后的法律后果时，可以合理借鉴上述行政法规的有关内容。

二、申请发明专利违背诚实信用原则的主要类别及审查方式探索

（一）申请发明专利违背诚实信用原则的主要类别

《中华人民共和国民法总则释义》❶ 一书中指出："诚实信用的核心含

---

❶ 李适时，张荣顺. 中华人民共和国民法总则释义 [M]. 北京：法律出版社，2017.

义是诚实不欺、善意、信守承诺。诚实信用原则要求民事主体从事民事活动应当讲诚实、守信用，以善意的方式行使权利、履行义务，不诈不欺，言行一致，信守承诺。"依据该解释，申请发明专利过程中申请人出现的欺骗、编造等恶意情况应属于违背诚实信用原则的类别。

与商标注册申请类似，专利申请中诚实信用相关问题同样可归纳为两大类，即申请行为不诚信和申请内容不诚信。申请行为不诚信，主要指申请过程中所涉及的审批文件、证明文件的编造或伪造，以实现不当得利的行为，如伪造申请书件签章、伪造或涂改申请人的身份证明文件、伪造其他证明文件等。申请内容不诚信，指编造、伪造申请的技术内容以及相关的意见陈述及证明材料，以期通过欺骗手段获得专利权的行为。

结合目前的审查实践，相比于申请行为不诚信，申请内容不诚信的情况更为突出，判断和处理的难度也较大，且申请行为不诚信情况大部分情况下也与申请内容息息相关。笔者对申请内容或者以申请内容为主体推断申请行为违背诚实信用原则的情况进行了梳理，并将申请内容违背诚实信用原则的情况分为以下类别。

（1）申请人所申请内容明显抄袭现有技术，具有欺骗的意图。针对该类别，审查员往往通过简单检索即可发现。

（2）申请人所申请内容中的实验数据或者技术效果明显编造。该类别需要审查员对技术方案和现有技术有较为深入的分析和理解才能辨别出来。

（3）申请人短期内提交技术内容明显相同或高度相似的多件专利申请。该类别需要审查员对多件专利申请进行对比联系才能甄别出来。

（4）申请人在意见陈述中就重要内容故意隐瞒真实信息或者提供虚假信息。该类别属于在意见陈述时通过刻意欺骗审查员的方式获得专利权，并且一般都较为隐蔽，审查员往往难以发现。

由以上分析可知，四种申请内容违背诚实信用的类别，其大体是从形式简单逐步到复杂、从易被发现逐步到隐蔽性强来演变的。下面结合示例案件，进一步分析和研究在实质审查阶段引入"诚实信用"条款的可行性、审查意见的撰写方式以及与现有实质审查相关法条的竞合。

1. 抄袭现有技术或技术效果编造的情况

（1）"诚实信用"条款的适用方式研究

【案例1】该案为个人申请，涉及一种治疗某疾病的药物组合物，该药物组合物以具有式 A 的创新结构的化合物作为活性成分。申请文件并未记载化合物的制备方法和化学结构表征结果，仅记载了完善的某疾病模型测试实验设计和实验效果，以证明药品组合物取得了较好的治疗效果。

借助说明书中关于技术效果的内容进行简单检索，获得一篇现有技术文献 1。该文献研究了某中药方剂对某疾病模型小鼠的作用，探讨中药方剂促进某基因表达的机制，其在效果部分的模型设计与本案完全相同，活性测试结果也基本一致。

【案例分析】

申请内容方面，该案中的发明创造属于药物组合物领域，具有研发成本高、研发周期长、技术效果可预期性低的特点，需要通过实验数据验证其技术效果。对于实验数据的认定是申请事实认定的重要环节。本案涉及一种有机化合物类药物，文献 1 则涉及一种中药类药物，两者在活性成分、作用机理、剂型等方面均存在较大的差别，而其模型设计完全相同，活性测试结果也基本一致，这明显与本领域技术常识相悖，有理由怀疑本案中的技术方案是在现有技术基础上编造抄袭得到的。

申请行为方面，申请人未发表过涉及有机化合物药品的相关学术论文，审查员也未检索到申请人有相关行业的从业经验。考虑到药物研发工作的复杂性和延续性，申请人是否具备相应的科研实力也是值得怀疑的。

综合以上的信息，该申请存在违反诚实信用原则之嫌。在适用"诚实信用"条款时，为了使审查意见尽量客观、准确，建议主要针对客观的技术事实进行论述。

（2）"诚实信用"条款与"三性"条款和事实认定条款的竞合

本案既涉及抄袭现有技术，又涉及技术效果编造，根据目前的审查实践，会适用《专利法》第 26 条第 3 款（说明书充分公开）来进行规制，审查意见也是围绕申请内容中技术内容的明显问题进行论述。对于明显抄袭现有技术的情况，则会适用《专利法》第 22 条第 2 款（新颖性）和第 3 款（创造性）。如前文所述，《专利法》的上述规定在一定程度上已体现了"诚实信用"的内涵，能够实现对这类不诚信申请行为的规制，且这些条款所针对的情形更为具体，审查意见适用这些条款的针对性和客观性要好于起兜底作用的"诚实信用"条款。对于抄袭现有技术以及明显编造的情况，考虑审查标准的一致性和稳定性，建议沿用已有的做法，通过"三性"条款和事实认定条款（如说明书充分公开）来予以规制，不必适用"诚实信用"条款。

2. 短期内故意提交技术内容明显相同或高度相似的多件专利申请的情况

（1）"诚实信用"条款的适用方式研究

【案例 2】母案授权后，专利权先后被转让给不同的申请人，其中一个受让申请人以该母案为基础提出 4 件分案申请，另一个受让申请人以该母案为基础提出 1 件分案申请。并且上述 5 件分案申请请求保护的权利要求都只有 1 项，均是母案申请日提交的权利要求书中的独立权利要求 1 和各从属权利要求的重新组合。

【案例 3】申请人在公司注册不到 1 年内共提出医药领域专利申请 303 件，其中 287 件申请的发明人为同一人。上述 303 件申请涉及针对至少 12 个不同靶点的研究工作，针对相同靶点的抑制剂化合物不仅结构新颖，且彼此之间结构差异显著，却都具有特别优异且趋同的活性。

【案例分析】

案件 2 属于多次主动分案的情况。申请人明知自己只作出一项发明创造，却希望利用分案制度获得技术方案基本相同的多项专利权，以期获得不当得利，具有一定的恶意和欺骗性质，违背了诚实信用原则。对于此类案件，需要将母案与分案是否属于同一发明构思作为首要考虑因素，同时从申请人背景、分案数量、权利要求请求保护技术方案的差异程度等方面来判断分案申请的行为是否具有明显恶意。

案例 3 属于多件申请技术内容高度相似的情况。经调查发现，其中 34 件申请的说明书记载的生物学活性实验结果不合理。另外，该案涉及药物化学领域，众所周知，原研药研发周期长，通常在 10 年以上，同时还具有成本高、风险大等特点。该案发明人申请专利时 20 岁，经检索未有任何中英文科研论文发表，不具备药物研发人员的资格；申请人在半年的时间内获得 300 多种针对多个靶点的有效药物化合物不符合药物领域的研发规律。因此初步判定，该案违背了诚实信用原则。对于这类案件，应站位本领域技术人员，从整体上对系列申请的申请行为是否符合诚实信用原则作出判断，需要考虑的因素包括本领域的研发规律和特点、申请人的技术背景、申请的数量、技术方案的合理性和关联性等，同时要区分专利布局和不诚信申请之间的区别。

（2）"诚实信用"条款与《专利法》第 5 条的竞合

对于以上案件所涉及的情形，审查实践中有观点认为此类情形不符合《专利法》第 5 条的规定。理由是：上述申请行为不符合"鼓励发明创造，推动发明创造的应用，提高创新能力，促进科学技术进步和经济社会发展"的立法宗旨；其相关申请的数量与其对社会作出的技术贡献明显不符；其结果妨害了公共利益，即导致耗费大量的专利行政审批资源和成本，影响了专利申请及审批的正常秩序，不利于营造良好的创新文化和创新环境。上述观点在一定程度上扩大了专利审查指南有关"妨害公共利益"的解释，这种处理方式是否合理存在一定的争议。

《专利法》第 5 条的立法本意在于防止对可能扰乱正常社会秩序、导致犯罪或者造成其他不安定因素的发明创造被授予专利权，出发点是维护国家和人民的根本利益。而提交技术内容明显相同或高度相似的系列申请的不良影响主要体现在耗费了专利行政审批资源和成本，其程度还没有严重到《专利法》第 5 条规定的妨害公共利益。因此对上述情形，笔者建议优先适用"诚实信用"条款。

3. 在意见陈述中就重要内容故意隐瞒或编造事实的情况

（1）"诚实信用"条款的适用方式研究

【案例 4】❶ 该案申请人在答复审查意见通知书时提供文献 1～4，认为现有技术明确排除了涉案申请权利要求中的药品组合。但申请人没有提及文献 5。该文献出现在本案 PCT 国际检索报告中，研究了本案权利要求 1 中限定的药品组合用途，比申请人在答复时提供的 4 篇文献更与涉案申请相关。该案中，申请人为获得专利权，在明知存在文献 5 的情况下，意见陈述时故意隐瞒和涉案申请极为相关、有可能影响涉案申请获得授权的现有技术，违背了诚实信用原则。

【案例 5】❷ 该案涉及制备一种药物组合物的方法，涉及物质 A 和 B 反应，以提高产品的稳定性。对比文件 1 公开了物质 A 和物质 B 接触制得产物，并且根据对比文件 1 专利方法制备的产品 A 已在美国销售。申请人在意见陈述中认为对比文件 1 专利制造的产品中 A 和 B 为物理结合而没有发生化学反应，因此和涉案申请产品不同，又提交某专家声明，

---

❶ 加拿大联邦法院判决 2009 FC 1102。

❷ 加拿大联邦法院判决 2011 FCA 228。

佐证加强其意见陈述的效力。审查员据此作出授权决定。在后续涉及专利的诉讼中，地区法院调查获知，根据申请人手写笔录和内部试验记录，发明人已经知晓对比文件 1 中的产品和涉案申请实质上相同，却在专利审查过程中歪曲对比文件 1 的实质，还引导专家作出失实的专家证言。据此，地区法院作出判决，认为发明人一再向专利审查机构作出虚假意见陈述，故意向专家屏蔽重要信息，基于发明人的整体不端行为模式可以合理推论发明人有意图欺骗专利审查机构，想通过误导审查员的方式获得专利权；由于发明人在该专利申请程序期间发生了严重的不当行为，因此不能行使其专利权。

上述两个案例均涉及在意见陈述中故意隐瞒重要信息或编造事实的情况。美国和加拿大的专利法相关法律中均对此类行为进行了约束：如果申请人故意提供虚假的实质性事实，或者隐匿实质性信息，那么其所获得的专利将被判定为无执行力。其中涉及两个构成要件，即"故意"和"实质性信息/事实"。对于"故意"，法院很少遇到有直接证据证明申请人故意欺骗，通常需要根据旁证来推断申请人的思维状态。对于"实质性信息/事实"，美国的专利法实施细则（Consolidated Patent Rules）第 56 条"为可专利性而披露信息材料的义务"规定了其应满足以下任一要件：①某个参考资料本身或者其他信息结合可以作为初步证据证明一项权利要求不具备创造性；②该参考资料与申请人的观点不一致，则该参考资料是实质性的。

目前我国的专利制度并不涉及信息披露的内容，且受限于调查取证的能力，实质审查阶段对于何种信息属于"实质性信息"以及申请人是否存在主观故意的认定缺乏依据，主观性较强。笔者认为，在目前的法律制度框架下，适用"诚实信用"条款来规制不披露重要信息的问题，可能会存在主观裁量权过大、审查标准执行不一致的问题，需要谨慎考虑；可参考美国专利制度中关于"故意"和"实质性信息/事实"这两个构成要件的认定方式，同时注重对于技术事实和申请相关行为的调查取证工作，考虑从以下方面入手进行认定：

①作出意见陈述的人是否为涉案申请密切相关的研发人员；②意见陈述中是否存在明显违背自然规律或本领域技术人员均确定知晓的普通技术知识；③意见陈述中是否存在明显的虚假信息，如明显编造或不合理的补充实验数据；④意见陈述中是否存在故意歪曲现有技术公开内容

的描述；⑤申请人在意见陈述过程中是否存在不合理的反悔，如反复或多次推翻在先的意见陈述。

（2）"诚实信用"条款与其他法条的竞合

当申请人在意见陈述时就重要内容故意不披露重要信息或故意提供虚假信息并具有主观故意欺骗审查员的意图时，由于现有其他法条无法对意见陈述文件进行评述，因此若要直接指出意见陈述存在问题，应优先适用"诚实信用"条款。

三、对专利审查指南中如何规定"诚实信用"条款审查标准的建议

随着我国专利申请数量大幅增长，部分专利申请违背诚实信用原则的问题日益凸显，亟待规制。当前审查员在处理该类专利申请适用法律规则时，通常会不可避免地对现有法律规则进行扩大化解释。由于没有统一的解释标准和依据，不同的审查员对法条理解可能不一致。这样的差异有可能导致对扩大化解释的边界不清晰、过度扩大化解释等情况，从而可能使审查标准执行不一致，给代理机构和创新主体造成一定困扰。

由此，引入诚实信用原则有关条款可以弥补现有法律规则的不足，对实现个案审查结果公正、提高审查效率具有重要作用。专利审查员在专利审查过程中适用诚实信用原则，应当合理行使自由裁量权，客观地探寻申请人的真实意旨，避免诚实信用原则的滥用。为此，需要在专利审查指南中明确审查标准。

结合前述对申请发明专利违背诚实信用原则的主要类别及审查方式展开的探索性研究内容，笔者将诚实信用原则的审查适用模式进行进一步提炼归纳，对专利审查指南中如何规定诚实信用原则审查标准提出如下建议。

（一）明确申请发明专利应该遵循诚实信用原则的基本概念、审查对象和审查原则

1. 基本概念

申请发明专利应当遵循诚实信用原则，是指申请人在申请发明专利时应当善意真诚、恪守信用，申请过程中的意思表示应当是真实、准确、全面的，不得以损害他人利益或获得不正当利益为目的故意抄袭、编造

或隐瞒申请相关信息。

上述基本概念包含以下三层含义：第一，对行为主体提出要求（"善意真诚、恪守信用"），即行为主体在申请专利时要动机善良，以真诚的心态和诚实的行为行使权利、履行义务，对于自己先前所作承诺要积极予以兑现。第二，对于专利申请行为应当如何遵守提出了具体要求（申请相关信息"应当是真实、准确、全面的"）。第三，明确了申请专利违背诚实信用原则的具体情形（主观上"以损害他人利益或获得不正当利益为目的"，客观上"故意抄袭、编造或隐瞒申请相关信息"）。其中，"申请相关信息"是指在专利申请过程中由专利申请行为主体提交或提出的相关信息，包括申请文件、意见陈述以及其他过程性文件。

2. 审查对象

申请文件中的不诚信问题；其他文件（包括请求、申报、意见陈述、补正以及各种证明、证据类材料）的不诚信问题。

3. 审查原则

（1）审查申请内容为主

在判断专利申请是否符合诚实信用原则时，要以审查申请内容为主、申请行为为辅。在实际审查时，除了伪造签章、身份证明等纯粹不诚信行为外，应当以申请内容上是否存在抄袭、编造、隐瞒重要信息等为审查重点。即使对于系列申请违背诚实信用原则的情形，也是审查员首先发现申请内容存在大量雷同、高度相似的异常情况，在怀疑申请内容存在编造嫌疑的基础上，进而再进一步考察申请人的申请行为是否符合本领域研发特点，以此佐证申请内容的编造嫌疑。

（2）优先适用实体性条款

在可以适用其他实体性条款的情况下，应当优先适用实体性条款。该原则与商标法等中适用诚实信用的基本原则是相同的。其原因在于诚实信用原则的内涵和外延具有较大不确定性，使行政机关和司法机关具有较大的自由裁量权，为规制滥用的风险，需要规定优先适用实体性条款这一原则。

（二）诚实信用原则在专利审查阶段的审查基准探索

1. 诚实信用原则在专利实质审查阶段的适用

（1）诚实信用原则的审查步骤

审查员应当按照"申请事实认定—现有技术调查—申请行为调查

（可选项）—分析得出结论"的步骤对申请文件进行审查。首先，明确该申请"想做什么""怎么做的""做成了什么"，固化申请事实。然后检索现有技术，初步判断该申请是否符合诚实信用原则。若发现该申请可能存在不符合诚实信用原则的情形，则需要进一步多方面在现有的已知信息中寻找证据，如现有技术文献、申请人相关申请、申请人或发明人学术研究背景、代理人诚信记录等。最后综合调查情况，有理有据地判断该申请是否符合诚实信用原则，以兼顾效率的原则确定适用的法律规则。为了确保适用"诚实信用"条款的审查结果正确，笔者建议应由资深审查员处理或者进行会审。

若审查员决定适用"诚实信用"条款，应当在审查意见通知书中做到逻辑严密、说理充分，同时给予申请人提交证据或解释说明的机会，通过审查意见通知书的交流探寻申请人的真实意旨，力求个案审查结果的客观公正。

（2）适用诚实信用原则的几种主要情形

第一，明显抄袭现有技术。如果要求保护的发明与对比文件所公开的技术方案（技术领域、技术手段、技术效果）内容和行文风格相同或近似，且申请人或发明人不具备相应的学术研究背景，则推断申请人故意明显抄袭现有技术，不符合诚实信用原则。上述行文风格应当理解为包括技术手段的特殊表达方式、特定或较为复杂的实验数据结果等。

第二，实验数据或者技术效果明显编造。如果要求保护的发明的技术手段和技术效果缺乏关联性或技术效果明显有悖本领域的普遍认知，则推断申请人故意编造技术效果，不符合诚实信用原则。上述技术效果包括申请人明确记载的技术效果、实验数据以及由实验数据可以直接毫无疑义地确定的技术效果。

第三，短期内提交技术方案明显相同或高度相似的多件专利申请。如果要求保护的发明为来源于同一母案的多件分案申请且分案数量较大，且分案与母案以及分案之间属于同一发明构思且技术方案差异较小，则推断申请人故意以分案方式获得更多的几乎无实质差别的专利权不符合诚实信用原则。如果要求保护的发明的技术内容或关键技术手段明显相同，且申请数量较大，明显不为专利布局的需要，申请人或发明人不具备本领域资质背景或研发能力、或申请涉及领域和申请人经营范围无关、或说明书记载存在明显编造内容、或多件申请内容从整体上不符合本领域的研发规律和特点，则推断申请人故意提交多件申请获得更多的无实质差别的专利权不符合诚实信用原则。上述专利布局的需要是指申请人对某一技术主题的专利申请进行系统筹划以形成有效排列组合的精细布局行为。

第四，在意见陈述中就重要内容故意隐瞒或编造事实。如果要求保护的发明的申请人或发明人为与涉案申请密切相关的研发人员，以欺骗审查员为目的，在意见陈述时针对发明创造的关键技术内容故意隐瞒与涉案申请极为相关的现有技术、故意隐瞒涉案申请或对比文件的重要信息、故意提交虚假意见陈述等，则推断申请人存在主观欺骗审查员的意图，以期获得不合理的专利权，不符合诚实信用原则。上述与涉案申请极为相关的现有技术包括申请人或发明人已知的，极有可能破坏涉案申请新颖性或创造性的现有技术文件等。上述隐瞒涉案申请或对比文件的重要信息包括反复或多次推翻对涉案申请技术信息的意见陈述、故意隐藏或歪曲现有技术公开的技术信息等。上述虚假意见陈述包括明显违背自然规律或本领域技术人员均确定知晓的普通技术知识、明显编造或不合理的补充实验数据、虚假的其他证明材料如专家证明或实验记录等。

（3）不符合诚实信用原则的专利申请的法条竞合

结合前文案例分析，对诚实信用原则的法条竞合情况整理如图1，供审查实践参考。

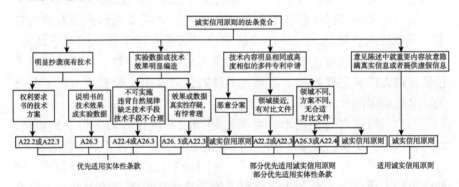

图1 "诚实信用原则"相关的法条竞合

注：A22.2表示《专利法》第22条第2款，以此类推。

2. "诚实信用"条款在专利初审、复审/无效阶段的适用

初审阶段，初审员若发现申请文件明显编造，如无须经过检索或仅

经过简单检索即可确定申请文件技术方案明显不合理，则可适用"诚实信用"条款。初审员若发现申请程序中其他文件存在故意伪造的情形，可适用"诚实信用"条款。

复审或无效阶段，参照实质审查适用类型，复审员或合议组若发现申请或专利不符合诚实信用原则，可依职权适用"诚实信用"条款，或依职权提出无效理由。

四、结　语

针对诚实信用原则一般性条款在审查实践中应如何适用的问题，本文在借鉴研究《商标法》、国外专利法等有关诚实信用原则内容的基础上，结合实际案例归纳总结了申请发明专利违背诚实信用原则的四种主要类别，并探索了各自的审查方式，最后在综合前述研究成果的基础上对专利审查指南的配套修改提出了建议。笔者认为，在专利审查指南中规定诚实信用原则的审查标准时，可以考虑依次以基本概念、审查对象、审查原则、审查基准、法律后果为主要框架。其中，在规定审查原则一节时，可以明确"审查申请内容为主"和"优先适用实体性条款"两项重要原则；在规定审查基准一节时，可以采用本文梳理总结的适用诚实信用原则的四类情形和法条竞合关系，以进行适当的例举，从而为审查员提供更为具体的参考。

浅谈中医药创新的专利保护

詹靖康❶ 穆江峰❷

摘　要

中医药领域是国内专利申请和专利占比较高的领域之一，但目前我国中医药领域专利大而不强、多而不优的问题较为明显；社会公众对中医药有更高的专利保护需求，对部分审查规则尚不十分理解。我国《专利法》是一部中国特色和国际规则结合体现的法律，相关规定体现了我国作出的国际承诺，符合国际条约的约定。在现有法律框架下，专利制度必须处理好医药产业公共健康政策属性与垄断权的冲突、工业化规模实施的要求和个性化诊疗模式的矛盾、基于经典的传承创新及其与公众利益的平衡、专利授权标准的掌握与市场秩序的维持之调和。笔者建议：中医药行业应注重普及专利知识，充分利用现有政策；根据创新的知识产权属性，选择恰当保护途径；守正创新，积极开拓国外市场；知识产权主管部门应当根据中医药特点优化现有专利审查规则。

关键词

中医　中药　专利　知识产权　经典古方　保护　审查规则

---

❶❷　作者单位：国家知识产权局专利局审查业务管理部。

中医药发展史，是中医药知识理论不断传承创新、实践经验不断积累丰富的历史。概括地说，一方面，中医药发展至今经历了多次理论创新，《黄帝内经》建立了中医学阴阳五行、脏腑经络等基础理论，东汉张仲景的《伤寒杂病论》确立了中医学"辨证施治"的基本思维方式等；另一方面，草本药物的知识多从治疗实践经验中来，先辈积累总结丰富了中药药材和方剂宝库，据称中国的中药材大概有 6000 种，方剂的数量已超过 10 万多种。❶ 正如习近平总书记指出的："中医药学是中国古代科学的瑰宝，也是打开中华文明宝库的钥匙。"❷ 党中央、国务院高度重视中医药传承和创新。近年来，习近平总书记对中医药工作作出一系列重要指示。2019 年，国务院也出台了《中共中央、国务院关于促进中医药传承创新发展的意见》，要求加强中医药产业知识产权保护和运用。

一、中医药专利保护现状

自从 1992 年《专利法》修改允许对药品进行专利保护以来，截至 2019 年 3 月底，国家知识产权局累计受理中医药领域发明专利申请约 23.9 万件，其中，国内主体申请 23.7 万件，占比达到 99％，国外申请大约 2500 件，仅占 1％。截至 2019 年 3 月，我国中医药领域的有效专利约为 2.4 万件，专利权人为国内权利人的专利占比为 97.9％，国外权利人拥有的中医药专利仅占 2.1％，约 500 件。而同期我国整体有效发明专利 270 余万件，其中，国内（不含港澳台地区）发明专利有效量 190 余万件，占比约为 70％。

可以看到，中医药领域是国内专利申请和专利占比较高的领域之一。很多中医药创新产品获得了专利权的保护，例如连花清瘟胶囊和血必净注射液——这些专利产品获得良好的经济效益和社会效益，并在传染病防治工作中显现了很好的疗效。

中医药领域专利申请与我国整体专利申请比较，申请构成呈现自身特点，突出表现在个人申请多，国际申请少。2019 年我国所有的发明专

---

❶　中国工程院院士姚新生在"珠江科学大讲堂"演讲：中药方剂如被日本抢注中国会很被动 ［N］. 羊城晚报，2014-11-28.

❷　习近平致中国中医科学院成立 60 周年贺信 ［EB/OL］.（2015-12-22）. http：//www.xinhuanet.com/politics/2015-12/22/c-1117546203.htm.

利申请中，非职务发明申请，也就是个人申请仅占 7.9％，但在中医药领域，2016～2019 年的该项平均值高达近 50％左右；而有研发能力的高校、科研院所、企业、研究机构等申请量偏低，尤其是本应作为专利申请主力的企业申请人同期申请量占比仅为约 30％。PCT 专利数量是衡量一个国家创新能力的重要指标之一。2019 年，我国 PCT 专利申请量首次超过美国，跃居全球第一，其中我国华为公司申请量排名世界第一，排名前十的申请人中有 4 家中国公司。而我国的中医药领域 PCT 专利申请量不到该领域全球 PCT 专利申请总量的 10％，排在美、日、韩之后。❶这与我国的中医药大国地位不符，也与我国的整体科研能力不符。

二、主要困扰和突出问题

中国民众对中医药的认知具有高关注度、高接触度、高接受度，中医药在我国拥有坚实的群众基础；而专利制度在我国实行还不足 40 年，社会公众对其虽有所了解，但并不熟悉。因而，当中医药与专利"相遇"时，不免出现一些问题。这些问题一方面体现在中医药从业者对专利保护工作知识储备不足，存在一些困惑；另一方面体现在中医药领域的专利申请存在一些突出问题。

（一）"全方位保护"期望与专利"有限保护"性质的冲突

从保护中医药的角度出发，社会公众希望能有一种制度对其全面保护，最好能涵盖中医药独特的哲学体系及方药体系、中药品种、炮制方法等方方面面。这既是传统知识保护工作积极探索的目标与方向，也是中医药从业者对专利制度的希冀。但社会公众了解专利制度之后，会发现专利制度仅能对中医药领域技术性的创新成果进行保护，而且对申请者还有诸多法定的要求和限制，无法充分满足其保护需求。在申请专利之后，中医药从业者会发现"收之桑榆，失之东隅"，技术方案全部被公开，但其期望的较宽泛的保护范围却未被完全满足。因此，部分中医药领域研发人员对专利的态度也逐渐从"专利万能论"的认识转变为"专利限制说"，甚至会出现一些诸如专利"以西医思维限制中医""废医验

---

❶ 该数据通过使用中医对应 IPC 主分类号，并考虑中药种植、检测等内容，经 IncoPat 数据库统计获得。统计期限为 1985 年 4 月 1 日至 2017 年 12 月 31 日。

药"的看法。

（二）对专利申请审查规则的不理解

我国专利制度运行近 40 年，已经形成《专利法》《专利法实施细则》《专利审查指南 2010》多层次、系统科学的审查规则体系。这些规则在保护的内容、保护方式和申请文件撰写尤其是授权的实质性条件等多个方面都有严格的要求。有人认为这些规则不符合中医药特点，依这些规则对中医药专利审查是"削"中医药的"足"适专利之"履"。国家知识产权局发布《中药领域发明专利申请审查指导意见（征求意见稿）》后，部分中医药界人士对是否有必要专门对中药出台审查标准的指导意见存在困惑，似乎认为规则越多，限制越多，不利于对中医药创新的保护。

（三）中医药专利申请大而不强、多而不优现象较突出

虽然中医药领域的国内专利申请占绝对优势，但大而不强、多而不优的问题较明显。这个问题突出表现在专利申请技术效果的客观性和技术分布等方面。

例如，专利申请请求保护一种药浴的中药配方，声称其具有治疗智力低下的功效，但没有任何疗效依据。有些申请虽然提供了药效试验数据，但明显与普通认知不符，如某专利申请提供了试验数据，声称其组方能够达到几乎包治百病的效果。专利审查员在审查时，无法对疗效尤其是试验数据进行客观核实，这是中药专利审查一直以来的一个难题。

笔者在中国专利数据库中进行初步检索统计，发现接近 40％ 的中药专利申请请求保护中药组合物（组方）。由于大量组方现有技术的存在，导致药味少的中药组合物（小组方）的专利申请很可能不具备新颖性或者创造性，很难获得专利权。申请人为了获得授权，往往申请中药大组方，药味一般在 30 味以上，有些还加入不常用的冷僻中药材。国家药品监督管理局在中药注册和生产许可审批时，会要求进行中药复方拆方研究，这样有助于阐明中药复方的配伍组成原理及作用机制，有助于精简方剂，为中药质量和工艺控制提供科学依据，从而保证药品安全、有效和质量可控。据中药业内人士称，六七味中药组成的复方中药获得药品注册已相当不易，超过 10 味中药材的复方中药很难通过药品注册、获得生产许可。

根据国家知识产权局的统计数据，中医药领域专利中，当前有效专利平均维持年限与已失效专利平均维持年限之差达 2.8 年，而我国专利

整体而言的该差值仅为 0.2 年。这说明中医药领域的专利价值两极分化严重，部分专利市场价值很低，专利权人获得授权后很快又放弃。这部分专利不仅无谓地公开了技术方案，更是浪费了有限的行政资源。以上从专利角度所反映的中医药领域创新情况与新药审批所反映的中医药研发情况基本吻合。2015～2019 年我国共颁发了 116 个新药批文，其中中药只有 7 个，仅占 6%。❶

三、对于困扰与问题的分析

我国的中医药具有独特的哲学方法及方药体系，它注重个性化动态诊治。中医的学术特点是对脏腑的认识不依解剖实体，形成"左肝右肺""四时五藏"等认识，创立"营卫""三焦"等抽象概念，通过脉象诊察、使用天然药物等进行模糊表述及调控。落实到具体诊疗，便形成了另一特点——"辨证论治"，即在谨守病机下，一人一方、一人一法、方随证变的高度三因制宜的个性化动态诊疗模式。❷ 辨证论治是指中医认识和治疗疾病的基本原则，是其对疾病的一种特殊的研究和处理方法。同一疾病的证候不同，治疗方法就不同；而不同疾病，只要证候相同，便可以用同一方法治疗，这就是"同病异治、异病同治"。这种针对疾病发展过程中不同质的矛盾用不同的方法去解决的法则，就是辨证论治的精神实质。❸

专利制度发展几百年的基本思想一直是通过给予专利权人一定时间内的垄断权来换取其对技术内容的公开，从而实现全社会高效的技术积累，激励创新，并在此基础上推动进一步的技术开发，最终实现全社会整体的技术进步。专利是工业产权的一种，它是随着工业文明的发展而产生的。专利法规定的授权标准也体现了其工业产权的属性。若单用一种工业时代的制度去全方位、立体地保护内涵如此丰富的中医药，显然无法达到完美的效果。

---

❶ 数据来源：近年获批的那些中药新药 [EB/OL]. https://mp.weixin.qq.com/s/pQDRCJ7Bs 9WmC6ZM2aa2Ow.

❷ 陈志耿，高嘉骏. 论中医药知识产权保护 [J]. 医学与哲学，2018，39（10A）：84-86.

❸ 严金海，郭春丽，刘婉. 关于中医特点的再认识 [J]. 医学与哲学，2018，39（3A）：10-14.

（一）公共健康政策属性与垄断权的冲突

专利的保护客体是指专利能够保护什么。世界各国的专利均只保护技术方案，包括方法和产品；而科学发现、智力活动的规则和方法等非技术方案的内容不属于专利保护的客体。专利权是一种垄断的权利，而医药卫生事业的公共健康政策属性与垄断权有天然的冲突。这种冲突在保护客体的方面表现尤为突出。1984 年我国制定《专利法》之时，为了避免专利权对公共卫生事业造成太大冲击，出于审慎的考虑，我国《专利法》规定药品不属于专利保护的客体。1992 年，我国对《专利法》进行了修改，允许对药品及化学物质进行保护。但是，时至今日，根据我国《专利法》以及 TRIPS 的规定，疾病的诊断和治疗方法依旧不属于专利保护客体：这是国际通行的规则，也是人道主义的体现，因为拯救生命是最高法益，对专利权这种私权的保护不应成为拯救生命的障碍。

中医讲究一人一策、方随证变、随症化裁的个性化动态诊疗模式、遵循理法方药融为一体的思维，实际是诊断和治疗方法与药物的有机结合。如果允许对相关模式或思维授予专利权的话，实际是限制了中医师在医治患者过程中选择各种治疗方法和条件的自由，不符合人道主义精神。试想，某种治病救人的方法因得不到专利权人的许可或者是因病患无力支付专利费而无法在临床中使用的话，这并非专利法鼓励创新的本意。

（二）工业化规模实施的要求和个性化诊疗模式的矛盾

授予专利权的发明和实用新型应当具备实用性。我国《专利法》第22 条第 4 款规定："实用性，是指该发明或者实用新型能够制造或者使用，并且能产生积极效果。"世界贸易组织（WTO）各成员的专利法都有这样类似的要求，如《欧洲专利公约》第 57 条将对应的概念称为"工业实用性"，规定："如果一项发明能够在包括农业在内的任何工业产业中制造或者使用，则具备工业实用性"。TRIPS 第 27 条第 1 款规定："在符合本条第 2 款和第 3 款规定的前提下，所有技术领域的任何发明，不论是产品还是方法，只要是新颖的，包含创造性，并且能在产业上应用的，都可以获得专利为本条的目的，成员可以认为，'创造性'和'能在产业上应用'两个术语，分别与'非显而易见性'和'实用性'两个术语是同义的。"专利的"实用性"要求很典型地体现了专利制度以及授权对象的工业属性。

我国《专利审查指南 2010》规定：发明或者实用新型申请的主题必须能够在产业上制造或者使用。"在产业上制造或者使用"是指发明或者实用新型能够通过产业中的标准化模式被稳定地再现。换言之，发明或者实用新型所属领域的技术人员能够根据说明书描述的技术内容，稳定地重复实施技术方案并达到相同的实施结果。例如：外科手术要实现治疗效果，与医生的独特经验、技巧和心理素质以及患者的独特体质都有关系，其他医生仅凭外科手术方法说明是无法稳定地重复实现相同的手术效果的。❶

中医药强调辨证论治，方随证变，一人一方、一人一策。很显然，中医药技艺中强调个性治疗的那些内容很难满足专利法中"在产业上制造或使用"的要求，也就是说中医药科学中的部分内容不具有工业产权的属性，与工业产权保护制度衔接困难。

（三）基于经典的传承创新及其与公众利益的平衡

专利制度的规则需要体现专利权人和社会公众之间的利益平衡。专利制度一方面对作出发明创造者给予激励，另一方面要避免过度保护权利人的利益而损害社会整体利益——给发明专利设定 20 年的保护期就是最典型的体现。如果保护期过短，权利人无法充分享受发明创造所带来的收益，甚至不能收回成本，则起不到激励创新的效果；而如果无限期地保护专利权，他人就无法在前人的基础上进一步作出技术革新，终将损害全社会的利益。专利制度下权利人与社会公众之间的利益平衡还体现在《专利法》规定的"新颖性"要求中。简单地说，一项技术要获得专利授权，必须是新的技术。想获得专利保护，必须想前人之未想，做前人之未做。将大家都知道的技术纳入专利保护而不允许公众随意使用，无疑是对社会福祉的伤害。牛顿曾说："我看得比别人更远些，那是因为我站在巨人的肩膀上。"禁止对申请日以前的现有技术的开发利用无益于全社会的创新积累。

有人指责国外制药企业"抢注"我国传统经典古方，如有文章指出："日本人以《伤寒论》《金匮要略》等中的 210 多个处方为基础，建立汉方药多达 200 多个。在中药基础上研发的'救心丸'，年销售额超过 1 亿美元……韩国拿到同仁堂牛黄清心丸配方，改变剂型在世界上 19

---

❶ 王迁. 知识产权法教程 [M]. 5 版. 北京：中国人民大学出版社，2016：327.

个国家和国际组织申请了专利，年销售额 7000 万美元。"❶ 这样的言论容易引起共鸣，但仔细思考，实则存在许多问题。文中提到的日韩企业是在经典方的基础上作出了进一步的创新——或是处方的调整，或是剂型的改变，均是作出了技术改进，而不是将古方直接申请专利。我们应当明确，只要未侵犯他人的技术秘密，任何在前人知识积累上的进一步创新都是值得鼓励的。

我国的经典古方历经了百年甚至千年的实践验证，疗效得到证明；此外，正是由于千百年的公开使用和典籍的传播，这些古方早已成为现有技术甚至公知常识，成为全人类共同的知识财富。假如西方国家今日还对蒸汽机、电动机、二极管等现有技术给予专利法保护，对全人类的科学进步无疑是一种阻碍。

要实现中医药的传承创新发展，不仅不应禁止他人研究古方，更应当积极弘扬中医文化、传播中医知识，鼓励全世界的科研力量共同研究古方，挖掘古方，共同推进构建人类命运共同体。

（四）专利授权标准的掌握与专利制度价值实现之调和

在市场经济中，专利质量的高低对产业的创新和技术的实施有重要影响。专利质量过低，授权过多，会造成"专利丛林"：首先，如果某一技术领域专利权过多，开发新技术的人必须在专利丛中披荆斩棘，才能获得自己所需要的全部专利技术的使用许可，由此会给技术的开发和产业化带来负面效应；其次，生产商、销售商等商业主体的正常的生产经营活动很可能被滥诉骚扰而受到阻碍；最后，社会公众会被公开的低质量的专利文献记载的技术内容误导，同时也会对专利制度的合理性产生质疑。

专利申请的质量和专利审查的质量是最终授权专利质量的基础。专利审查标准对审查质量起着决定性作用。审查标准应当宽严适度、执行一致。为杜绝低质量申请获得授权，必须以客观公正的标准进行审查。例如，对于能够"治疗智力低下"的药浴、"包治百病"的组方这类申请，在审查中申请人必须提供试验数据，包括临床试验数据，来证实其客观疗效，否则应予以驳回。这是保证审查客观性的必要手段。

---

❶ 外国抢注专利 近千中药方流失［EB/OL］.（2014-12-12）. http：//blog. sina. cn/dpool/blog/s/blog_a0d308820102vbxe. html.

授权的专利还必须具备一定的创新高度。当前的审查规则规定：要满足《专利法》第 22 条第 3 款关于"创造性"的要求，发明专利申请的技术方案必须是非显而易见的，而且应具有有益的技术效果。中医中药讲究成方化裁，但如果仅仅是对组方做细微更改，如个别相同功效的原料药替换，或者用药量的细微调整，则需要认真判断新方是否具有突出的实质性特点和显著的进步，判断其技术贡献是否达到了创新高度的要求。实践中，创造性要求是专利申请获得授权的最大挑战，即使是创新能力较高的日本，中医药领域能获得授权的专利也只占申请量的 30% 左右❶。专利制度之所以要设置这样一个门槛，有两个考虑：首先，如果没有一定发明高度的要求，任何细微的变化都能获得专利保护的话，则无法激励真正的创新；其次，那些真正有价值的发明创造很快会被与其类似但仅作出细微变化的那些专利所包围，这些派生的专利会瓜分原本应由该核心专利独占的利益，这样，发明人会更倾向于不公开其发明创造，从而最终不利于整个社会的技术进步。

综上，为了维护公共秩序，创造良好的市场环境，保障专利制度价值的实现，审查规则起到很重要的作用。专利审查规则必须客观、宽严适度，并且在每一件专利申请的审查中得到一致的执行。

四、对中医药知识产权保护的建议

（一）注重普及专利知识，充分利用现有政策

随着我国知识产权事业的发展和大众创新意识的提高，知识产权逐渐深入人心。但同时不能忽视的是，一些专业技术人员对专利制度的知识和原理仍缺乏了解。例如，有中医药从业人员就提出：申请专利不应当公开技术方案。可见，对知识产权基础知识的普及依旧任重道远。

当前，我国理工科院校普遍开设了知识产权相关课程，理工科人才的知识产权意识和知识储备较以往有了较大提升。根据国家知识产权局的数据统计，2000～2019 年，我国专利申请量排名前 20 位的高校的专利申请量和有效专利持有量的平均数值分别为 18170 件和 6527 件，其中绝

---

❶ 该数据通过使用中医对应 IPC 主分类号，并考虑中药种植、检测等内容，经 IncoPat 数据库统计获得。统计期限为 1985 年 4 月 1 日至 2017 年 12 月 31 日。

大部分高校是理工类高校。而同期我国中医药领域申请量排名前20位的高校❶在中医药领域的对应申请量和持有量数据分别为193件和38件。这与普通高校尤其是理工科高校有极大差距，在某种程度上也体现了我国中医药人才需要尽快提升和积累专利意识和专利知识。建议在我国的中医药高等学校均设置知识产权必修课程，让青年中医药人才必须掌握知识产权知识，尤其是专利知识。

专利实务专业性较强，建议中医药行业内的高校、医疗机构、研究机构、企业培养或者聘用专门的专利人才。他们的工作不仅要及时将适当的创新成果转化为专利成果、规划实施专利布局，还应当全面、及时掌握专利工作政策。目前，国家知识产权局为申请人提供了优先审查、巡回审查、集中审查、延迟审查等多种个性化服务，为创新主体提供了包括专利费用减缴在内的多种扶持政策。中医药界应当在专业人士的指导下用好、用足这些服务和政策。

（二）根据中医药特点优化现有专利审查规则

应当紧密结合中医药领域创新特点，明晰中医药发明专利申请文件的要求，完善统一专利审查标准。专利审查规则应当明确体现专利政策导向——不鼓励脱离社会需求和中药发展方向的大组方中药专利申请，而应鼓励中药质量标准和规范的现代化、中药生产技术的现代化等方面的专利申请。国家知识产权局发布的《中药领域发明专利申请审查指导意见（征求意见稿）》（以下简称《指导意见》）结合了中医辨证论治的理论，更加客观，可操作性强，对技术效果的认定体现了中医药的特色，兼顾了中医药应用中临床经验的特点，对申请人撰写申请文件作出了指引。例如，《指导意见》中对如何通过试验数据证明药物的疗效给出了示例，这些示例不仅是审查员应当遵循的标准，更是申请人撰写申请文件的重要参考。应当说，这些规则的完善有利于鼓励基于经典方的进一步创新，有利于鼓励以临床实践为基础的自创型中药发明创造，有利于客观公正的审查、授权和保护创新。

（三）守正创新，积极开拓国外市场

目前我国中医药专利大多是对经典方进行的简单改良或工艺改进，创新高度低，其他创新主体稍加改进，即可绕过专利。据了解，55家中

---

❶ 大部分为中医药大学，少量为设置有医学院的综合类大学。

药上市企业在 2012~2016 年研发经费均值不足 4％，低于国际通行的 5％ 具有竞争力的要求❶，远低于华为公司 2019 年的 15.3％❷。应当说，前文提到的中医药专利申请情况不乐观，在某种程度上是我国中医药产业创新主体研发投入低、技术创新能力不够的具体呈现。反观同属东亚文化圈的日韩两国，它们重视新药开发，配以高额研发资金和雄厚的技术力量，依据中医药知识，分析中药材料，获得有效成分并申请专利（例如日本的救心丸和韩国的牛黄清心液等），同时依托高水平的专利及其质量稳定的产品，打开了中药产品的国际市场。因此，加强中医药保护，提高专利质量，需要从根本上努力提升我国中医药行业技术创新能力。

从医学知识与技术历史发展的角度看，人类关于健康的知识发展经历了四个阶段：巫术与神秘医学、哲学思辨医学、经验积累医学和科学医学。❸ 从专利保护的角度来看，中医药行业的当务之急是尽快实现从经验积累到科学阐述的转变。可以借鉴日韩的经验，注重基于科技的创新，用好专利制度。创新的方向应关注中药现代化方面，包括经典小复方的现代化研发、科学的中药质量标准、现代化中药生产技术、现代化经典方剂的新适应证等。

应继续加大对中医药创新主体的支持力度，鼓励企事业单位加大研发资金和人才投入，依托浩瀚博大的中医药传统知识，在核心专利技术的研发上下苦功夫，开发出科技含量和附加值双高的产品，同时摒弃重国内而轻国外的思想，制定积极的企业知识产权战略，加强中医药专利海外布局，努力跻身全球主流技术市场。

（四）根据知识产权属性，选择恰当保护途径

知识产权有多个类别，多种权利类型。中医药从业者应当根据具体情况来选择更有利的保护途径，维护自身的权利。具体而言，在中医药的创新中，药物提取物、制剂、新的药物方剂等适应工业生产的产品或方法适合用专利制度进行保护。例如，连花清瘟胶囊源自银翘散合麻杏石甘汤，化材出新，是在传统经验的基础上结合现代药理研究创制而成；

---

❶　参见王伟、冯小兵等所作的 2017 年国家知识产权局学术委员会专项课题（ZX201705）。

❷　参见《华为投资控股有限公司 2019 年年度报告》第 49 页（下载地址：https://www.huawei.com/cn/press-events/annual-report/2019? ic_medium＝hwdc&ic_source＝corp_banner1_annualreport）。

❸　柯杨. 医学哲学 [M]. 北京：人民卫生出版社，2014：139-145.

血必净注射液源自血府逐瘀汤，不仅对古方原方进行了改进，而且用现代化生产工艺制备，在临床应用上更便利。这类创新与现行专利制度能够完美对接。

有些中药材的药性与其生长环境、产地紧密相关，如云南文山三七、吉林长白山人参、霍山石斛等，它们适合用地理标志来保护。发明专利的有效期只有 20 年，但通过技术秘密来保护的秘方、工艺等却不受期限限制，比专利保护更有利。商标蕴含着企业的形象、商品质量、顾客对商品的信赖，甚至有企业的文化内涵，是企业的无形财产，尤其是在中药讲究工艺的传承和积淀的背景下，商标的作用尤为突出。

五、结　语

在当前中医药发展的大好环境下，中医药界和知识产权部门应当共同努力，继续加强中医药的创新和保护。一方面应加快中医药现代化、产业化和国际化；另一方面应建立完善中国特色的中药专利审查规则和保护制度，共同促进中医药的可持续发展。应遵循中医药发展规律，强化中医药原创优势，传承精华，守正创新，以知识产权保护促研发创新，以研发创新推动中医药事业和产业高质量发展。我国的中医药必将对建设健康中国、构建人类命运共同体发挥更大作用。

商　标

关于商标注册预登记
制度的思考*

管育鹰❶

摘　要

商标因在市场中实际使用所形成的商誉而具有获得财产权保护的正当性。我国商标领域在实践中暴露出囤积、抢注等背离商标注册制度初衷的异化现象。在进一步完善我国商标法律制度的过程中，可借鉴美国经验，结合国情建立商标注册预登记制度，即区分实际使用的商标注册申请与尚未投入使用的商标注册申请，给予3年缓冲期为意图使用的商标注册预留专用权形成空间和程序性利益。这一治本之策建立的事先过滤机制，可以从根本上消除不以实际使用为目的的投机性注册行为的牟利预期。围绕这一新建立的商标注册预登记制度，需要对《商标法》及配套法规、办法的相关条款进行修改和增删。

关键词

商标注册预登记　意图使用　商标使用

---

　　* 本文根据中国社会科学院知识产权中心项目组承担的"国家知识产权局商标法修改2019年度委托项目"研究报告《商标法律制度完善论证报告——注册制下的商标使用规范体系化研究》撰写。

　❶ 作者单位：中国社会科学院法学研究所。

引 言

商标成为财产权的正当性基础在于权利人在商业活动中诚信使用所积累的无形商誉。商标注册制度在提高法律实施的效率和可预期性方面具有明显优势，因而成为世界各国选择的主流模式。不过，我国现阶段存在着较多的注册却没有实际投入使用的商标囤积和抢注现象，破坏了商标注册制度的功能，不利于市场营商环境建设。现有的事后纠错机制难以有效遏制盲目甚至恶意申请注册的势头，有必要研究如何进一步完善我国的商标注册制度，强调商标使用在整个制度运行中的重要性，有效消除抢注和囤积现象，溯本清源，使商标法律制度回归本位。

一、我国商标法律制度实践中的问题

（一）对商标权的知识产权本质属性认识不足

1. 商标权来源于使用的基本理论尚未普及

作为知识产权的重要组成部分，商标权是一种财产权，来源于经营者通过商标的实际使用在相关市场形成的商誉。早在我国知识产权制度发展初期，郑成思教授即已经指出：知识产权项下的识别性标记之所以构成"产权"，之所以可以成为合同转让、合同许可的标的，之所以在企业合并、合资等活动中可以估出价来，首先在于经营者在选定并使用了这类标识后，通过不同于同类竞争者的广告宣传、打通销售渠道等促销活动，使有关标记在市场上建立起一定的信誉或"商誉"。❶ 应该说，只有在商业活动中实际投入使用的标记，才能建立起其所表彰的商品或服务与其生产者、提供者的对应关系，使消费者能够认牌购货，成为知识产权意义上的有财产价值的商标。正因为经使用形成商誉的标记具有无形财产价值，从历史上看，早在商标注册制度产生以前就有了其他法律对商标权利的保护，例如在欧洲大陆、美国早期都有刑法、侵权责任法和反不正当竞争法制止假冒商标，只是为了适应国内外市场一体化的要求、避免相同或近似的商标在扩张后的市场发生碰撞，商标注册制度才

---

❶ 郑成思. 商标中的"创作性"与反向假冒 [J]. 法律适用, 1996 (10)：27-29.

应运而生。❶

以上关于商标权本源的理论，尽管在我国知识产权学界已经成为主流认识，但是，大多数普通公众并不能区分经使用具有财产价值的商标与仅申请获得注册但尚未真正使用在商品服务上的商标，而且可能由于我国《商标法》规定注册商标具有专有权而认为只有注册才能得到法律保护。

2. 未认识到商标注册获得的程序性利益与实体性权利的区别

商标注册制度的目的和作用是对实体权利进行确认和公示。商标在商标注册部门获准注册，尤其是对于已经在市场上实际使用的商标来说，其所有人会获得一系列程序性利益。对美国、中国这样市场规模极大的国家或者欧盟这样大型的共同体统一市场来说，注册格外重要。按照注册制度的宗旨，一旦获得注册即可推定申请人在实施该注册制度的全部地域范围内享有商标权。这种注册后取得的全域覆盖的专有权显然比不注册仅诚信使用获得的先用权更具有竞争优势。比如，虽然不能全面禁止其他诚信使用的先用权人，但可以要求其附加区分标识。❷ 此外，在商标侵权诉讼或者纠纷中，注册商标所有人只需要出示注册证书就可初步证明自己就相关商标享有权利；相对而言，未注册商标的权利人遭遇侵权时举证更加困难。同样，注册商标所有人因持有注册证书可以更容易向法院申请并获得财产、证据和行为保全等有效的临时禁令救济，以及刑事和海关边境保护❸；拥有注册证书还因可备案而便利了商标的转让和许可。

但是，目前我国各界还未充分认识到，以上这些注册商标所享有的程序性利益要真正获得法律的保障，其前提仍是必须基于实体性权利，即注册商标必须是已经真正投入使用且建立了相关商誉的商标。否则，不仅这些程序性利益最终得不到保障，注册人还可能因利用程序性利益的优势侵害他人合法权益而承担相应的法律责任。例如，任何人发现注册违反法律规定、在先权利人有证据表明注册人属于抢注、或者注册后任何阶段连续 3 年不使用的，注册均可能被宣告无效；明知自己注册商

---

❶ 李明德. 商标注册在商标保护中的地位与作用 [J]. 知识产权，2014（5）：3-8.

❷ 参见我国《商标法》第 59 条第 3 款。

❸ 例如我国《商标法》第 65 条、第 66 条，《刑法》第 213 条、第 214 条、第 215 条，《中华人民共和国海关关于〈中华人民共和国知识产权海关保护条例〉的实施办法》第 6 条。

标不符合法律规定而起诉他人或申请程序性救济、给他人合法权益带来损害的，可能因恶意诉讼而被提起诉讼并承担侵权责任。❶

（二）商标注册领域存在偏离使用原则的现象

我国目前的商标注册制度在运行中发生了一些不甚理想的情况，甚至出现了恶意抢注、囤积等商标注册制度的异化现象，偏离了商标是在商业活动中实际用于商品或服务、使消费者能够识别其来源的标识之基本法律概念，以及法律保护商标权来源于商标使用所积累的商誉之基本制度内涵。

1. "注而不用"及其带来囤积现象

注册后不使用的原因，一是某些已经使用的注册商标，因为商标所有人的破产、死亡、转产或者其他原因而不再使用。若无相应程序处理排除，这些不再使用的"注册商标"就有可能在相当长的一段时间里，停留在主管部门的注册体系中成为没有识别作用的"僵尸"商标；二是为防止他人抢先注册或使用而注册的尚未使用的商标，因为种种原因未能实际使用而成为"僵尸"商标。

为了将"注而不用"的商标从主管部门的注册体系中清除，使其他市场主体免受侵权风险困扰并方便其选择和使用相应的标识，各国采取立法对策设立了注册商标不使用的撤销制度，即注册商标如果在一定期限内连续不使用，其他市场主体可以向法院或商标主管部门请求撤销该注册商标或宣告其注册无效，并直接使用或申请注册相应商标。❷ 我国现行《商标法》第 36 条也规定："注册商标成为其核定使用的商品的通用名称或者没有正当理由连续三年不使用的，任何单位或者个人可以向商标局申请撤销该注册商标。"

不过，在我国现阶段市场营商环境仍在完善的情况下，对注册制度的误读一定程度上带来了盲目申请和囤积注册商标的问题，有的注册甚至是为了以倒卖注册证书方式获利，有的则以虚假或象征性使用维持注册商标专用权效力。这种注册制度的异化现象不仅妨碍他人正当的经营

---

❶ 参见《商标法》第 36 条；关于恶意提起知识产权诉讼损害责任纠纷的典型案例，参见江苏省无锡市中级人民法院（2016）苏 02 民初 71 号判决，以及对其维持原判的江苏省高级人民法院（2017）苏民终 1874 号判决。

❷ 参见《法国知识产权法典》L.714-5 条，《德国商标法》第 25 条、第 26 条、第 49 条，《美国兰哈姆法》第 45 条，《日本商标法》第 50 条。

活动，限制第三人选择商标的范围，还会带来商标行政、司法资源的极大耗费，损害公众对商标制度的信赖。目前我国注册商标存量巨大，"撤三"制度疲于应对发生实际争议的注册商标纠纷，无暇顾及囤积性注册带来的大量"注而不用"的问题。

2. 恶意抢注他人实际使用而未注册的商标之现象

为明确未注册但已使用且有一定影响的商标在法律上的地位，各国商标法和反不正当竞争法均设立了相应的规则以对此类商标提供一定的保护。这种保护与对在先权利的保护类似，一般都设定了 5 年的除斥期间以阻却他人的注册；在先驰名商标被恶意抢注的，则撤销他人注册的请求权不受 5 年限制。

对未注册驰名商标给予特殊的保护，来源于《保护工业产权巴黎公约》第 6 条之 2 的规定。基于此，各成员国的商标法大都对驰名商标的保护作出了相应规定，已经注册的驰名商标还可受到反淡化保护。[1] 但是，对于什么情形下构成"驰名"，国外驰名商标在我国是否属于驰名商标等，目前仍是理论和实践中的疑难问题。因此，那些不能证明是驰名商标而被抢注的有一定影响的商标，过了 5 年除斥期无法主张注册无效，这使得在先权利人怨声载道。为此，我国 2019 年《商标法》在第 4 条增加了"不以使用为目的的恶意商标注册申请，应当予以驳回"的规定，并明确将该条纳入第 44 条可请求宣告无效的法定理由。该条规定的无效制度启动并无时间限制，这无疑有利于有一定影响的在先使用人保护自己的合法利益。当然，"不以使用为目的的恶意商标注册申请"宣告注册商标无效需要有足够的证据，而且这是一种事后弥补机制，难以预防和规制申请时的恶意行为。

基于上述问题，有必要建立一种事前预防机制，有效保护商标的使用价值和实体性权利。

二、建立商标注册预登记制度的建议

商标注册预登记指的是，对于提交商标注册申请时尚未投入实际使

---

❶ 例如，《美国法典》第 22 章第 1064 条、第 1065 条、第 1125 条，《法国知识产权法典》L. 714-4 条，《德国商标法》第 10 条和第 51 条，《日本商标法》第 4 条第 1 款第 10 项。

用的商标，申请人应同时提交意图使用的声明，内容包括将在商业中善意使用、相信自己有权使用该商标、据自己所知没有其他主体有权使用相同或近似的商标足以造成混淆和损害、相信自己的陈述属实等；经初步审查不违反商标法规定的予以预登记，申请人在 3 年内提交真实使用证据和声明的可核准注册。

建立商标注册预登记制度，前提是法律要明确要求无论是已使用商标的注册申请还是意图使用商标的预登记注册申请，均需提交相关证据材料和声明。

商标注册预登记制度在我国属于从无到有的制度创新，涉及到商标法律制度的重大修改，其可行性和必要性还需进一步论证。

（一）建立商标注册预登记制度的必要性

1. 诚信原则和恶意规制条款缺乏具体适用标准

如前所述，商标注册制度在我国异化产生的乱象对营商环境造成了损害，对此无论是理论界还是实务界都有共识，这也是 2013 年、2019 年两次修法的主要目的之一。但是，无论是诚信条款还是规制恶意注册条款，仍是建立在现有的商标注册制度框架基础上的，且诚信、恶意均属于有赖于个案判断中结合具体行为加以阐释才可得出结论的原则性条款，一般在法律适用中是发挥补漏或增强说理的作用而非主要的法律依据，否则很可能因缺少具体的裁判标准而无法成为明确的行为引导规范；执法者如果主动、频繁地采用这些原则性条款会导致相关各方对其自由裁量权的担忧和质疑，而且缺乏具体规制的不确定性和不易操作性使原则性条款难以发挥有效遏制非正常申请的作用。

2. 商标注册预登记制度可根治不以使用为目的的囤积和抢注

在国家治理能力和治理体系现代化推进过程中，我国法治水平也在不断完善，推进立法的精细化发展应当成为全面依法治国领域的新常态。新时代的商标法律制度所保障的，应当是真正的商标权人的正当权益、而不是利用制度漏洞取巧钻营的投机者的利益。另一方面，即使是商标审查员不断扩招、员额制限制下的法官超负荷工作，也难以应对越来越多的商标注册量和相关诉讼案件量。商标注册预登记制度对尚未实际使用的商标仅作预登记而非核准注册，可进一步明确未经使用的标识并不能通过先注册获得财产权意义上的商标专用权。同时，这一制度也预留了在先申请预登记的标识在使用之后获得商标专用权的空间。这样，商标注册预登记制度保持了与现有的商标注册先申请制度的衔接，即为那些将要投入商业性使用的标识提供事先布局性的、类似于"挂号"性质的标识信息占用优先利益；而且，这一"挂号"期长达 3 年，比美国的半年（可申请延长最多不超过 2 年）缓冲期要长，能与我国《商标法》的事后"撤三"制度无缝对接。在事后纠错机制不足以遏制我国商标注册领域的乱象，诚信、善意等基本民事法律原则的援用难以立竿见影时，应当采取立法措施更明确有效地进行根治。借鉴外国经验、结合国情建立商标注册预登记制度这一事先过滤机制成为必要。

（二）建立商标注册预登记制度的可行性

1. 商标注册预登记制度及其可能产生的新问题和应对

相对于目前简单的初审，将商标注册申请分为已使用的商标注册申请和意图使用的商标注册预登记申请，商标审查的难度显然会加大，导致审查数据库建设以及审查员培训等成本增加，或误伤进行防御性注册的市场主体等。但是，要真正长远提升我国商标质量，现阶段付出一定的对价也是必然的，否则积重难返更难治理。

对于审查难度加大和数据库建设问题，采用大数据和人工智能等信息化技术手段提升商标审查能力很有必要。与现阶段我国商标审查机构和人员不断扩张的应对方式相比，加强智能审查相关技术投入更符合国际商标审查业务的发展方向。另外由于商标注册预登记制度实行后申请人的诚信使用义务加重，不会轻易地进行全类和批量申请，申请数量可能逐渐降低，可以缓解审查难度加大带来的人案矛盾。

2. 美国商标意图使用注册申请的经验借鉴

在我国建立商标注册预登记制度虽然是制度创新，但也并非完全独创。《美国商标法》从 1946 年开始就要求申请人必须是申请商标标识的持有人，美国现行商标审查标准第一条就要求必须申请自己实际使用或意图使用的商标，并配合使用"宣誓"方式和提交相关使用证据加以保证；申请人必须对其商标申请注册程序中的不诚信行为负责，虚假声明不仅使商标无法注册或无效，也将记入申请人、代理人的诚信记录，使其受相应法律制裁和道义指责。对意图使用的注册申请，《美国商标法》第 1 条 b 款规定须在 6 个月内（可申请延长最多共 2 年）及时提交使用证据或宣誓，才能转为实际使用申请并最终被核准注册，在此期间没提交使用证据的，该申请被视为放弃。

值得关注的是，美国专利商标局（USPTO）于 2018 年 3 月试行"商标使用证据举报项目"，任何人如果担心出现商标使用证据造假，可向 USPTO 提交举报信、直接向该试点项目发送电子邮件提交相关客观证据。❶ 这种举报的效果与异议或撤销相似，但省略了很多程序上的烦琐要求。除了上述项目外，USPTO 要求，从 2019 年 8 月 3 日起，外国商标申请人、注册人、异议和无效撤销等复审程序中的当事人，必须委托美国当地律师，以避免提交不准确或虚假信息。❷ 此外，USTPO 于 2019 年 10 月起，收紧提交电子版商标样本使用证明的要求，以打击电子欺诈、数字篡改样本的现象。❸ 作为长期坚持和强调商标使用制度的国家，美国近些年来采取的以上针对虚假陈述或恶意注册的应对方式可供我们参考。

3. 商标注册预登记制度与"撤三"制度的有机衔接

本文所指商标注册预登记制度与美国商标意图使用注册制度不完全相同，最主要的区别是拟建立的商标注册预登记制度设立长达 3 年的缓冲期，这使得商标注册预登记申请人有足够长的时间对将商标投入实际使用作出反应和安排，其实质类似于将"撤三"制度前移到获得注册之前。若进行商标注册预登记的申请人在 3 年的使用预备和提交证据材料缓冲期都不能将预登记的标识投入使用，从实体上来说就失去了形成商标财产权的可能（事实上即使是已经注册使用的商标若连续 3 年不使用都会失去实体权利而不能再获得保护），也就没有必要再保留其预登记获得的程序性利益了。基于此，对商标注册预登记制度可能误伤部分市场主体防御性注册积极性的担心也不必要。因为一旦抢注没有了市场，诚信经营的市场主体也就没必要盲目"占坑"或进行全类注册进行防御了。

4. 商标注册预登记制度与现有制度的衔接和协调问题

凡事破而后立，对原有制度进行调整，势必需要考虑新旧制度之间的衔接适用。对此，可规定商标注册预登记制度生效后的商标注册原则上均适用该制度，对于之前我国现有注册商标，原则上不予适用。但如

---

❶ USPTO. TM specimen protests email pilot program [EB/OL]. [2019-12-15]. https://www.uspto.gov/sites/default/files/documents/Specimen%20Protests%20Email%20Pilot%20Program.pdf.

❷ Requirement of U.S. Licensed attorney for foreign trademark applicants and registrants [EB/OL]. [2019-12-15]. https://www.govinfo.gov/content/pkg/FR-2019-07-02/pdf/2019-14087.pdf.

❸ Changes to the trademark rules of practice to mandate electronic filing [EB/OL]. [2019-12-15]. https://www.govinfo.gov/content/pkg/FR-2019-07-31/pdf/2019-16259.pdf.

果现有商标发生纠纷，则要适用商标注册预登记制度及相关配套规定，以切实加强商标注册预登记制度的实用性，合理配置行政、司法资源。对于商标注册预登记制度实施以前形成的囤积性非正常注册商标，援引当时的立法能够清理的即予以清理；不能处理的可不溯及既往，也不必逐一审查，以免耗费国家资源，可先腾出手来处理和解决商标注册预登记制度实施后的重要问题。

对于商标注册预登记制度与国际、国外注册制度的协调问题，需要结合商标领域的国际公约相关规定和我国《商标法》实施中对驰名商标、商标使用概念、"有一定影响"的理解等问题来考虑。对此可借鉴一直实施商标意图使用注册制度的美国之相关经验。原则上说，按照《保护工业产权巴黎公约》，在其他国家已经注册使用的有一定知名度的商标，即使经营者尚未在我国开业制造销售，但我国相关公众知晓其来源的，其在国外的使用证据可视为实际使用证据在我国直接申请注册；其他人就相同或近似商标在国内进行预登记的，不论是否属于抢注，因尚未投入使用都应当自然清除。

三、商标注册预登记制度相关法律条款修改和配套规定的完善

（一）建立针对意图使用注册申请的商标注册预登记制度（《商标法》第 22 条）

1. 修改《商标法》第 22 条或增加一条

第 22 条是关于商标注册申请人提出申请方式的规定。可修改该条，或在其之前增加一条，规定："申请人应当提交实际使用证据和诚信声明；尚未实际使用的可提交意图使用的诚信声明，在三年内提交实际使用证据和诚信声明后可核准注册。"

2. 修改《商标法实施条例》第 8 条

具体可表述为："依据《商标法》第 22 条提出注册申请的，应提交'商标注册申请'或'商标注册预登记申请'，具体办法由主管商标注册和管理工作的部门另行制定。以数据电文方式提交商标注册申请等有关文件，应当按照主管商标注册和管理工作的部门的规定通过互联网提交。"

这样，将我国的商标申请划分为两类，即已经实际使用的提交"商标注册申请"、意图使用的进行"商标注册预登记申请"，并另外以专门的部门规章对两类申请的具体事项（如使用证据和声明的内容、预登记流程等）作出详细规定，并建立起与《商标法》第49条"撤三"制度的衔接关系。

建立意图使用之商标注册预登记制度，是为了有效减少不以使用为目的的商标申请注册行为，同时便于清理大量囤积的"僵尸"商标。商标注册预登记制度还可以对所有尚未投入实际使用的商标注册申请发出明确的信号，即与已经实际使用并获得核准的注册商标权人拥有的专用权不同，获得商标注册预登记的申请人仅仅是基于先申请原则获得一定的程序上的利益、阻却在后申请人，只有在3年之内提交实际使用的证据和声明，才可获得注册并维持商标专用权。简言之，不使用无权利，抢注、囤积没有意义。实操中，对那些难以证明或判定注册行为有明显恶意且不违反《商标法》其他相关规定的，原则上应当核准注册。

（二）明确提交虚假证据和声明的后果（《商标法》第27条、第33条、第44条）

为了强调以使用为目的的注册，在申请阶段采用更严格的措施要求提出与使用相关的证据材料和声明，可以有效制止盲目的申请注册和囤积，并配合《商标法》对恶意申请注册行为的打击产生立竿见影的效果，比如提交虚假声明即可作为恶意的充分证明。

如前所述，修改第22条或新增一条建立的分两类注册申请和商标注册预登记制度，均需要在申请时提交相关证据材料和诚信声明，这一创新机制发挥作用需要有效的执行措施。《商标法》第27条规定"为申请商标注册所申报的事项和所提供的材料应当真实、准确、完整"，对此，应在第33条、第44条增加"违反第27条可作为提出商标注册异议和注册商标无效的理由"。

（三）衔接"撤三"程序清除"僵尸"商标（《商标法》第49条）

商标注册预登记制度虽是事先过滤机制，也不可能百分之百杜绝"注而不用"现象。为配合商标注册预登记制度，《商标法》第49条可增加第3款，即"意图使用的注册申请在预登记后三年内未主动提供实际使用证据的，该申请视为自动放弃、从未申请过"。这样，进一步明确

"撤三"仅针对已获注册的商标，进行预登记的申请因 3 年未提供使用证据和相关材料未转为商标注册申请的，不属于"撤三"而属于放弃申请。

涉及"撤三"的《商标法》第 49 条还可以协同拟建立的商标注册预登记制度采取技术辅助措施，阻却不以使用为目的的注册申请，并对已经注册但连续 3 年不用的商标进行清理。具体方式是在商标注册的配套办法中规定："1. 申请时提交了实际使用相关材料且不违反《商标法》其他规定的，按程序初步审查、公告、核准后归档到"注册商标"数据库；2. 申请时提交的是预登记相关材料的，进行初步审查和公告后归档到"商标注册预登记申请"数据库；3. 运用专门的计算机程序自动检测"预登记商标"自申请之日起 3 年内是否提交实际使用证据并依程序获得核准注册，若未提交则由系统自动清除预登记信息（配合上述建议增加的《商标法》第 49 条第 3 款）；4. 对已核准注册的商标，接到已连续 3 年不使用的撤销请求后，仍然依照《商标法》第 49 条及配套规定的具体程序撤销。"上述措施应同时建立公示机制。

（四）明确续展、转让阶段关于使用义务的要求（《商标法》第 40 条、第 42 条）

在商标续展阶段增加使用义务要求可起到查缺补漏的作用。为此，《商标法》第 40 条可修改为："商标注册人应当在期满前 12 个月内按照规定提交相关材料以办理续展手续。"同时，《商标法实施条例》第 33 条可修改为："注册商标需要续展注册的，应当向商标局提交商标续展注册申请书、期满前 3 年持续实际使用的证据，以及期满续展后将继续实际使用该注册商标的声明书。商标局核准商标注册续展申请的，发给相应证明并予以公告。"

为了强调商标实际使用对维持注册的重要性，在转让环节纠正之前的注册漏洞，可修改《商标法》第 42 条为："转让注册商标的，转让人和受让人应当签订转让协议，并共同向商标局提出申请。转让人应当提交转让协议签订日前 3 年内该注册商标的使用证据，受让人应当保证使用该注册商标的商品质量，并承接转让人依据本法要求应当履行的诚信使用义务。"

（五）建立侵权诉讼结果与"撤三"程序的联系（《商标法》第 64 条）

《商标法》第 64 条第 1 款规定："注册商标专用权人请求赔偿，被控侵权人以注册商标专用权人未使用注册商标提出抗辩的，人民法院可以要求注册商标专用权人提供此前 3 年内实际使用该注册商标的证据。注册商标专用权人不能证明此前 3 年内实际使用过该注册商标，也不能证明因侵权行为受到其他损失的，被控侵权人不承担赔偿责任。"可见，"注而不用"的商标在侵权诉讼中是难以获得赔偿的，这也与此类商标并无实际市场价值之事实相符。但是，此条款仅规定了法院可接受以未使用为由的侵权抗辩，并未对此类商标采取进一步的清理措施。换言之，若要撤销该商标的注册还需要依据《商标法》第 49 条另行提出请求。为简化程序，可修改《商标法》第 64 条，使法院能够在认定注册商标所有人不能证明此前 3 年实际使用过相关注册商标的情形下，除了不支持注册人的损害赔偿请求外，还可以在判决中建议商标行政部门直接撤销该商标。

具体来说，《商标法》第 64 条第 1 款可修改为："注册商标专用权人请求赔偿，被控侵权人以注册商标专用权人未使用注册商标提出抗辩的，人民法院可以要求注册商标专用权人提供此前 3 年内实际使用该注册商标的证据。注册商标专用权人不能证明此前 3 年内实际使用过该注册商标，也不能证明因侵权行为受到其他损失的，被控侵权人不承担赔偿责任。人民法院可将注册商标连续 3 年未实际使用的判决结果通知商标局，由其据此撤销该注册商标。"

（六）提高商标注册官费以适应商标注册预登记制度（《商标法》第 72 条）

鉴于商标审查属于一种特殊的知识产权领域的专业技术服务，而不仅仅是最终由国家知识产权局颁发证书这一简单的、类似证照核准印制颁发的行政行为性质的收费，商标审查的总体官费可参考大多数国家的做法作较大幅度的提高。商标注册费用的提高，可增加进行囤积式注册的成本，在一定程度上缓解目前我国商标恶意注册成本低而权利人维权成本高的困境，同时有助于提高我国注册商标的质量，进而优化市场营商环境，提高我国在知识产权保护方面的国际形象。

行政收费项目的定价不仅反映了国家的政策，也决定着能否实现公平与效率的价值目标。收费标准在某种程度上反映了国家对私人成本的社会调整和对社会成本的私人分摊。若行政主体对特定受益者提供特定服务所收取的补偿性收费全部或大部分由纳税人支付的公共行政经费来

123

分摊，则可能并不符合社会公平与效率的原则。在以使用为基础、同时实施商标注册制度的美国，商标在申请注册和维持的各个环节均涉及详细的收费细则，注册的总费用处于较高的水平。对于我国来说，通过提高商标注册费用并加强商标审查，可以有效治理商标囤积与恶意注册乱象。同时审查可从应对数量转变为追求质量，实现在原有编制下同时审查注册商标申请和商标注册预登记申请，最终实现注册商标"减量而增质"的目的。

四、结　语

商标作为重要的知识产权，其权利来源于其本身在相关市场中的实际使用所形成的商誉，故而在商标注册制度下的各个阶段均应加强对商标使用义务的考察。在商标注册阶段，我国可以引进美国式强调和要求提供使用相关证据的方式，进一步细化商标注册流程，将申请划分为已经实际使用所提交的"商标注册申请"与意图使用的"商标注册预登记申请"，并通过详细立法和配套措施予以规范，重点防治商标抢注和囤积现象；在商标续展和转让中，可明确关于商标使用证据、声明的要求和受让人承接注册人使用义务的规定；在商标撤销和无效程序适用中，可以新增法律条文和配套法规、办法来对意图使用的注册进行规定，使商标囤积的行为失去获利空间；在商标侵权阶段，可以统一商标使用概念的理解，建立侵权诉讼结果与"撤三"程序之间的联系。审查部门和法院在前述环节中，可通过实施条例、示范案例等方式进行指导。鉴于商标审查是一种技术性服务而非单纯的行政审批，对于商标注册预登记制度带来的审查难度增加，可通过提高官费加以调节。

商标授权确权程序简化研究

——以授权确权程序设置模式为切入点

杜　颖❶　郭　珺❷

摘　要

商标授权确权程序简化一直是《商标法》历次修改关注的内容，但 2019 年《商标法》第四次修改时并未对商标授权确权程序作实质性的调整。目前商标授权确权程序冗长、效率低的问题仍然存在，对其进行研究和破解是下一步《商标法》修改的重点。本文主要聚焦商标授权确权程序简化中的程序设置问题，通过对商标授权确权程序设置的几种模式进行梳理分析，并厘清商标授权确权程序各个环节的功能定位，最终为我国商标授权确权程序简化提出具有可行性的建议。

关键词

商标授权确权程序　异议程序　商标授权确权审级

❶❷　作者单位：中央财经大学。

一、问题的提出

商标授权确权程序冗长、效率低的问题并不是一个新问题。商标授权确权程序的简化在历次《商标法》修改时都受到关注。例如 2013 年《商标法》修改时，就对商标授权确权程序进行了限定提出异议的主体和理由、简化异议程序、明确规定审查时限、取消异议和无效一事不再理等调整。但是，《商标法》经过历次修改，商标授权确权程序冗长、效率低的问题并没有得到彻底的解决。当前商标授权确权程序维持了 2013 年《商标法》修改时所确立的"全面审查＋异议前置＋异议成立商标申请人申请不予注册复审/异议不成立异议人提出无效宣告请求"的模式。目前，这种模式的问题主要集中在异议程序、商标授权确权审级设置等方面。在此背景下，需要进一步研究论证商标授权确权程序的简化。2018 年国务院机构改革后，需要对相关机构处室的职能进行衔接和分配，这需要与商标授权确权程序简化进行协同。同时，机构改革也为商标授权确权程序的简化提供了契机。

具体说来，商标异议程序存在的问题主要体现在：商标异议程序定位不清晰；"全面审查＋异议前置"使商标审查缺乏效率；任何人可以依据绝对理由提出异议无法发挥制度效果；除商标权外的其他在先权利不宜作为异议的理由；异议程序配套制度缺失等。[1] 这需要通过调整异议程序设置模式、异议理由设置模式、异议程序法定期限及异议案件简易程序设置模式来解决。

商标授权确权审级设置问题主要体现在：对行政二审的改造不彻底，异议成立后的不予注册复审仍是行政二审；[2] 取消异议和无效一事不再理后商标授权确权程序更加复杂，理论上最多可能面临八审的情况；[3] 商标

---

[1] 杜颖，郭珺. 《商标法》修改的焦点问题：商标异议程序的重构 [J]. 中国专利与商标，2019，(3)：44-59.

[2] 杜颖，郭珺. 《商标法》修改的焦点问题：商标异议程序的重构 [J]. 中国专利与商标，2019，(3)：44-59.

[3] 从事商标异议审查的部门不准予被异议商标注册—被异议人不服申请复审—从事商标评审的部门不准予注册—被异议人提起诉讼—一审维持从事商标评审的部门裁定（不准予注册）—被异议人不服提起上诉—二审判决撤销一审判决（不准予注册）—被异议人申请再审—再审判决撤销二审判决（准予注册）—异议人向从事商标评审的部门申请无效宣告—从事商标评审的部门作出裁定—双方当事人不服均可提起诉讼可进入司法两审程序。此种情形为八审：异议五审（行政两审、司法两审、司法再审）、无效宣告三审。

审查机关作为异议审查机关存在自我监督的问题，欠缺合理性；无效宣告案件大幅度增加，异议程序被架空❶等。这需要思考通过调整商标授权确权审级来解决，包括是否将行政二审改为行政一审、如何将行政二审改为行政一审、商标异议应由谁来审查等。

另外，机构改革后，相关行政机关职能衔接的问题也亟待解决。一方面，原国家知识产权局的职责、原国家工商行政管理总局的商标管理职责、原国家质量监督检验检疫总局的原产地地理标志管理职责整合至重新组建的国家知识产权局。❷ 因此，商标授权确权程序简化必须要考察商标授权确权程序与专利授权确权程序的协调问题。另一方面，原国家工商行政管理总局商标局、商标评审委员会、商标审查协作中心整合为国家知识产权局商标局，不再保留商标评审委员会、商标审查协作中心。❸ 因此，商标授权确权程序简化也需考量改革后相关机构处室的职能衔接和分配。

在所有改革措施中，异议程序设置模式与商标授权确权审级设置模式共同构成的商标授权确权程序设置模式应当是改革的重点。毕竟异议程序理由设置等问题只能从局部影响商标授权确权程序，而商标授权确权程序设置模式的改革是对程序整体作出的调整、增减和合理安排，是缓解商标授权确权程序冗长、效率低的关键所在。也正是基于此，本文主要对商标授权确权程序设置模式的改革进行探讨。

二、商标授权确权程序设置模式的内容

如上所述，商标授权确权程序设置模式包括异议程序设置模式和商标授权确权审级设置模式两部分。综合目前主要国家的经验，前者主要有"全面审查＋异议前置""全面审查＋异议后置""绝对理由审查＋异议前置""绝对理由审查＋异议后置"四种模式；后者主要有"异议后直

❶ 杜颖，郭珺.《商标法》修改的焦点问题：商标异议程序的重构 [J]. 中国专利与商标，2019（3）：44-59.

❷ 国务院机构改革方案 [EB/OL].（2018-03-17）[2019-12-26]. http：//www.gov.cn/xinwen/2018-03/17/content_5275116.htm.

❸ 关于变更业务用章及相关表格/书式的公告 [EB/OL].（2019-02-18）[2019-12-26]. http：//www.sipo.gov.cn/zfgg/1135993.htm.

接上诉""异议后无效/上诉""异议后复审再上诉""异议后无效/复审"四种模式。

（一）异议程序设置模式及其优缺点

1. "全面审查＋异议前置"模式及其优缺点

在"全面审查＋异议前置"模式下，审查机关对商标不予注册的绝对理由与相对理由进行全面审查，经审查没有发现驳回注册的情形的，由审查机关予以初步审定并公告。在公告后的一段期间内，异议人可以向有权机关提出异议。目前采取该模式的主要是中国与韩国。

这种模式的优点在于对商标不予注册的绝对理由和相对理由审查了两次。在审查机关审查得当的情况下，这样可以提升商标注册的质量，保护在先权利人的权利，保护消费者不受混淆，且注册后的商标稳定性也比较强。但是这种模式也有三个方面的缺点。第一，全面审查有如下缺点：审查机关依职权审查相对理由可能会做大量的无用功，而且还可能用死亡商标驳回在后商标的注册，损害了在后申请人的商业机会；❶ 忽略了商标的私权属性，属于纯粹行政机关审查主义下的模式选择。第二，这种模式对商标不予注册的理由进行了多次审查，十分缺乏效率，一定程度上延长了商标注册的周期；在商标异议率及异议成立率很低的情况下，许多原本不会被异议的商标需要等待 3 个月的时间才能被注册，很可能造成申请人在瞬息万变的市场中失去商业机会。第三，因为异议前置，理论上存在恶意异议人利用异议程序来延缓商标申请人获得商标以获取不当利益的可能。

2. "全面审查＋异议后置"模式及其优缺点

"全面审查＋异议后置"模式是指审查机关对商标不予注册的绝对理由与相对理由进行全面审查后就可以核准商标的注册并公告。符合条件的异议人可以在商标注册后提出异议。目前采取该模式的主要是日本与我国台湾地区。

这种模式下，在核准注册前，审查机关进行了一次对商标不予注册的绝对理由和相对理由的全面审查，因此相对于单纯的绝对理由审查，其对维持商标质量有一定的意义；异议后置也一定程度上提高了商标注

---

❶ 张玉敏. 商标注册与确权程序改革研究：追求效率与公平的统一 ［M］. 北京：知识产权出版社，2016：73-131.

册效率，缓解了注册周期长的问题。但是，这种模式仍然继承了前述全面审查的缺点。另外，相对于异议前置模式来说，异议后置会使商标稳定性下降，影响商标品牌价值的积累。而且在这种模式下，商标注册前，在先权利人失去了救济的机会。同时，异议后置还存在如何与无效程序衔接的问题。

3. "绝对理由审查＋异议前置"模式及其优缺点

"绝对理由审查＋异议前置"模式是指审查机关仅依职权对商标不予注册的绝对理由进行审查并予以初步审定及公告，在公告后的一段期间内，他人对商标有异议的可以提出异议。这种模式的优点在于：第一，尊重了商标的私权属性，在实质审查阶段只审查与社会公共利益有涉的绝对理由；第二，效率较高，绝对理由和相对理由在商标注册前只审查了一次，节约了资源；第三，异议前置赋予在先权利人救济的机会，有利于对真正权利人的保护，也在一定程度上保证了注册商标的质量和商标的稳定性。"绝对理由审查＋异议前置"的缺点在于可能会存在有的商标权利人怠于行使权利的情况，从而使注册商标的稳定性有所降低，也会面临共存商标的新问题。同时这种模式依赖于取消相对理由审查的改革，并不适合于所有的国家。

4. "绝对理由审查＋异议后置"模式及其优缺点

这种模式下，审查机关依职权对商标不予注册的绝对理由进行审查，经审查没有发现驳回注册的理由时，即作出核准注册的决定，符合条件的异议人可以在商标注册后提出异议。与前一种模式相同，"绝对理由审查＋异议后置"模式也尊重了商标的私权属性。同时此模式是四种模式中最有效率、最快捷的模式，商标得以最快的速度得到注册。但是这种模式的缺点也十分明显。这种模式将异议后置，且在初步审查时只审查绝对理由，可能会造成商标注册的质量低下，有损商标的稳定性，同时也剥夺了在先权利人在商标注册前获得救济的机会。同样，此模式也依赖于取消相对理由审查的改革，并不适合所有的国家。

（二）商标授权确权审级设置模式

1. 行政一审模式

行政一审模式包括异议后直接上诉模式、异议后无效/上诉模式两种。

（1）异议后直接上诉模式

异议后直接上诉模式是指异议人和商标申请人不服有权机关作出的

商标异议决定（裁定）的，可以直接上诉至法院。目前采取此种模式的主要是德国、法国与美国。

异议后直接上诉的规定体现在德国商标与其他标志保护法第 66 条。该条规定：对商标处与商标部作出的决定可以向专利法院提起抗告。法国知识产权法典第 L. 411-4 条规定："国家工业产权局局长在颁发、驳回或维持工业产权证书时，作出本法典规定的决定。局长在行使这一职权时不受上级机关的制约。依法规指定的上诉法院直接受理对其决定的上诉。"❶ 在美国，对异议裁定不满意的一方可向美国联邦巡回上诉法院提出上诉，也可以提起民事诉讼。

从异议审查机关的角度看，虽然都采取异议后直接上诉模式，但是德国、法国和美国对异议审查机关的规定并不一致。在德国和法国，审查异议的都为审查部门，这与两国在商标实质审查阶段采取绝对理由审查，而在异议阶段只审查相对理由有较大的关系。特别是在德国，商标异议由负责该商标绝对理由审查的审查员独任审查。美国负责异议审查的机关为商标审判与上诉委员会，其类似于我国商标评审机构，主要负责商标案件异议、商标案件复审及无效宣告，其与负责商标审查的审查机关同为美国专利商标局内设的平行机构。

（2）异议后无效/上诉模式

异议后无效/上诉模式是指异议后，如果有权机关驳回异议，商标便可以获得注册，异议人不服的只能申请宣告商标无效；如果有权机关裁决异议成立，商标申请人不服的应当直接上诉。日本采此种模式。

按照日本商标法第 43 条之 15 的规定，对于维持注册的决定，不得上诉，但可以另行提起无效审判；对于撤销决定，可以向知识产权高等法院（隶属东京高等法院）提起裁定撤销诉讼。❷ 另外，在日本，商标异议由日本特许厅审判与上诉部门（Trial and Appeal Department）负责，由日本特许厅长官委任 3～5 名行政法官（Administrative Judge）对异议进行裁决。日本特许厅审判与上诉部门是日本特许厅的商标与专利评审部门，主要负责商标、专利等的异议、无效、撤销等事宜。同时，日本特

---

❶ 法国知识产权法典：法律部分 [M]. 2 版. 黄晖，朱志刚，译. 北京：商务印书馆，2017：116.

❷ 森智香子，广濑文彦，森康晃. 日本商标法实务 [M]. 北京：知识产权出版社，2012：73-76.

许厅的审理程序被认定为准司法程序；对于其审决不服的，不需要经过地方法院，直接由知识产权高等法院专属管辖。❶

2. 部分行政二审模式

部分行政二审模式是指异议后，如果有权机关驳回异议，商标便可以获得注册，异议人不服的只能申请宣告商标无效；如果有权机关裁决异议成立，商标申请人不服的可以申请复审。目前我国和韩国采取这种模式。

根据我国《商标法》规定，异议审查机关对异议进行审查后，作出是否准予注册的决定。异议审查机关作出准予注册决定的，异议人可以向商标评审机关请求宣告该注册商标无效；异议审查机关作出不予注册决定的，申请人可以提出不予注册复审。我国负责异议审查的机关是国家知识产权局商标局内设异议审查部门。

在韩国，经韩国知识产权局审查，认为异议成立并驳回商标注册申请后，申请人可以依照韩国商标法第116条的规定向韩国知识产权审判与上诉委员会申请评审。对异议人来说，如果韩国知识产权局认为异议不成立并核准商标注册申请后，异议人可以依照韩国商标法第117条的规定，向韩国知识产权审判与上诉委员会申请确认商标无效。从异议审查机关看，韩国负责商标异议的机关为商标审查机关。商标异议审查员由韩国知识产权局局长指派并从中指定负责人。异议审查应当组成合议庭。

韩国与我国不同的是，但韩国异议审查实行合议庭制；我国异议实质审查实行独任制，一般案件由审查员独任裁决，重大或者疑难案件提交会议讨论。另外，更重要的是，韩国知识产权审判与上诉委员会具有准司法性质，在韩国商标注册框架下被看作一审法院程序。对韩国知识产权审判与上诉委员会审判不服的，可以在收到审判决定之日起30日内向韩国专利法院提起上诉；对韩国专利法院的判决不服的，可以向韩国大法院上诉。虽然表面上韩国也需要经历两级司法审判，但与我国两审终审不同，韩国实行三审终审，且韩国大法院只管辖法律相关事宜。因此实际上相对于其他案件，韩国在商标授权确权案件中少了一个司法审级。韩国专利法院对韩国知识产权审判与上诉委员会的裁定的审判结果

---

❶ 易玲. 日本专利无效判定制度之改革及启示［J］. 法商研究，2017（2）：173-181.

分为驳回申诉和宣告决定失效两种。如果韩国专利法院作出撤销韩国知识产权审判与上诉委员会的裁定的判决，韩国知识产权审判与上诉委员会应当重新审理该案。但是因为法院的审判结果对知识产权审判与上诉委员会具有约束力，因此，韩国知识产权审判与上诉委员会的决定不能有悖于韩国专利法院作出最终裁决的理由。❶另外，在商标无效的诉讼案件中，由请求人或者被请求人作为被告，而不是由韩国知识产权局作为被告。相比我国，这样的制度设计可以减少循环诉讼的问题。综上可以看出，虽然在行政审级上韩国与我国类似，但是在司法审级上韩国比我国要更为简化。

3. 行政二审模式

行政二审模式指异议后，如对有权机关作出的异议决定不服，可以向复审机关申请复审；对复审机关的复审裁定不服的，可以上诉。欧盟和我国台湾地区都采此种模式。

欧盟知识产权局专设异议部门负责审查异议案件，具体由三名成员审查。异议审查后，根据《欧盟商标条例》第 66～68 条的规定，受到异议部门作出的裁决的不利影响的当事人，可以向欧盟知识产权局上诉委员会提起上诉。对于上诉委员会的上诉裁定不服的，可以向欧盟普通法院起诉。同时，当事人不得向欧盟普通法院提出新的事实，因为法院仅就上诉委员会裁定的合法性进行审查，所依据的就是上诉委员会认定的事实。法院可以发回重审，也可以改判。

在我国台湾地区，负责商标初步审查和异议的机构为"经济部智慧财产局"。"经济部智慧财产局"没有专设商标异议部门，商标异议的审查由未参加商标申请审查的 1 位审查员独任审查。可见，我国台湾地区负责异议审查的机关也为商标审查机关。对"经济部智慧财产局"所作出的异议决定不服的，申请人可以向"经济部"提起"诉愿"。对"诉愿"不服的，可向"智慧财产法院"申请一审。对一审判决不服的可以向"最高行政法院"提起上诉。❷

---

❶ 王晶晶. 韩国专利法院介绍 [J]. 中国发明与专利，2015 (1)：15-20.

❷ 张淑亚. 台湾地区知识产权制度之评鉴 [M]. 北京：法律出版社，2016：301.

三、商标授权确权程序各环节定位

目前，主要国家采取的商标授权确权程序设置各有特点。决定我国应当采取何种授权确权模式还需要深入分析商标授权确权各环节的定位。只有这样才能对其进行合理安排，发挥制度最大功效。

（一）商标审查注册行为定位

目前，有关商标审查注册行为性质的观点有行政确认说❶、行政许可说❷、备案说❸等。行政确认说认为商标注册是对商标权的确认；行政许可说认为商标注册导致商标注册人获得了新的权利，是一种赋权的行政许可；备案说认为商标可以在注册前使用，商标的注册不是授权而是备案。就备案说而言，其实际是在行政确认的概念下使用备案，即备案是行政机关对某种法律关系、法律事实的确认，本质上仍是行政确认。因此，商标审查注册行为性质的争议点在于其究竟是行政确认还是行政许可。

行政许可与行政确认最重要的区别在于：两者虽然都可能对某些权利进行限制，但是行政许可是一般的、广泛的禁止加部分豁免；而行政确认是依照法律对法律地位、法律事实、法律关系等作出确认。后者继承了法律对这种法律地位、法律事实、法律关系的限制，只是确认法律的限制。由此，确定商标审查注册行为是行政许可还是行政确认，最重要的是确定商标审查注册对商标权的限制是一般的禁止还是只是对法律上限制的肯认。

商标权是私权，❹ 其是无形财产权。洛克的劳动所有权理论为商标权的正当性提供了解释。❺ 而通过劳动取得的商标权因此具有了自然权利的性质，其是神圣不可侵犯的，法律不能对这种自然的权利进行一般限制。

---

❶ 杜颖，王国立. 知识产权行政授权及确权行为的性质解析［J］. 法学，2011（8）：92-100.

❷ 唐艳，王列琦. 对知识产权行政授权行为性质的再探讨［J］. 知识产权，2015（1）：56-61.

❸ 李顺德，郭修申. 商业标识权利冲突及其解决对策理论研讨会综述［M］//郑成思. 知识产权文丛：第10卷. 北京：中国方正出版社，2004：80-81.

❹ TRIPS协定序言中明确提出知识产权是私权。

❺ 洛克. 政府论：下篇［M］. 叶启芳，瞿菊农，译. 北京：商务印书馆，1996：19，22.

但商标权作为财产权具有自然权利属性并不意味着法律不能对商标权进行限定。相反，任何财产权的内容都应当由法律形成。❶ 而在知识产权领域，由于知识产权的特殊属性，更需要工具主义的制定法进行修正。❷ 为了防止"劳动"的不当扩大，法律应当对知识产权的权利客体、内容等进行界定，以保护公共利益。《商标法》第 11 条和第 12 条关于"显著性"和"功能性"的界定便是适例。同时，基于知识产权的无形性，为了确定知识产权的归属，保护交易安全，法律应当规定商标采用注册的方式取得。❸

同时，财产权的社会义务也使法律可以对商标权进行限制。1919 年德国《魏玛宪法》中"所有权负有义务，财产权的行使要以公共福祉为原则"的表述是关于财产权的社会义务的最早的表述。财产权的社会义务使法律对民事权利的限制正当化，这种限制在民事权利内容上表现为私权的内容应当与公共福祉相符合。❹ 我国《商标法》第 10 条的规定即是根据社会公共利益对商标权进行的限制。

虽然商标权应当被法律限定修正与限制，但是其基础都是承认商标权自然权利的私权属性。即使法律对商标权进行了一定的限定和限制，这些限定和限制都应当是谨慎的、有限的，应当以公共利益为基础。因此，除非有重大的公共利益诉求（例如烟草行业），不应当对商标权进行一般的禁止。商标审查注册行为绝不可能为行政许可，而更应表现为行政机关对法律的执行和对法律关系的确认。

（二）异议程序定位

商标异议程序可以发挥的功能包括社会公众监督、权利救济和内部纠错功能。异议程序发挥社会公众监督功能体现在任何人可以以商标不予注册的绝对理由提出异议，这是社会公众对商标行政机关进行的监督的一种方式。异议程序发挥权利救济功能体现在其对在先权利人及利害关系人的保护：当发现申请注册的商标可能侵害自己的在先权利时，在先权利人及利害关系人可以以商标不予注册的相对理由提出异议。同时，

---

❶ 张翔. 财产权的社会义务 [J]. 中国社会科学, 2012 (9)：100-208.

❷ 李扬. 知识产权法定主义及其适用：兼与梁慧星、易继明教授商榷 [J]. 法学研究, 2006 (2)：3-16.

❸ 余俊. 商标注册制度功能的体系化思考 [J]. 知识产权, 2011 (8)：49-54, 60.

❹ 陈华彬. 论民事权利的内容和行使的限制：兼议《民法总则（草案）》相关规定的完善 [J]. 法学杂志, 2016 (11)：35-44.

伴随着异议程序权利救济和社会公众监督功能的实现,有权机关对商标实质审查进行了内部监督,异议程序内部纠错功能得以实现。

异议程序的三种功能在异议程序运行中能够互相协调,实现了异议程序的多功能运行。但是,制度可以实现多功能并不表示制度不存在主导功能。如果制度设计上将多种功能并重,很可能导致具体制度在展开时候会有所冲突,导致制度预期的功能无法实现。❶

就商标异议程序而言,因为商标主管机关内部纠错功能附属于其他两项功能,因此其不可能是主导功能。而其他两项功能中,主导功能应当是权利救济功能,也就是说,商标异议程序应当最主要是权利救济程序,这是由商标权的私权属性决定的。如前所述,虽然囿于现代知识产权法的组织模式,现代知识产权法更加依赖功利主义评估和登记审查制度,但是,这并不代表前现代知识产权法对知识产权的权源有错误的误解,知识产权包括商标权仍然应当被作为一种私权考量。❷ 因此,权利救济程序当然成为商标异议制度最重要的功能。在设计商标法异议程序时,应当尊重商标异议程序的主导功能,按照其功能对其正确定位,进而进行制度设计。

(三)商标评审行为定位

根据《商标评审规则》的规定,商标评审机关的商标评审案件主要包括两类:一类是当事人不服商标审查机关作出的相关决定而提起的复审案件;一类是当事人直接请求商标评审机关作出裁定的宣告无效案件。❸ 目前,学者基本同意在这两类案件中商标评审机关的评审行为性质不同。

---

❶ 甘藏春,柳泽华. 行政复议主导功能辨析 [J]. 行政法学研究, 2017 (5):3-12.

❷ 杜颖,郭珺.《商标法》修改的焦点问题:商标异议程序的重构 [J]. 中国专利与商标,2019 (3):44-59.

❸ 根据《商标评审规则》的规定,商标评审机构负责处理下列商标评审案件:(1)不服商标审查机构驳回商标注册申请决定,依照《商标法》的规定申请复审的案件;(2)不服商标审查机构不予注册的决定,依照《商标法》的规定申请复审的案件;(3)对已经注册的商标,依照《商标法》的规定请求宣告无效的案件;(4)不服商标审查机构宣告注册商标无效决定,依照《商标法》的规定申请复审的案件;(5)不服商标审查机构撤销或不予撤销注册商标决定,依照《商标法》的规定申请复审的案件。

对于第一类复审案件，学理上目前有行政复议说❶、行政再审查说❷两种观点。本文认为，在目前的法律框架下，复审行为应当被看作是对商标审查机关行政行为的再审查，即行政确认，而不是行政复议。第一，商标审查机关和商标评审机关不存在上下级的监督关系，不同于行政复议中上级行政机关对下级行政机关的监督；第二，商标评审机关直接对商标权是否应当取得或者维持作出判断，与行政复议中主要采取撤销重做不同；第三，在机构改革前，商标评审机关作出维持或者驳回的决定，当事人不服诉至人民法院，不是以商标审查机关和商标评审机关为共同被告，而是以单独后者为被告（目前被告统一为国家知识产权局），与《行政诉讼法》规定的维持行政行为以行政机关和复议机关为共同被告，改变原行政行为以复议机关为被告的规定不符。因此，复审行为应当是对商标审查机关行政行为的再审查，性质为行政确认。

对于第二类宣告无效案件，目前学者一般都持商标评审机关在宣告无效案件中的评审行为性质为行政裁决的观点。行政裁决是指行政主体根据法律的授权，对平等主体之间特定的民事纠纷居间进行裁断的行为。它是行政主体从维护行政管理秩序出发，解决平等主体之间民事纠纷的具体行政行为。❸ 宣告无效案件符合行政裁决的特点，处于平等地位的双方当事人扮演争议两造的角色，由商标评审机关居中裁判。同时，《商标评审规则》对商标评审程序的申请和受理、补正、答辩、合议、裁决等环节的规定都与司法程序十分类似。❹

无效宣告程序行政裁决的性质与其所要发挥的功能是一致的。从目前的法律规定看，无效宣告程序的功能也是集社会公众监督、权利救济和纠错功能为一体的。当以绝对理由提出无效时，其承担的是社会公众监督功能；而以相对理由提出无效时，其承担的是权利救济功能。正是在商标社会监督功能和权利救济功能实现的过程中，内部纠错功能得以

---

❶ 李祖明. 商评委在商标评审中的法律定位 [J]. 中国工商管理研究，2015（11）：19-20. 此观点认为：在复审案件中，商标评审机关依照法定程序审查商标审查机关作出的行政行为，商标评审机关此时承担了行政复议的职责，复审行为是行政复议行为。

❷ 臧宝清. 浅析商标评审行为 [N]. 中国知识产权报，2015-10-09（7）. 此观点认为：复审行为是对商标评审机关作出的行政行为的再审查，不是行政复议。

❸ 应松年. 行政法与行政诉讼法学 [M]. 北京：法律出版社，2005：265.

❹ 程顺增. 商标授权确权行政诉讼之特性分析与改良建议 [J]. 中华商标，2012（3）：65-70.

实现。但与异议程序相同，无效宣告程序最重要的功能仍是权利救济。为了实现这样的功能，无效程序在具体制度展开时便设计为两造对抗式纠纷解决模式，性质上表现为行政裁决。

（四）商标授权确权程序各环节定位对程序设置的影响

首先，异议程序权利救济功能的性质决定采取异议后置应当慎重。虽然不论异议前置还是异议后置，异议发挥的功能都是权利救济，但是异议后置可能会延迟一部分权利人的权利救济。这需要考察目前异议成立的比例和数量，如果数量过多的话，要慎重采取异议后置，否则有损异议程序权利救济的功能。

其次，异议程序与无效程序功能的重叠意味着异议后置后需要对异议程序和无效程序进行协调。因为异议程序与无效程序发挥的功能都是集社会公众监督、权利救济和内部纠错的功能为一体，且主要是权利救济功能，因此二者功能重叠，这就涉及异议程序后置后是否需要与无效程序合并的问题。

再次，商标授权确权程序各环节的定位及其相互衔接决定行政一审更为合理。由于异议程序主要发挥权利救济功能，因此异议程序的后续程序应当延续权利救济的功能。不予注册复审的性质为行政确认。相对而言，行政裁决和法院裁判更能发挥权利救济的功能。由此，应当将异议程序后续程序调整为上诉或者无效，实现程序的有效自然链接。但是，这也需要考虑法院的承受能力。

最后，商标授权确权程序各环节的定位及其相互衔接要求对异议审查机关进行考量。商标审查注册行为是行政确认行为。将异议程序定位为权利救济程序后，不适合再由商标审查机关进行审查，而是否要改为由商标评审机关审理异议也值得讨论。

四、我国商标授权确权程序简化建议

基于以上对商标授权确权程序各设置模式和各环节定位的分析，结合我国目前的现实情况，提出以下建议。

（一）应当维持"全面审查＋异议前置"的异议程序设置模式

如前所述，目前异议程序设置模式主要包括"全面审查＋异议前置""全面审查＋异议后置""绝对理由审查＋异议前置""绝对理由审查＋异议后置"四种模式。我国目前是第一种模式，但在异议程序设置模式改革中应当分析我国向其他三种模式改革的可行性。

取消相对理由审查能够解决全面审查下忽略商标权私权属性的问题，有利于对在先权利人进行平等的保护，还可以促进闲置商标的转换，提升商标的利用率。同时，在世界范围内，取消相对理由审查是一种趋势。但是，是否要取消相对理由审查需要根据一国的国情判断。就我国目前商标审查状况来讲，相对理由审查及其后续程序涉及的案件数量非常大，贸然取消相对理由审查可能会造成不可预知的风险。我国市场主体缺少避让在先商标的行为习惯，营商环境不容乐观，取消相对理由审查可能会引发混乱的市场秩序。同时，取消相对理由审查后会增加企业商标工作量，对中小企业造成十分沉重的负担。❶ 因此，目前看我国还不具备取消相对理由审查的条件。"绝对理由审查＋异议前置""绝对理由审查＋异议后置"两种模式在我国不可行。

那么我国是否可以考虑"全面审查＋异议后置"的模式？本文认为，"全面审查＋异议后置"模式虽然可以缩短商标注册周期，但是其可行性并不强。

首先，如前所述，需要在考察目前异议成立的比例和数量的基础上，判断异议后置是否会影响异议程序权利救济功能的发挥。数据显示，2015～2017年异议案件成立率为26%、28.8%、34.25%❷，异议裁定量分别为63 720件❸、48 850件❹、61 124件❺，异议成立的数量分别为16 567件、14 069件、20 935件。也即，假设在2017年就已经采用异议

---

❶ 杜颖，郭珺. 《商标法》修改的焦点问题：商标异议程序的重构 [J]. 中国专利与商标，2019（3）：44-59.

❷ 程丽元. 商标注册便利化改革政策解读（十一）：商标异议审查工作概述 [EB/OL]. (2018-04-23) [2019-12-29]. http://www.cta.org.cn/ywdt/201804/t20180423_49366.html.

❸ 国家工商行政管理总局商标局，国家工商行政管理总局商标评审委员会. 中国商标战略年度发展报告（2015）[EB/OL]. (2016-06-20) [2019-12-29]. http://sbj.cnipa.gov.cn/sbtj/201606/P020161012051121697906.pdf.

❹ 国家工商行政管理总局商标局，国家工商行政管理总局商标评审委员会. 中国商标战略年度发展报告（2016）[EB/OL]. (2017-05-10) [2019-12-29]. http://sbj.cnipa.gov.cn/sbtj/201709/t20170901_268788.html.

❺ 国家工商行政管理总局商标局，国家工商行政管理总局商标评审委员会. 中国商标战略年度发展报告（2017）[EB/OL]. (2018-05-10) [2019-12-29]. http://sbj.cnipa.gov.cn/sbtj/201805/t20180510_274101.html.

后置,那么,因为没有在注册前经过异议程序,将有 20 935 件商标在后续环节被异议程序撤销。考虑到 2013 年《商标法》改革后,异议制度被无效制度架空的现状,这个数量可能还会变大。鉴于此,应当慎重采用异议后置。

其次,异议后置可能会背离我国《商标法》的立法宗旨和我国目前的商标品牌建设思路。

我国《商标法》第 1 条规定了《商标法》的立法宗旨,其中明确了《商标法》必须要维护商标信誉,也即要保护经营者在长期经营中形成的品牌,维护目前已经建立的市场秩序。从我国目前的商标品牌建设思路看,2017 年原国家工商行政管理总局发布的《工商总局关于深入实施商标品牌战略　推进中国品牌建设的意见》也指出:要在新形势下实施商标品牌战略,推进品牌建设。这说明,维护商标已经形成的秩序和权利人已经在商标上建立的品牌是我国《商标法》十分关注的价值之一。这就要求注册商标必须具有一定的稳定性。因为商标一旦被注册,就取得了公示力。商标权人运用商标从事经营活动,逐渐建立自己的品牌,商标市场也形成稳定的市场秩序。如果商标随时面临被撤销的风险,将大大降低权利人对商标的信心,权利人可能不会立即对商标进行大量宣传投入,从而不利于商标品牌价值的积累。同时,如果权利人在商标注册后已经在商标上持续投入并建立了一定的商誉,此时撤销商标,则不仅会使权利人在商标上的积累毁于一旦,更会对已经形成的稳定市场秩序造成影响。在目前异议成立的比例和数量还较高、较多的情况下,异议后置对商标的质量和稳定性有一定的影响,可能会影响我国商标法整体的价值追求,因此要慎重选择这种模式。

再次,异议后置与无效合并还存在争议。一方面,前已述及,异议程序与无效程序功能重叠,需要考虑是否要将二者合并。另一方面,1992 年《专利法》修改时取消了异议程序,机构改革后商标授权确权程序与专利授权确权程序协调也需要考虑是否在《商标法》中取消异议程序。目前异议后置与无效程序合并存在如下争议。第一,在世界范围内没有任何可供借鉴的经验,改革风险比较大。第二,合并后,所有商标都要经过 5 年的权利不稳定期,对商标市场秩序的影响非常大,也不利于在先权利人的权利救济。第三,国外的制度存在反复性。如 2003 年,日本修改其专利法,取消了专利异议程序,但之后发现,无效程序并未如愿吸纳旧法中的异议申请，因为无效程序成本高昂、程序冗长，给双方当事人带来了比提起异议更大的负担。因此，2014 年日本专利法又重新设置了异议程序。❶ 由此，在异议后置后如何与无效程序协调还不明朗的情况下，暂时不宜将异议后置。

最后，从我国商标市场环境看，目前我国商标市场诚信度还有待加强。如果商标注册后再行异议，将会给恶意异议之人大开方便之门，异议后置可能会催生更多的恶性商业竞争。从这个角度分析，也不宜将异议后置。

鉴于"全面审查＋异议后置""绝对理由审查＋异议前置""绝对理由审查＋异议后置"三种模式的可行性不强，我国目前只能坚持"全面审查＋异议前置"模式。但是，如前所述，"全面审查＋异议前置"下，会面对如下问题：多次审查会延长商标注册周期；大量原本不会被异议的商标需要等待 3 个月的时间才能被注册以及很可能会存在恶意异议。基于这些问题的存在，可以考虑从以下方面缓解"全面审查＋异议前置"可能造成的问题。

第一，缩减异议程序法定期限及设置异议案件简易程序以缩短异议审查周期。可以考虑将异议人提出申请的法定期限由 3 个月缩短为 2 个月，将异议人补充证据材料的期限由 3 个月缩短到 2 个月。同时可以建立异议审查简易程序：如果异议审查机构审查后认为异议明显不成立的，不需要被异议人答辩后即可以作出异议决定；如果还需要进一步审查的，则按照现有程序要求申请人提交答辩意见。

第二，改革异议理由、增加恶意异议的惩罚性措施以缓和恶意异议问题。《商标法》规定任何人可以基于商标禁止注册的绝对理由提起异议，意在加强社会公众对商标的监督。但在实践中，除利害关系人外，社会公众很少会基于绝对理由主动关注商标注册。该条规定反而为恶意异议者打开了方便之门。因此可以考虑取消绝对理由异议条款，代以第三人陈述等制度。另外，可以考虑增加败诉方承担胜诉方费用、恶意异议的惩罚性赔偿、恶意异议的刑事责任、抢注未注册商标强制转让制度等配套制度，来遏制恶意异议。

---

❶ 刘点，肖冬梅. 日本专利异议制度回归缘由及其启示 [J]. 湘潭大学学报（哲学社会科学版），2018（5）：45-50.

（二）部分行政二审应当调整为行政一审

我国目前仍采取部分行政二审模式，即异议成立的，商标局作出不予注册决定，申请人可以再申请不予注册复审。行政二审是商标授权确权程序冗长、效率低的重要原因和表现。在当前我国异议程序设置仍要坚持"全面审查＋异议前置"的情况下，应当改革部分行政二审，缩短商标注册周期。

从世界范围看，虽然欧盟和我国台湾地区采取行政二审模式，但是在异议程序设置中，欧盟采取绝对理由审查，而我国台湾地区采异议后置。而韩国虽与我国相同，都采取部分行政二审模式，但是韩国知识产权审判与上诉委员会具有准司法性质。因此，就我国而言，一方面要坚持采取"全面审查＋异议前置"的异议程序设置模式；另一方面在法律又没有规定商标评审机关的裁决可以视为一级司法程序的情况下，应当调整商标授权确权审级，将行政二审调整为行政一审，以缩短注册周期，提升商标授权确权效率。同时，如前述，将行政二审调整为行政一审也符合商标授权确权程序各环节的定位及其相互衔接的要求。

但是，将行政二审调整为行政一审需要考虑调整后是否会给法院带来沉重负担。目前将行政二审调整为行政一审有异议后直接上诉和异议后无效/上诉两种模式。就第一种模式，虽然目前没有 2013 年《商标法》修改后经异议无效宣告案件申请量的公开数据，无法直接计算出近年来不予注册复审与异议后无效宣告两程序申请量之和（此部分将在采异议后直接上诉模式后直接转化为法院工作量）。但 2011—2013 年商标异议复审申请量分别为 15 305 件❶、27 255 件❷、17 846 件❸。2013 年《商标法》修改后，异议复审分流至不予注册复审与异议后无效宣告两程序中。虽然因请求无效宣告的期限为 5 年，可能会将短期内可以提出的异议复

---

❶ 国家工商行政管理总局商标局，国家工商行政管理总局商标评审委员会. 中国商标战略年度发展报告（2011）[EB/OL]. （2012-05-07）[2019-12-29]. http：//sbj. cnipa. gov. cn/sbtj/201205/P020161012051314158647. pdf.

❷ 国家工商行政管理总局商标局，国家工商行政管理总局商标评审委员会. 中国商标战略年度发展报告（2012）[EB/OL]. （2013-05-03）[2019-12-29]. http：//sbj. cnipa. gov. cn/sbtj/201306/P020161012051264555274. pdf.

❸ 国家工商行政管理总局商标局，国家工商行政管理总局商标评审委员会. 中国商标战略年度发展报告（2013）[EB/OL]. （2014-05-04）[2019-12-29]. http：//sbj. cnipa. gov. cn/sbtj/201405/P020161012051190483780. pdf.

审量分流到此后 5 年，降低当年异议后无效宣告的申请数量，但是，基于 2013 年后我国商标申请量、商标异议量不断增长的现实，2013 年《商标法》修改后不予注册复审与异议后无效宣告两程序申请量不会显著降低。况且如果下一步修法采取异议后直接上诉的模式，2013 年修法后分流申请量的问题将不复存在。因此，2011～2013 年异议复审申请量可以作为一个目前比较可靠的不予注册复审与异议后无效宣告两程序申请量之和的参考指标。而 2015～2017 年北京市法院一审商标授权确权案件审结量分别为 6618 件[1]、6092 件[2]、6547 件[3]。也就是说，在第一种模式下，在目前法院审判压力巨大的情况下，将行政二审简化为行政一审可能会导致法院增加 2～3 倍左右的工作量，导致法院不堪重负。

但在第二种模式下，2015～2017 年，商标不予注册复审申请量（此部分将在采异议后无效/上诉模式后直接转化为法院工作量）分别为 1746 件[4]、1280 件[5]、1671 件[6]，法院增加的工作量可能只有 1/4 左右。由此，将商标授权确权审级调整为异议后无效/上诉模式较有可行性。

（三）由商标异议审查机关来审查异议

商标授权确权程序调整还需要考虑由谁来审查异议的问题。本文认为，结合目前机构改革情况，将商标授权确权程序调整为异议后无效/上诉后，应当继续由商标异议审查机关来审查异议。

---

[1] 北京市法院知识产权审判状况新闻发布会 [EB/OL]. (2016-04-13) [2019-12-29]. http://finance.sina.com.cn/sf/zhuanti/2016/bjgyfabuhuipc.html.

[2] 北京市高级人民法院召开"北京市法院 2016 年知识产权审判工作"新闻发布会 [EB/OL]. (2017-04-21) [2019-12-29]. http://www.chinacourt.org/article/detail/2017/04/id/2820612.shtml.

[3] 知产宝. 北京知识产权法院司法保护数据分析报告（2017）[R/OL]. 知产宝知识产权数据中心，2018 [2019-12-29] https://www.iphouse.cn/report/index.

[4] 国家工商行政管理总局商标局，国家工商行政管理总局商标评审委员会法务通讯总第 68 期（2016 年 9 月）[EB/OL]. (2016-06-20) [2019-10-26]. http://spw.sbj.cnipa.gov.cn/fwtx/201609/t20160920_226901.html.

[5] 国家工商行政管理总局商标局，国家工商行政管理总局商标评审委员会. 中国商标战略年度发展报告（2016）[EB/OL]. (2017-05-10) [2019-12-29]. http://sbj.cnipa.gov.cn/sbtj/201709/t20170901_268788.html.

[6] 国家工商行政管理总局商标局，国家工商行政管理总局商标评审委员会. 中国商标战略年度发展报告（2017）[EB/OL]. (2018-05-10) [2019-12-29]. http://sbj.cnipa.gov.cn/sbtj/201805/t20180510_274101.html.

前已述及，异议权利救济程序的定位使其不适合由商标审查机关审查。审查行为的性质为行政确认，主要是为了确认商标权利，这样的程序性质不适合实现异议权利救济程序的功能。而且在我国的全面审查模式下，从事商标审查的机关对商标不予注册的绝对理由和相对理由进行了全面审查。此时再由其进行异议审查，便有自我监督之虞。这种自我监督不仅不能很好地实现监督效果，浪费了行政资源，而且不符合行政法的基本法理。

那么，是否由商标评审机关来审理异议？从理论出发，商标评审行为兼具行政确认和行政裁决的性质，由其来审理异议可以更好地实现异议的权利救济功能。因此，似乎由商标评审机关来审理异议较为可行。但是在目前我国采用"全面审查＋异议前置"的环境下，异议仍是商标注册前的程序。根据我国《商标法》对商标评审部门的职能定位，商标评审机关主要负责商标争议事宜。由商标评审机关来审理异议似乎又与商标评审机关处理争议事宜的定位相悖。另外，将商标授权确权程序调整为异议后无效／上诉后，如果由商标评审机关来审理异议，会出现其既要审理异议，又要审理宣告无效的情况，也会陷入自我监督的境地。

一个较好的解决方案是，还是由商标异议审查机关来审查异议。机构改革后，原国家工商行政管理总局商标局、商标评审委员会、商标审查协作中心整合为国家知识产权局商标局，我国商标主管机关实现了机构设置扁平化的过渡：商标局下设综合处、财务处、行政处、法律处、应诉复议处、宣传与对外交流处、人事教育处、党委（纪委）办公室、驻中关村国家自主创新示范区办事处、申请业务管理处、申请受理事务一至二处、审查管理一至二处、审查一至五处、审查事务管理处、审查事务一至五处、国际注册一至三处、异议形式审查处、异议审查一至八处、评审案件受理处、评审一至九处、评审事务处、文档事务处、数据信息管理处、信息化项目管理处、信息化运行管理处等 52 个职能处。❶可见，机构改革后，商标审查机关、商标异议审查机关、商标评审机关目前并列下属于国家知识产权局商标局。这种机构设置下，可以仍然由商标异议审查机关来审查异议。一方面避免了自我监督的问题；另一方面通过完善异议相关审查程序，在制度设计时坚持将权利救济作为制度

---

❶ 商标局简介［EB/OL］. http：//sbj. cnipa. gov. cn/sjjs/.

功能，也可以较好地回归异议本来的功能。

由此，下一次《商标法》修改时，应当将商标授权确权程序设置调整为"全面审查＋异议＋无效/上诉"模式，同时由商标异议审查机关负责异议。由于本文篇幅所限，仅讨论了商标授权确权程序设置模式，但除此之外，异议理由设置、异议简易程序、异议程序具体制度设计等问题，也颇具研究价值，有待深入研究。同时，也应看到，本文目前的结论是基于我国当前国情作出的。随着我国商标市场诚信体制的完善、商标注册行为的规范化，在未来条件具备时，也可考虑向取消相对理由审查、异议后置等模式转换。

《商标法》实施状况调查、重点问题研究及修法建议*

中华商标协会项目组

摘　要

《商标法》自颁布以来历经 4 次修改。此次有 2019 年 4 月 23 日修法的成果在前，可以重新考虑修法的基本需求，以修订的方式实现我国《商标法》的现代化。本报告以中华商标协会主办或参与的调查问卷和各种研讨会为基础，对《商标法》整体实施状况和重点问题进行梳理、分析，建议优化商标授权确权实体和程序规则，提高对恶意注册的打击力度，全面保护注册商标专用权，重构商标使用条款，加强对商标代理机构的监管等。

关键词

《商标法》实施　法律修改　恶意注册　调查

---

* 本文根据中华商标协会项目组承担的"国家知识产权局商标法修改 2019 年度委托项目"研究报告《商标法实施状况评估报告》撰写，仅代表项目组观点。执笔人：钟鸣、张宏、沈春湘、钟红波、梁慧、范艳伟、江涛、胡刚、蒋正龙。

一、《商标法》实施整体状况介绍

截至 2019 年，我国《商标法》共进行了 4 次修改。2013～2017 年，我国商标申请量累计达到 1584.6 万件，占全球申请总量的 58.2%；核准注册量 935.4 万件，占全球总量的 55%。2017 年，我国有效商标注册量连续 16 年位居世界第一。❶ 为了解《商标法》的实施现状、挑战和问题，为全面修法提供实证基础，2019 年 4 月 16 日开始，中华商标协会向商标法律专业人士发放了专业版调查问卷，并于当年 8 月初回收有效答卷 1565 份。本部分是对调查问卷结果的总结。

（一）调查问卷的总体情况

此次调查问卷分为两大部分，共计 80 个问题。第一部分是关于受访者基本信息的采集，第二部分则从《商标法》总体情况到具体制度和具体规定逐一征求受访者的意见。此次参与填写调查问卷的人员分布情况见图 1。

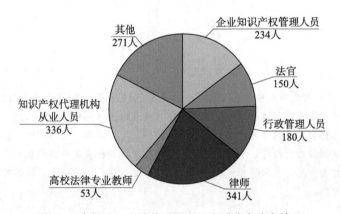

图 1 《商标法》实施状况调查问卷受访者分布情况

被调查的大部分企业基本建立了相对完善的知识产权管理体系，有一定的知识产权自我管理能力，商标注册数量及使用情况处在较正常的

---

❶ 国家工商行政管理总局商标局，商标评审委员会. 中国商标品牌战略年度发展报告（2017）[M/OL]. 北京：中国工商出版社，2018：前言（2018-05-10）. http：//sbj. cnipa. gov. cn/sbtj/201805/W020180513829986812509. pdf.

状态。在企业注册商标情况中，商标储备、防御注册占一定比例，说明企业有一定的防范商标抢注风险的意识和做法。在商标的国际注册中，已经办理和计划办理的企业占比近85％，反映了商标注册在企业国际化进程中发挥着越来越重要的角色。被调查企业的基本情况见图2，建立知识产权管理制度的情况见图3，注册商标的基本情况见表1。

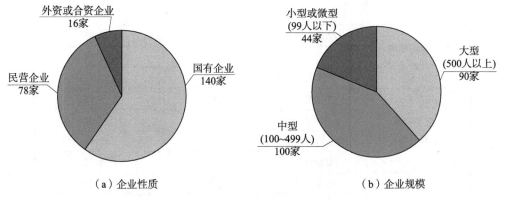

（a）企业性质　　　　　　　（b）企业规模

图2　被调查企业的基本情况

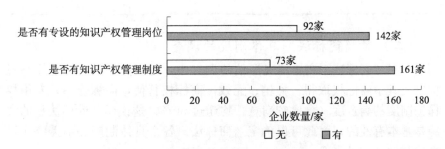

图3　被调查企业建立知识产权管理制度的情况

表1　被调查企业注册商标的基本情况

注册商标的情况		企业数量/家	占比/%
企业商标数	5件（含）以下	83	35.47
	6～10件	84	35.90
	11～100件	40	17.09
	101件（含）以上	27	11.54

注册商标的情况		企业数量/家	占比/%
申请类别	单一类别	89	38.03
	2～20 类	89	38.03
	21～44 类	34	14.53
	45 类全类注册	22	9.40
已注册商标的使用情况	全部使用	105	44.87
	少量闲置	103	44.02
	大量闲置	26	11.11
闲置商标的申请目的	商标储备	108	46.15
	防御性注册	105	44.87
	联合商标注册	76	32.48
	商标抢注	26	11.11
商标国际注册	已经办理	114	48.72
	计划中	87	37.18
	没有	33	14.10

（二）对《商标法》具体制度的调查

在对《商标法》实施情况评估的调查中，对《商标法》的整体满意度以及其中商标权取得、撤销、无效，商标权行使，商标管理，专用权保护制度的满意度（含比较满意）均超过 50%。这说明《商标法》的实施是基本有效的，由此可以确定《商标法》各个具体制度并不需要作过大的改动。详见表 2。

表 2 对《商标法》的整体情况和各项制度的满意程度　　　单位：人

调查内容	满意	比较满意	不满意
现行《商标法》整体	426	483	656
现行商标权取得、撤销、无效制度	384	519	662
现行商标权行使制度	410	491	664
现行商标管理制度	410	494	661
现行商标专用权保护制度	397	503	665
现行商标专用权行政保护制度	422	493	650
现行商标专用权司法保护制度	402	516	647

如表3所示,《商标法》实施中面临的主要问题与挑战集中在商标注册申请、审查和核准,注册商标专用权的保护、审查审理程序、商标国际注册等具体条款上,其不满意者所占的百分比均超过了37%。

表3 《商标法》实施中面临的主要问题和挑战 单位:人

调查内容	满意	比较满意	不满意
关于冒充商标的规定	499	481	585
关于申请注册不得损害他人在先权利	484	496	585
第48条关于商标使用的定义的规定	444	536	585
第10条第2款在制止使用县级以上行政区划地名和公众知晓的外国地名方面所发挥作用	509	470	586
关于未依法使用注册商标的规定	474	503	588
关于商标权转让的规定	453	524	588
第10条第1款第7项在制止注册带有欺骗性标志方面所发挥作用	426	550	589
目前商标申请注册、异议、无效、撤销各个程序	476	497	592
关于商标代理机构申请注册商标的规定	434	535	596
侵权行为实际赔偿额	455	506	604
目前马德里体系的运用效果	444	510	611

针对《商标法》重点条款和重点问题评估结果,调查问卷在个别部分还要求受访者提供相关建议及原因分析。比如,在制止恶意注册申请问题上,有46.71%的反馈者认为可以通过增强使用义务有效制止恶意申请行为;在注册商标专用权的保护方面,有62.43%的反馈者认为有必要明确关于司法机关民事制裁的规定,有63.77%的反馈者认为有必要在商标法中专门明确互联网商标侵权行为的规制条款。下面针对重点问题进行阐述。

1.《商标法》总则部分

受访者对《商标法》总则部分关注的重点问题涉及具体法律适用的有第10条第1款第7项和第8项、第10条第2款、第13条、第14条、第15条、第16条以及第19条。这反映出实务界在具体条款内容的设置上有需要澄清和明确具体适用条件的需求,也反映出《商标法》条文设置的问题，即总则的规定本应是涉及商标法的整体原则和框架，但目前这些争议条款都是涉及商标的可注册性条件的规定，且这些规定在总则中也是分散的。2019年4月23日《商标法》第四次修改增加了第4条的适用，也有必要进行研究。受访者对《商标法》总则中的重点问题的满意度情况如表4所示。

表4 《商标法》总则中重点问题的满意度情况　　　　单位：人

调查内容	满意	比较满意	不满意
地理标志商标的注册、使用和保护的情况	514	469	582
关于制止代理人、代表人注册商标规定	488	493	584
关于未注册驰名商标的规定	488	493	584
第10条第2款在制止使用县级以上行政区划地名和公众知晓的外国地名方面所发挥作用	509	470	586
第10条第1款第7项在制止注册带有欺骗性标志方面所发挥作用	426	550	589
关于商标代理机构申请注册商标的规定	434	535	596

2. 商标注册申请审查核准制度

受访者对商标注册申请审查和核准方面重点问题的满意度情况如表5所示。部分受关注的重点问题是恶意申请，即《商标法》第32条的问题。另外，商标分割制度也受到广泛关注。其原因在于：一是目前商标分割制度过于简单，缺乏对商标申请人实际操作的指引；二是商标分割制度的适用过于狭窄，仅能用于商标申请驳回程序。该制度设计没有发挥其应有的作用。

表5 商标注册申请审查和核准方面重点问题的满意度情况　　　单位：人

调查内容	满意	比较满意	不满意
对《商标法》和实施条例规定的商标分割的规定	532	465	568
关于不得以不正当手段抢先注册他人在先使用并有一定影响的商标的规定	508	483	574
关于申请注册不得损害他人在先权利的规定	484	496	585

3. 注册商标的续展、变更、转让和许可制度

表 6 所示为受访者对注册商标的续展、变更、转让和使用许可方面重点问题的满意度情况。商标权转让是本部分调研中最不令人满意的一项制度。对于商标权转让，一直以来缺乏明确具体的规则指引，实际的操作也存在很多漏洞。虽然行政机关或者司法机关在名义上承认商标权为财产权，但在对待注册商标的转让时却根本没把它当作财产对待，使得商标权人的权利在很大程度上被漠视。实践中还存在虚假转让的问题。另外，商标使用许可在实际运用上并不发达，关于商标的使用许可，仅在《最高人民法院关于审理商标民事纠纷案件适用法律若干问题的解释》第 3 条中进行了分类和定义，在《商标法》中缺乏通则性的规定。

表 6 注册商标的续展、变更、转让和使用许可方面
重点问题的满意度情况 单位：人

调查内容	满意	比较满意	不满意
关于注册商标续展的规定	540	456	569
关于商标权许可的规定	456	526	583
关于商标变更的规定	461	520	584
关于商标权转让的规定	453	524	588

4. 注册商标无效宣告制度

表 7 所示为注册商标无效宣告方面重点问题的满意度情况。涉及注册商标无效宣告的有两方面问题：一是与恶意注册有关的《商标法》第 44 条第 1 款和 2019 年修正的《商标法》的第 4 条的新增规定如何协调，非常受关注，二是以相对理由提起无效宣告的申请人中利害关系人的确定问题。利害关系人和商标许可有密切关系，也和商标许可一样仅在商标民事案件司法解释中有规定，能否直接适用于无效宣告案件仍有待进一步澄清。

表 7 注册商标无效宣告方面重点问题的满意度情况 单位：人

调查内容	满意	比较满意	不满意
以相对理由提出无效宣告的申请人主体资格要求	470	518	577
以欺骗或其他不正当手段取得注册的规定	556	431	578

5. 商标使用管理制度

受访者对商标使用管理制度方面重点问题的满意度情况见表8。由于2013年修改《商标法》时将原来在《商标法实施条例》中关于"商标使用"定义的规定调整上升至法律中，因此受访者对此的满意度较高。受访者不满意的是关于冒充注册商标和未依法使用注册商标的规定。冒充注册商标和未依法使用注册商标的规定虽然在《商标法》中一直存在，但几乎没有适用过，对其不满意应当体现了受访者希望加大执法力度。另外，根据调查问卷，56.63%的受访者认为《商标法》有必要增强注册商标权人的使用义务，65.68%的受访者认为应当在申请注册商标的不同阶段提交使用商标或者意图使用商标的证据。

表8　商标使用管理方面重点问题的满意度情况　　　　单位：人

调查内容	满意	比较满意	不满意
关于未依法使用注册商标的规定	474	503	588
关于冒充注册商标的规定	499	481	585
关于商标使用的定义的规定	444	536	585

6. 注册商标专用权保护制度

受访者对注册商标专用权保护方面重点问题的满意度情况如表9所示。该方面历来受关注的都是侵权赔偿问题。基于知识产权保护对象的无形性及商标声誉、信誉价值的不确定性和变动性，侵害商标权的赔偿额计算方面一直难以满足公众的期待。尤其是在侵权赔偿额的计算方法上，适用法定赔偿的占绝对多数，无法满足权利人最基本的填平其损害的需求，一直存在"赢了官司、输了市场"的现象，也由此带来不断要求在修法方面提高法定赔偿额和细化赔偿计算方法的呼声。另外，本文前面也提到，有63.77%的反馈者认为有必要在《商标法》中专门明确互联网商标侵权行为的规制条款——这是注册商标专用权保护方面的一个热点和难点问题。

表9　注册商标专用权保护方面重点问题的满意度情况　　单位：人

调查内容	满意	比较满意	不满意
侵权行为实际赔偿额	455	506	604
关于侵权行为抗辩的规定	467	515	583
关于侵权赔偿额计算方法的规定	504	480	581

7. 商标代理机构监管制度

从表10看出，受访者对代理行业的满意度是相对较低的，尤其是此次调查问卷的受访者中律师事务所和代理机构主体占比是最大的，而律师事务所也允许从事商标代理业务，由此反映出广义上的代理机构对自身所处行业的强烈不满。在具体不满意的原因（可多选）中，占比最高的是"低价竞争、诋毁同行"，占 55.46%，之后依次是"伪造申请注册文件"（占 49.58%）、"损害委托人利益"（占 44.3%）、"从事恶意抢注、囤积商标行为等"（占 19.49%），由此可见对商标代理行业的监管应当加强。

表 10　商标代理机构监管重点问题的满意度情况　　　　单位：人

调查内容	满意	比较满意	不满意
对目前商标代理行业的满意度	528	462	575
对商标代理监管方面的规定	500	494	571

二、《商标法》实施中需要重点关注的问题

为完善商标法律制度，中华商标协会通过实地调查与实证研究相结合，利用闭门会、座谈会、专题调研等形式以及中国商标 50 人论坛、中国国际商标品牌节等平台，组织了各种交流研讨会，参与了各种修法座谈会。本部分结合调查问卷和各种研讨会、座谈会上的反馈，对《商标法》修改中的 5 个重要问题予以分析并提出修法建议。

（一）关于商标授权确权的实体与程序

1. 问题的提出

有观点指出，商标授权确权实体条款散落地规定在《商标法》的各章节中，在逻辑关系和法律适用上比较混乱，需要重新进行整合。在2019 年 1 月 15 日召开的《商标法》修改研讨会上，部分专家建议明确规定诚实信用条款可以直接适用。修法调研中，有建议称应统一审理标准，如《商标法》第44 条扩展适用等。

对商标审查中是否应取消相对理由审查，调查问卷结果显示，有66.45%的受访者赞成取消，但也有人认为应当保留甚至加强。在 2019年 4 月 17 日的《商标法》修改法院座谈会上，有专家认为不适合取消，

因目前商标抢注情况严重，取消审查会进一步加剧抢注。还有观点认为，需要综合相关数据分析结果、配套措施完备程度、多数人利益考量等方面慎重考虑。

对目前商标申请注册、异议、无效、撤销各个程序，37.83％的受访者不满意。对驳回复审、不予注册复审、撤销复审和无效宣告复审四种复审程序，91.37％的受访者认为选择"维持现状"，8.63％的受访者选择"可以取消，直接进行诉讼程序"。对双方当事人的商标行政诉讼，56.93％的受访者认为应维持现状，40.58％的受访者认为应由行政程序中的双方当事人进行民事诉讼。对于现行商标权取得、撤销、无效制度，42.3％的受访者不满意。调研中，有专家建议减少行政、司法审级，避免程序冗长。在《商标法》修改法院座谈会上，有代表建议简化评审层级。在《商标法》修改研讨会上，部分专家建议在商标异议程序中恢复双方当事人对抗程序。

调查问卷结果显示，39.04％的受访者认为商标评审裁决提起诉讼的期限需要延长。对目前《商标法》和《商标法实施条例》规定的中止、不计入审限等规定，36.68％的受访者不满意。对目前《商标法》和《商标法实施条例》规定的各种文件的提交和送达方式的规定，37.06％的受访者不满意。

在商标申请审查各个程序中，问卷数据显示，对异议程序不满意并建议完善的呼声较大，占39.36％，仅次于商标审查程序。对于异议程序前置还是后置，被调查人员的分歧也比较大。在《商标法》修改研讨会上，有观点认为，商标异议设置在注册之前，不仅为在先权利人或者利害关系人提供救济，也有利于保持注册商标权利的稳定性，取消或者后置将导致注册商标被宣告无效的几率增加。调研中，建议取消异议程序和保留异议程序并维持现状的，均占相当比例。

2. 分析与建议

对于商标授权确权实体条款的总体修改建议是：在《商标法》第一章"总则"之后增加"商标注册的条件"一章，将《商标法》第4条、第10条、第11条、第12条、第19条第4款、第44条第1款的合并条款放在一起，统一规定为绝对理由；将第7条、第13条第2款和第3款、第15条、第16条、第30条、第31条放在一起，有条理地整合为相对理由；在"总则"中只规定原则性条款。原则性条款不可直接适用。

对是否取消相对理由审查，应该充分考虑我国国情。由于我国的市场经济水平、诚信商业文化、知识产权意识等方面还不完全成熟，因此对市场进行监管的重要性和必要性还存在。对完全取消相对理由审查所导致的问题，无论是有关行政机关还是市场主体，均无法完全消化解决。因此，还不能无条件取消相对理由审查。建议可以考虑以下做法：逐渐缩小相对理由审查的范围，仅审查相同商品上的相同商标的情况，其他情形下提供查询报告，由申请人决定是否继续申请。如果在先商标注册后没有使用、没有市场知名度，则可以例外允许在后的近似商标注册；当在先商标权人请求宣告在后商标注册无效或者侵权时，再要求在先商标权人提供其早于在后商标申请日实际使用其商标的证据。

需要说明的是，我国商标异议制度的立法初衷，是希望异议程序能够起到兼顾社会监督和权利救济的作用。因此维持现有的异议前置模式，有利于在先商标权利人在申请商标获得注册之前的异议期内提出异议，减少权利冲突和恶意申请的发生。可考虑建立异议或无效后由败诉方承担相应费用的制度，以提高恶意异议或者无效的成本。

商标授权确权行政程序基本贯彻了"初审"＋"复审"的两审制。行政和司法程序叠加，一个商标要想获得注册或者被宣告无效，要经过4～5个流程，同时由于司法对商标授权确权的行政行为不具有直接的变更权限，在改判的情况下还要重复1～2个流程。因此其程序非常繁复，不符合党中央要求让申请人尽快取得商标的精神。综合以上对商标审查各个程序的分析，建议对商标授权确权程序进行如下修改。

（1）驳回复审：行政二审＋司法一审终审

国家知识产权局驳回（驳回决定）→国家知识产权局驳回复审请求→行政诉讼一审（终审）。复审程序仅有一方当事人参加，案件相对简单，审查、复审和司法一审足以保证案件审理的公正、公平和效率。

（2）不予注册复审（维持异议前置的做法）：行政一审＋司法二审终审

国家知识产权局审理商标异议（不予注册决定）→行政诉讼一审→行政诉讼二审。合并商标异议和不予注册复审程序为行政一审（商标异议），对异议决定不服的直接提起行政诉讼，进行司法二审终审。

（3）撤销复审：行政一审＋司法二审终审

国家知识产权局审理商标撤销请求（决定）→行政诉讼一审→行政诉讼二审。合并商标撤销和撤销复审程序为行政一审（商标撤销），对撤销决定不服的直接提起行政诉讼，进行司法二审终审。

（4）无效宣告复审：行政二审＋司法一审终审

无效宣告（宣告无效决定）→无效宣告复审→行政诉讼一审（终审）。由于无效宣告由国家知识产权局主动作出，权利人未参与该程序，因此应保留无效宣告的复审程序。由于无效宣告主要涉及绝对理由，仅有一方当事人，因此可以司法一审终局。

（5）无效宣告：行政一审＋司法二审终审

无效宣告（决定）→行政诉讼一审→行政诉讼二审。商标无效案件属于复杂程序，为确保公正公平，建议保留现有程序。

（二）关于恶意商标注册申请的规制

1. 问题的提出

问卷数据显示，对于《商标法》第 13 条、第 15 条、第 32 条和第 44 条第 1 款的适用，均有超过 1/3 的受访者不满意。除此之外，对于《商标法》在制止恶意商标注册申请方面的效果，不满意的占比也达到 36.49%。

据 2018 年中国商标 50 人论坛第二次会议暨《商标法》修改研讨会的报道，近年来，恶意商标注册申请问题日益突出，引起广泛关注。与会专家普遍认为，修法要有针对性地解决目前出现的恶意商标注册申请等突出问题。国内商标领域恶意抢注国内外知名商标、商号、名人姓名的现象屡见不鲜。《商标法》对恶意申请的制止仍不充分，而在诚实信用原则已经入法的情况下，恶意申请行为本身应被法律所制止。《商标法》第 44 条第 1 款对于不当的商标注册申请行为无法完全概括，也没有很充分的兜底条款。调研中，有专家建议增加由败诉方承担相关费用，加大赔偿力度，建立申请宣誓制度，对疑似抢注的先出具审查意见，要求提供证据或者定期要求提供使用证明，续展、转让须提交使用证据等内容；还建议对"恶意"的认定应从主观和客观两方面加以区分，建立诚信档案，向社会公开，建立"黑名单"制度，完善商标代理机构行业自律体系，对抢注国外已经有一定知名度商标的行为进行规制，建立恶意申请快速处理通道等。还有专家建议应尽快细化《商标法》第 4 条的界定，将进行恶意商标注册申请的申请人列入黑名单、纳入国家信用信息公示系统等。在《商标法》修改法院座谈会上，法院系统也对制止恶意注册申请提出了具体建议。

2. 分析与建议

在 2019 年修法之前，司法实践中对于恶意商标注册申请的规制，主要适用的是《商标法》第 44 条第 1 款关于"以不正当手段取得注册"的规定。但在驳回和异议阶段，商标行政主管部门并不适用该条规定，通常适用的是《商标法》第 4 条、第 7 条、第 10 条第 1 款第 7 项或者第 8 项等；但法院一般将第 7 条第 1 款的诚实信用原则作为总则性条款，拒绝将其作为具体无效、异议、驳回理由，由此造成裁判标准不统一的问题。

2019 年 10 月，国家市场监督管理总局发布《规范商标申请注册行为若干规定》，使得《商标法》第 4 条和第 44 条第 1 款都成为制止恶意注册的规定，但对如何区别适用没有给出指引。

当前恶意商标注册申请行为猖獗，给在先权利人带来的商业损失不可估量。《商标法》在第 68 条规定了对代理机构的处罚措施。《规范商标申请注册行为若干规定》在第 12 条增加了对商标恶意申请人的处罚。但对于恶意申请商标的行为给在先权利人带来的动辄成千上万元的损失，以及给行政、司法和社会造成的损失，仅靠罚款是无法完全弥补的。因此有必要增加商标恶意申请人赔偿被抢注的在先权利人损失的规定，从而让商标恶意申请人无利可图，从根本上遏制恶意注册行为。

基于以上分析，建议将《商标法》第 7 条的诚实信用原则放在相对理由中作为兜底性条款，将第 4 条和第 44 条第 1 款合并作为绝对理由兜底条款；建议增加商标恶意申请人向在先权利人承担损害赔偿责任的规定，并对恶意申请的商标及申请主体用不同的颜色，在商标申请审查系统中分别标注不同的恶意程度，便于审查员在之后的审查过程中对该申请主体或者近似的商标予以特别关注；对于影响恶劣的申请人或者其代理机构也可以向全社会公开名单，便于社会监督。

（三）关于商标使用

1. 问题的提出

根据调查问卷结果，44.87% 的企业对其注册商标全部进行了使用，44.02% 的企业存在商标少量闲置的情形，11.11% 的企业存在大量闲置的情形。事实上，随着我国商标申请量与注册量的持续增长，撤销连续 3 年不使用的注册商标以及撤销通用名称商标的数据也呈直线上升。根据

《中国商标品牌战略年度发展报告（2017）》，2017 年原国家工商行政管理总局商标局受理商标注销案件 1.3 万件，同比增长 75.87%；受理撤销连续 3 年不使用注册商标的申请 5.7 万件，同比增长 43.19%；依申请撤销 3 年不使用商标 2.8 万件；注销期满未续展商标约 16.39 万件；全年共清理闲置商标约 33.19 万件。以上数据均说明目前相当数量的注册商标未被使用、未发挥商标识别商品来源的基本功能，因此需要在法律制度上强化商标的使用义务。

根据调查问卷结果，49.58% 的受访者认为《商标法》有必要增强商标使用义务。关于提交商标使用证据或者意图使用证据，40.51% 的受访者认为应在申请阶段要求提交；18.21% 的受访者认为申请时无须提交，但注册后应在一定时期内提交；10.67% 的受访者认为申请时无须提交，但应在其他程序中提交。在被问及如申请时无须提交，但应在续展、转让或要求保护时这三个程序中的哪个程序中提交时，受访者中选择续展的有 61.79%，选择转让的有 56.29%，选择要求保护时的有 39.17%。

在《商标法》修改研讨会上，法院代表建议修法重点放在注册制度和使用制度的平衡问题上。在《商标法》修改法院座谈会上，法院代表希望对商业性使用的认定有进一步的释法。调研中，专家和学者提出了各种不同的建议，例如：借鉴美国的意向使用或宣誓程序；续展时要求提供使用证据；规定在申请阶段提交使用证据或意图使用证据，或在注册后一定时期内提交使用证据等；从申请注册、续展转让、无效宣告等全流程增加商标使用义务的规定。

2. 分析与建议

第 48 条应当是整个《商标法》统一适用的标准，应放在总则部分。考虑目前对该条"用于识别商品来源"一语的争议，应对维持商标权利的使用和侵害商标权利的使用两种类型作出规定。对于侵害商标权利的使用与混淆的关系，尤其在特殊侵权行为，比如定牌加工、平行进口、指示性使用中，应对使用性质进行界定。

结合《商标法》的具体条文，建议提炼、统一其第 11 条第 2 款对标志经过使用取得显著性的认定标准和第 15 条第 2 款中对使用的认定标准；在第 49 条第 2 款撤销无正当理由连续 3 年不使用的注册商标的制度中增加提供商标使用证据的要求及不得作为商标证据使用的情形，增加对联合商标、防御商标的定义及限定范围；明确第 59 条第 3 款在先使用抗辩的构成要件，尤其是"一定影响"和"原使用范围"的认定标准。

（四）关于注册商标专用权保护

1. 问题的提出

《商标法》修改研讨会以及《商标法》修改法院座谈会上都对诸如网络环境下的商标权问题进行了讨论。中国商标 50 人论坛第二次会议中明确提出"继续加强对商标专用权的保护"是《商标法》修改的重点问题。

调研中，有专家提出了商标专用权保护中的直接侵权和间接侵权、恶意诉讼、商标行政执法中的难点问题等问题。

此外，中华商标协会进行了"有关减轻被侵权人举证责任的司法现状研究及立法修订建议"的课题研究，以商标侵权损害赔偿案件中原告举证的常见的普遍性问题为切入点，分析商标侵权案件中权利人、侵权人利益平衡的关系问题，并提出了对应法律立法层面的适当性意见。

实践中对商标侵权判定存在的问题还有：相同商标侵权的判定最终是否要以有无混淆作为基础的判定标准，主观故意是否应当作为判定商标侵权的考量因素等。《商标法》中没有对侵害驰名商标权益的行为作出明确规定。

2. 分析与建议

《商标法实施条例》第 75 条中规定了涉及网络商品交易平台的侵权行为，但网络商品交易平台的侵权行为仅是网络商标侵权中的一个类型，而且该条仅提及网络商品交易平台却没有明确其侵权的构成，不能涵盖目前实践中出现的所有网络商标侵权行为。因此有必要在《商标法》中专门明确有关网络商标侵权的总体规则以规制越来越多的网络侵权行为。

《商标法》第 57 条和《商标法实施条例》第 75 条只规定了帮助侵权的内容，对于间接侵权中的教唆侵权没有规定。另外，网络侵权中与网络平台有关的案件占相当大比例，而这部分案件通常也涉及间接侵权，但目前尚缺乏更完善的规定。建议在侵权类型上划分直接侵权和间接侵权，并对间接侵权的认定原则和类型进行适用列举，以适应当前侵权手段多样的现实。

对于减轻被侵权人举证责任方面，日本民事诉讼法中规定了减轻权利人举证责任的"文书提供令"制度，这对于加大注册商标专用权的保护力度有较大帮助。建议在我国《商标法》修改时规定类似制度。

建议在《商标法》第 57 条第 1 款第 1 项中明确"推定存在混淆"要

件；在第 57 条中明确侵害驰名商标权益构成侵权行为的具体规定；并将第 13 条第 3 款中"误导公众"解释为包含淡化的侵权构成要件，纳入侵害驰名商标权益的规定中，实现已注册驰名商标保护的具体化。

最后，《反不正当竞争法》将商标与其他商业标识作了明显的区分：凡是跟商标相关的混淆行为属于《商标法》规制的范围，跟其他商业标识相关的混淆行为属于《反不正当竞争法》规制的范围。建议《商标法》第 58 条对此予以明确。

（五）关于代理机构监管❶

1. 问题的提出

自 2003 年 2 月 27 日"商标代理组织审批"和"商标代理人资格核准"两项行政审批取消之后，商标代理人数量大幅增加，但整体水平参差不齐，导致整个行业乱象丛生。另一方面，商标代理行业迅猛发展，商标代理机构总数约 4 万家。法律实践中对商标代理机构缺乏有效的监管和限制，导致其良莠不齐，危及整体行业发展。

商标代理机构不当行为主要集中在以下方面：

虚假宣传与原国家工商行政管理总局的关系，承诺商标申请通过率或提供包过合同等，宣传其代理申请商标可以快速受理、审查、取得注册证，宣称其能提前获取尚未公开的商标申请审查结果等。伪造商标申请审查流程信息，伪造商标局文件、印章等，提供虚假材料申请商标注册、分割、转让等。宣称其可以通过非正常手段处理在先权利申请障碍，诱骗商标申请人增付费用。假借商标局名义，收取商标申请费用之外的各种费用。诋毁其他代理机构等。

明知商标申请人有抢注行为，仍提供便利条件，或提供相应咨询服务。在商标 3 年不使用撤销程序中，帮助商标注册人伪造、使用明知或应知是伪造的证据。

《商标法》虽然规定商标代理机构除对其代理服务可申请商标注册外，不得申请注册其他商标，但并没有限制其他商事主体申请商标的范围。少数商标代理机构专门设立广告设计公司、咨询公司等用于抢注和囤积商标，或是依靠关联企业来申请商标，或是以代理机构负责人或股东名义申请注册大量商标，为其囤积商标、恶意抢注、牟取不正当利益

---

❶ 部分背景数据、内容参考借鉴 2018 年中华商标协会"商标代理监管"课题组调研成果。

做掩护。

2. 分析与建议

《商标法》对于商标代理机构的违法行为，仅在第 68 条规定了具体惩处措施，而对于信用档案的建立并未具体进行规定，对"黑名单"制度的建立也未体现。《商标法实施条例》第 84 条第 3 款规定对于商标代理机构的违法行为应予以公开通报并记入信用档案，但是，目前均未明确落实商标代理机构信用档案信息的建立、更新及完善制度。因此，建议增加"实行商标代理执业许可制度"，明确对商标代理人和商标代理机构执业的资质、经营范围的要求，建立商标代理机构信用档案，依托企业信用信息公示系统，对违法代理机构进行标注，增加对商标代理机构"市场禁入"的规定。

三、总 结

根据本文第一部分所述调查问卷的结果能够看到，《商标法》实施过程中，各方重点关注且不满意的内容集中体现在商标审查、评审制度和商标权的行使与保护制度上。具体包括对涉及制止恶意注册的各个条文（如第 13 条、第 15 条、第 32 条和第 44 条第 1 款等）的适用，申请、异议、侵权损害赔偿等具体程序的细节以及对商标代理机构的监管等。上述调查问卷显示的情况与本文第二部分所述从专题调研会上收集的反馈意见基本一致，因此根据上文对两个部分中所涉及的问题的分析，将相关建议总结如下。

（1）整合现有的商标授权确权条款

首先，将涉及授权确权的所有条款规定在一起，便于不同程序统一适用，形成一致的标准。其次，为避免授权确权具体条款无法应对复杂多变的现实情况，在绝对理由和相对理由中分别设置兜底性条款。最后，为简化商标授权确权程序，建议简化授权确权的行政和司法程序审级。

（2）重新设计规制商标恶意注册制度

对规制恶意商标注册申请行为重新进行制度设计，以更好地应对当前恶意商标注册申请多发的情况。可考虑的方案如下：整合《商标法》第 4 条和第 44 条第 1 款的规定作为绝对理由兜底条款，将第 7 条作为相对理由的兜底条款，尽可能将恶意商标注册申请行为消灭在萌芽状态；

增加对恶意申请人的处罚，建立"黑名单"制度。

（3）重新整合商标使用规则

建议对《商标法》第 48 条中"识别商品来源"规定的适用情形予以明确，对实践中争议较大的定牌加工行为在不同条件下的使用性质与效果作出区分界定，并进而区分侵权中的商标使用和维持权利有效中的使用。

（4）优化注册商标专用权保护制度

增加关于在互联网上侵害商标权的规定，区分直接侵权和间接侵权及其主要类型，细化侵权损害赔偿额的计算方法，设立"文书提出令"制度以减轻权利人的举证责任，在《商标法》第 57 条第 1 项中增加"推定存在混淆可能性"的规定，增加对驰名商标的反淡化保护。

（5）完善商标代理机构监管制度

规定商标代理机构的资质与准入门槛，增加对商标代理机构的相关处罚措施。将故意违法或者多次违法的商标代理机构纳入"黑名单"和全国企业信用信息公示系统。

中国加入《商标法条约》《商标法新加坡条约》制度障碍的判定与调适[*]

刘铁光^❶

摘　要

我国企业走出去经营是必然的发展趋势,需要《商标法条约》《商标法新加坡条约》中所规定的商标申请等事务的便捷程序,以在条约成员国便捷地获得商标这种市场竞争的工具。为此,我国具有加入该两个条约的必要性。因而有必要对《商标法条约》《商标法新加坡条约》的基本制度与我国《商标法》对应的制度进行对比研究,以判断其间的制度差异是否构成我国加入该两个条约的障碍,并提出制度调适的方案,以为我国加入该两个条约进行制度准备。

关键词

《商标法条约》《商标法新加坡条约》　制度对比

---

* 本文根据湘潭大学项目组承担的“国家知识产权局商标法修改 2019 年度委托项目”研究报告《商标国际保护与国内法律制度比较》撰写,仅代表项目组观点。项目组成员湘潭市工商协会秘书长乐湘军,湘潭大学法学院老师陈啸以及湘潭大学法学院博士研究生赵银雀,硕士研究生黄维、屈珊珊,为本项目研究的资料收集、报告整理以及修改提供了宝贵的工作支持与建议。

❶ 作者单位:苏州大学王健法学院。

　　《商标法条约》(TLT)是由世界知识产权组织(WIPO)负责组织,于1994年在瑞士日内瓦签订的条约。2006年3月,在对TLT进行修订的基础上,WIPO在新加坡主持外交会议缔结了《商标法新加坡条约》(STLT)。这两个条约的主要目的在于:简化和协调商标注册、申请、审查、授权以及其他与商标相关的程序,明确程序中的具体规则,促进国家之间在商标申请、审查、授权以及其他与商标相关的程序上的统一,使得商标注册体系更加便利申请人。到2019年1月15日,加入TLT的国家达54个,加入STLT的国家达47个,其中有诸如美国、英国、德国、法国、日本等在经济和知识产权方面都具有全球影响力的国家。我国尽管已经签署了TLT与STLT,但尚未正式加入。TLT与STLT对中国而言,不仅有利于提升商标注册与审查的效率,使我国商标法律制度与国际主流商标法律制度尽快接轨,而且还有利于中国企业走出去与全球化经营。因此,我国有必要加入这两个条约。要加入这两个条约,首先必须使我国商标法律制度与条约的基本制度一致,以为我国的加入进行制度准备。为此,本文对TLT、STLT的基本制度与我国《商标法》中对应的制度进行了对比研究,以判断其中的制度差异是否构成我国加入这两个条约的障碍,并对于构成加入条约的制度障碍以及有关便捷商标申请人的内容提出制度调适的方案。

一、我国商标法律制度与 TLT、STLT 的制度差异及加入该两条约的障碍判定

　　本部分通过制度比较,分析我国商标法律制度与TLT、STLT之间的制度差异,从而分析这种差异是否构成中国加入其中的制度障碍。

(一)关于商标的类型

　　TLT对商标构成要素有"可视性"要求(marks consisting of visible signs),规定"本条约不应适用于不是由可视标志组成的商标,特别是声音商标和嗅觉商标。"❶ 而我国《商标法》第8条承认的商标类型中包括声音商标。不过,由于条约只是表明不适用于非可视性商标,我国规定了声音商标并不构成加入条约的障碍。

---

　　❶　参见 TLT 第 2 条第 1 款 a 项与 b 项的规定。

从 STLT 第 2 条第 1 款的规定来看，可以适用气味商标。我国《商标法》第 8 条并未将气味商标纳入可注册的种类。不过，STLT 的规定只是其适用范围问题，并未明确要求成员国必须允许气味商标注册，因此这种制度上的差异也不构成我国加入条约的障碍。

TLT 和 STLT 都明确规定"本条约不应适用于集体商标、证明商标或保证商标。"❶ 而我国《商标法》第 3 条规定了对集体商标和证明商标的保护。但由于条约只是规定不适用，在我国现行《商标法》有明确规定的前提下，条约也只是不适用这些商标类型，不构成中国加入条约的障碍。

（二）关于商标注册申请对商标的使用要求

关于商标申请实际使用或意图使用的证据，TLT 第 3 条第 1 款 a 项之十七规定，按照缔约方法律要求的有意使用该商标的声明；该款 b 项规定申请人可按缔约方法律的要求，提交商标实际使用的声明和相应证据代替 a 项之十七所指的有意使用该商标的声明，或者除该声明外额外提交商标实际使用的声明和相应证据。STLT 第 3 条对于商标申请实际使用或意图使用的证据作了类似的规定。我国《商标法》没有直接规定商标注册必须提交"实际使用"或"意欲使用"的证明，但在 2019 年修改的《商标法》第 4 条为应对商标的囤积与抢注，增加了"不以使用为目的的恶意商标注册申请，应当予以驳回"的规定；而且第 49 条规定："注册商标成为其核定使用的商品的通用名称或者没有正当理由连续三年不使用的，任何单位或者个人可以向商标局申请撤销该注册商标。"因此，实质上可以说，我国《商标法》是从反面要求商标注册必须是以"使用"为目的。但由于 TLT 与 STLT 对商标申请中商标实际使用的证据的提交规定的是"缔约方可以要求"，即该项不是必须的规定，各缔约方可以根据实际情况选择进行规定或者不予规定，因此该种制度差异不构成我国加入条约的制度障碍。

（三）关于商标代理委托书

TLT 和 STLT 都规定了总委托书制度：代理人就同一委托人的代理委托事项只须向商标主管机关提交一份委托书，此后就该委托人的商标

---

❶ 参见 TLT 第 2 条第 2 款 b 项以及 STLT 第 2 条的规定。

代理事项无须再提交代理权限证明。❶ 即一份委托书可以涉及商标申请、转让、续展、注销、许可备案、变更、异议等所有法律程序，这使得与这些程序相关的事务更为简化和便捷。我国《商标法》《商标法实施条例》中都没有规定总委托书制度，只在 2018 年 2 月 7 日商标局发布的《关于简化申请材料 优化工作流程 缩短审查周期的公告》中规定了提交纸件申请的申请人在同时办理名下多件商标的变更申请时，委托书只需提供一份。但我国立法并未禁止有关商标代理事项不能只提交一份委托书，这种制度差异不构成我国加入条约的制度障碍。

（四）关于商标申请与注册分案

TLT 与 STLT 规定了基本相同的关于商标申请分案与注册商标分案的制度。两条约对于商标申请分案的规定，表明申请人有权要求在商标局作出注册与否的决定前，在异议以及决定商标注册的后续诉讼程序中，对商标申请予以分割，并保留申请日以及优先权（如果有）。对于注册分案的规定表明，在商标无效宣告以及由此产生的后续诉讼程序中，允许商标注册人对商标的注册进行分案，但同时规定如果缔约方法律允许第三方在商标取得注册之前提出异议的，缔约方可排除注册的分案。❷ 我国虽然只在《商标法实施条例》第 22 条中规定了在商标驳回程序中可以申请分案，但这个驳回程序也应该包括因为异议而产生的驳回，故符合条约的要求。然而由于没有在决定商标注册的诉讼程序中允许对申请进行分案，故应该不符合 TLT 和 STLT 的规定，这可能构成加入条约的障碍。对于注册的分案，TLT 规定了在异议程序中允许分案申请的，缔约方可以排除注册分案的可能。我国在商标驳回程序中的分案，应该包括了因为异议产生的驳回程序允许商标申请的分案，未规定商标注册的分案，故不构成加入条约的障碍。

（五）变更商标注册人名称或地址

对于变更商标注册人名称和地址，TLT 和 STLT 作了基本相同的规定，都规定任何缔约方不得规定要求提交有关变更的任何证明（In particular, the furnishing of any certificate concerning the change may not be

---

❶ 参见 TLT 第 4 条第 1 款 a 项与 STLT 第 4 条第 3 款 b 项的规定。

❷ 参见 TLT 第 7 条与 STLT 第 7 条的规定。

required.）.❶ 我国《商标法实施条例》第 30 条也规定了变更申请的条件，其中要求申请变更注册人名义的，应当向登记机关出具变更的证明。比如注册人是企业的，应当出具工商行政管理机关登记部门出具的变更证明。该规定的相关内容实际上就是 TLT 和 STLT 所规定的变更持有人的名称或地址，即申请人不变，只是变更申请人的名称。由于 TLT 和 STLT 明确要求在变更申请人名称时不得要求提供任何有关变更的证明，我国《商标法实施条例》的规定可能构成加入该两条约的障碍。而且该种规定有为商标注册人考虑过多之嫌。因为既然是注册人自己申请的名义变更，显然是已经完成主体名义变更之后的申请，审查机关只需要审查申请人的真实性即可。因此，相比之下，TLT 与 STLT 对商标变更的手续更简化，既便于当事人行使权利，又可以减轻商标局的工作量。因此，未来修订《商标法》及其实施条例时，应该改变这一规定，使变更申请人的名称无需提交任何证明。

（六）关于变更商标所有权申请

TLT 与 STLT 对于变更商标所有权申请的制度基本作了相同的规定，规定成员国应该接受商标所有权的变更可以由注册持有人或其代理人，或者由新所有权人或其代理人向商标主管机关提出变更申请，但要求提交经公证机关公证或主管公共机构要求证明与原件相符的合同书副本。❷ 我国《商标法》第 42 条第 1 款规定商标的转让须由转让人和受让人共同向商标局提出申请，但并不明确禁止转让人与受让人的代理人办理该转让手续。理论上，只要有授权委托书，在代理申请方面应该不存在法律上的障碍；不过，我国《商标法》要求转让人和受让人共同向商标局提出申请，与 TLT 和 STLT 规定必须接受注册持有人或新所有权人提出变更申请的要求不符。因此，该差异可构成我国加入条约的障碍。

（七）关于相关申请被驳回前的意见陈述

根据 TLT 第 14 条的规定，对商标申请人在拟驳回情况下的意见陈述，主要针对第 10 条所规定的变更名称与地址、第 11 条所规定的变更所有权、第 12 条所规定的更正错误以及第 13 条所规定的注册商标的保护期限与续展。对于该四种申请，商标主管机关拟作出驳回决定的，应当在

---

❶ 参见 TLT 第 10 条第 4 款与 STLT 第 10 条第 4 款的规定。

❷ 参见 TLT 第 11 条第 1 款 a 项与 STLT 第 11 条第 1 款 a 项的规定。

作出驳回决定之前给予申请人一个意见表达的机会，不能径直作出驳回决定（An application or a request under Articles 10 to 13may not be refused totally or in part by an Office without giving the applicant or the requesting party，as the case may be，an opportunity to make observations on the intended refusal within a reasonable time limit.）。STLT 第21 条作了类似的规定，要求为第 7 条（申请与注册的分案）、第 10 条（变更名称与地址）、第 14 条（未能遵守时限的救济）、第 17 条（商标许可的备案申请）以及第 18 条（修改或取消许可备案的申请）等所规定的情形，在作出驳回决定之前，使当事人有机会撤回或修改申请书或者提出不同意见，使驳回决定更加全面、合理。❶ 我国现行《商标法》及其实施条例对于前述两条约规定的情形，在作出拟驳回决定之前，没有规定给予当事人表达意见的机会。尽管《商标法》第 29 条规定："在审查过程中，商标局认为商标注册申请内容需要说明或者修正的，可以要求申请人做出说明或者修正。申请人未做出说明或者修正的，不影响商标局做出审查决定"，但该规定并非直接针对相关申请被驳回的情形。而加入该两个条约的日本、韩国都有类似表达意见机会的条款。日本商标法在第 15 条之二明确规定：当审查官作出应驳回的审定时，必须通知商标注册申请人驳回的理由，并应指定合理期间给予其提出意见书的机会。韩国商标法第 23 条第 2 款规定：在依据该条第 1 款的规定作出驳回商标注册决定之前，审查员应当书面通知申请人驳回的理由，并给予申请人在指定期间内提交书面陈述意见的机会。因此，在此方面的差异可构成加入条约的障碍。

（八）关于商标使用许可备案

TLT 和 STLT 除在前述七个方面对商标申请、审查、代理、变更以及驳回意见表达机会等事项作了基本相同的规定外，STLT 还规定了TLT 中所没有的关于商标许可使用方面的制度，其主要包括如下两个方面。

1. **商标许可备案的效力**

STLT 明确规定：商标许可未备案的，不应影响被许可商标注册的有

---

❶ 参见 STLT 第 21 条的规定。

效性或对该商标的保护❶。因此，备案不是强制的，即使不经过备案，也不影响其效力。STLT 还明确规定：不得以使用许可没有备案为由影响注册持有人和被许可人的某些权利和行为。这些权利和行为，从其他已经加入该条约的国家的商标法规定来看，应该不指向商标许可备案方产生对抗第三人效力的制度安排，因为已经加入该条约的法国、日本等国家的商标法都保留了"商标许可备案方产生对抗第三人效力"的制度安排。比如法国知识产权法典 L. 714-7 条第 1 款明确规定：任何注册商标的权利转移或变更，非经在全国商标注册簿上登记，不得用以对抗第三人。因此，我国《商标法》规定商标使用许可未经备案不得对抗善意第三人的制度安排，并不构成加入 STLT 的障碍。

2. 关于申请中商标的许可备案

STLT 对于尚处于申请状态的商标也可以进行许可登记❷，意味着尚未取得授权的商标获得了临时的法律地位，前提是缔约方法律允许对商标申请进行许可备案。即该条不是必须条款，视缔约国的法律规定而选择。我国《商标法》及其实施条例没有规定对于尚处于申请状态的商标也能进行许可备案。但由于 STLT 的规定是以成员国法律规定为前提，因此，我国没有该规定不构成加入该条约的障碍。

以上比较出的制度差异及其是否构成我国加入 TLT 与 STLT 的障碍的判定表明：我国商标法律制度经过多次修订之后，实际上已经基本与两条约的规定相一致；其间的制度差异，也只有极少数构成我国加入条约的障碍，需要进行制度调适。

二、我国加入 TLT 与 STLT 必须进行的制度调适

对前述制度差异及其是否构成加入 TLT 和 STLT 的障碍的判定部分的研究表明：确定构成我国加入该两条约的障碍的制度差异有四个方面。我国未来修订《商标法》及其实施条例时，应该予以调适。

（一）增加商标注册行政诉讼程序中的分案申请制度

TLT 和 STLT 都规定了对商标申请的分案与对注册商标的分案。两

---

❶ 参见 STLT 第 19 条的规定。

❷ 参见 STLT 第 18 条第 6 款的规定。

条约对于商标申请分案的规定，表明申请人有权要求在商标局作出注册与否的决定前，在异议以及决定商标是否核准注册的后续诉讼程序中，对商标申请予以分割，并保留申请日以及优先权（如果有）。对于注册分案的规定表明：在对商标无效宣告以及由此产生的后续诉讼的程序中，允许商标注册人对商标的注册进行分案；但同时规定如果缔约方法律允许第三方在商标取得注册之前提出异议的，缔约方可排除注册的分案。我国《商标法实施条例》第 22 条规定了申请的分案，即"商标局对一件商标注册申请在部分指定商品上予以驳回的，申请人可以将该申请中初步审定的部分申请分割成另一件申请，分割后的申请保留原申请的申请日期。需要分割的，申请人应当自收到商标局《商标注册申请部分驳回通知书》之日起 15 日内，向商标局提出分割申请。商标局收到分割申请后，应当将原申请分割为两件，对分割出来的初步审定申请生成新的申请号，并予以公告。"其中保留申请日的规定也即承认了优先权的不变。《商标法实施条例》第 22 条规定在商标驳回程序中对商标的申请进行分案也包括因为异议而产生的驳回，已经符合 TLT 和 STLT 的要求。不过，由于我国《商标法》与《商标法实施条例》未明确在决定商标的后续诉讼程序中，申请人也可以分案，这一点不符合两条约的要求。因此，应该在《商标法实施条例》第 22 条增加一款，作为第 4 款，规定为："申请人未依据本条第 2 款规定提出分割申请，可以在决定商标注册的行政诉讼程序中提出。"由于我国《商标法》允许第三方在商标注册之前提出异议，从而可以排除商标注册的分割，已经符合 TLT 和 STLT 的要求。

（二）增加相关申请被驳回前的意见陈述制度

TLT 与 STLT 规定了驳回条件下的意见陈述，即商标审查员对于有关商标的各种申请（包括商标注册申请、转让、许可、变更名称以及续展）不能径直驳回，应该在作出驳回决定之前先将驳回的理由通知申请人，给予申请人充分表达意见的机会。但我国《商标法》规定对所有类型的申请都是径直驳回，未在驳回决定正式作出之前给申请人一个意见表达的机会。因此，应该在《商标法》增加相关规定。可以将《商标法》第 34 条调整为 3 款，即增加第 1 款和第 3 款。其中第 1 款规定为："对驳回申请、不予公告的商标，审查员应该将驳回的理由告知申请人，并要求申请人在指定的期限内表达意见。"第 3 款规定为："第 1 款的规定适用于本法与商标有关的所有申请。"

（三）删除商标持有人名称变更的证明要求

TLT 与 STLT 都明确规定变更注册人名称与地址的申请除依据规定提交的信息之外，还包括：（1）持有人的名称和地址；（2）持有人有代理人的，代理人的名称和地址；（3）持有人有联系地址的，该联系地址。此外，不能要求提供任何有关变更的证明。然而，根据我国《商标法实施条例》第 30 条的规定，变更商标注册人名义的，还应当提交有关登记机关出具的变更证明文件。我国该种规定有为商标注册人考虑过多之嫌，因为既然是注册人自己申请的名义变更，显然是已经完成主体名义变更之后的申请，审查机关只需要审查申请人的真实性即可，无需再要求提供名称变更证明；如果申请人实际上没有发生名义变更还申请，最后的损失实际上由申请人承担。因此，未来修订《商标法实施条例》时，应该将第 30 条中"变更商标注册人名义的，还应当提交有关登记机关出具的变更证明文件"的表述予以删除，将第 30 条第 1 款调整为："变更商标注册人名义、地址或者其他注册事项的，应当向商标局提交变更申请书。商标局核准的，发给商标注册人相应证明，并予以公告；不予核准的，应当书面通知申请人并说明理由。"

（四）允许商标转让人或受让人单独提出持有人变更申请

TLT 和 STLT 均规定：持有人变更的，各缔约方应接受持有人或其代理人，或者获得权利的人或其代理人以其签名的文函请求商标主管机关在商标注册簿中变更记录，文函注明注册号和请求变更的内容。然而，我国《商标法》第 42 条第 1 款规定："转让注册商标的，转让人和受让人应当签订转让协议，并共同向商标局提出申请。受让人应当保证使用该注册商标的商品质量。"《商标法实施条例》第 31 条规定："转让注册商标的，转让人和受让人应当向商标局提交转让注册商标申请书。转让注册商标申请手续应当由转让人和受让人共同办理。商标局核准转让注册商标申请的，发给受让人相应证明，并予以公告。"该差异可构成我国加入条约的障碍。未来修订《商标法》时，建议将第 42 条第 1 款第 1 句修改为："转让注册商标的，转让人和受让人应当签订转让协议。由商标注册人或受让人依据规定向商标局提出申请。"将《商标法实施条例》第 31 条修改为："转让人或受让人应当向商标局提交转让注册商标申请书，并提交经过公证的商标转让合同副本。"

三、我国加入 TLT 和 STLT 可选择进行的制度调适

鉴于 TLT 与 STLT 的规定体现了当前世界商标法律制度的主流趋势，其简化申请程序以便利经营者申请注册商标的精神，我国的商标法律制度应该在未来的修订中予以吸收。因此，前述我国商标制度与 TLT 和 STLT 制度之间的差异，即便不构成我国加入条约的制度障碍，对于其中有利于提高商标申请注册效率的制度，我国亦应予以调适。

（一）引入商标代理总委托制度

TLT 与 STLT 都规定了总委托书制度：代理人就同一委托人的代理委托事项只须向商标主管机关提交一份委托书，此后就该委托人的商标代理事项无须再提交代理权限证明。即一份委托书可以涉及商标申请、转让、续展、注销、许可备案、变更、异议等所有法律程序，这使得申请人与代理人之间的业务往来更为简化和便捷。我国《商标法》《商标法实施条例》中都没有规定总委托书制度，只在 2018 年 2 月 7 日商标局发布的《关于简化申请材料　优化工作流程　缩短审查周期的公告》中规定了提交纸件申请的申请人在同时办理名下多件商标的变更申请时，委托书只需提供一份。尽管这种制度差异不构成我国加入条约的制度障碍，但鉴于该两条约中的总委托书制度规定使程序更加简化，便利当事人，可以在我国《商标法》《商标法实施条例》修订时，引入这一制度，以明确我国商标法律制度具有总委托书制度。具体而言，可以选择在《商标法实施条例》中予以规定，即在第 5 条有关代理委托的规定中，在第 1 款分号之后增加一句予以明确：多个委托事项与权限可以提交一份委托书。

（二）完善注册分案制度

TLT 与 STLT 都规定了商标申请与注册的分案，而我国商标法律制度中只有商标申请的分割。尽管申请的分割与申请的分案并不完全相同，但基本功能一致。不过，我国缺乏注册商标分案的明确规定。我国《商标法》第 56 条明确规定：注册商标的专用权，以核准注册的商标和核定使用的商品为限。这也就意味着，如果一个注册商标核定使用的商品有多个类别，则在其中一个类别的商品上被无效之后，自然并不影响该商标在另外类别商品上的商标权。而且，由于我国《商标法》允许第三方在注册之前提出异议，可以排除注册的分案。因此，该种制度差异不构

成我国加入条约的制度性障碍。但如果在立法中明确规定注册的分案，对商标持有人有一个非常明确的立法指引，就可以让其将已经注册的商标分案，从而主动放弃没有意义的商标。为此，在立法的制度上，可以选择在《商标法》中予以规定。如在第五章"注册商标的无效宣告"中增加1条，规定为：对于他人在多个商品类别上注册的商标中部分提出无效宣告的，商标注册人可以申请放弃他人提出无效宣告商品类别上的商标。

（三）允许气味商标注册

STLT第2条将条约所适用的商标扩展到所有的类型，包括声音、气味等非可视性标志。而我国《商标法》在2013年修订之后，虽然将标志扩展到了声音，但气味标志还是不能作为商标申请注册。如前所述，尽管STLT的规定只是其适用范围问题，并未明确要求成员国必须允许气味商标注册，因此这种制度上的差异未构成我国加入条约的障碍。但实际上，允许气味商标注册，对经营者而言，多了一种商标形式的选择。我国未来开放气味商标的注册申请，对经营者而言，应该是利大于弊。因此，我国未来《商标法》的修订应该允许气味商标进行注册。具体的制度表达可以将现行《商标法》第8条调整为："任何能够将自然人、法人或者其他组织的商品与他人的商品区别开的标志，包括文字、图形、字母、数字、三维标志、颜色组合、声音和气味等，以及上述要素的组合，均可以作为商标申请注册。"

四、结　语

TLT与STLT是商标注册申请的形式与程序的国际协调，是对商标的构成要素、条约所适用商标的类型、商标申请的条件、商标申请代理、商标变更、驳回的意见表达、商标转让与许可等商标注册申请形式与程序条件协调的国际成果。通过将我国商标法律制度与这两个条约主要制度的比较分析表明：为加入这两个条约，我国未来修改《商标法》应该在如下四个方面进行制度调适。

（1）关于申请的分案。应该在《商标法实施条例》第22条增加一款，作为第4款，规定为："申请人未依据本条第二款规定提出分割申请，可以在决定商标注册的行政诉讼程序中提出。"

（2）驳回的意见表达。应将《商标法》第 34 条调整为 3 款，即增加第 1 款和第 3 款。其中第 1 款规定为："对驳回申请、不予公告的商标，审查员应该将驳回的理由告知申请人，并要求申请人在指定的期限内进行意见陈述。"第 3 款规定为："第一款的规定适用于本法与商标有关的所有申请。"

（3）有关商标持有人名称变更的证明问题。应该将《商标法实施条例》第 30 条第 1 款调整为："变更商标注册人名义、地址或者其他注册事项的，应当向商标局提交变更申请书。商标局核准的，发给商标注册人相应证明，并予以公告；不予核准的，应当书面通知申请人并说明理由。"

（4）商标转让程序制度。应将《商标法》第 42 条第 1 款第 1 句修改为："转让注册商标的，转让人和受让人应当签订转让协议。由商标注册人或受让人依据规定向商标局提出申请。"应将《商标法实施条例》第 31 条修改为："转让人或受让人应当向商标局提交转让注册商标申请书，并提交经过公证的商标转让合同副本。"

如下三个方面的制度，尽管不构成我国加入 TLT 和 STLT 的制度障碍，但鉴于该两条约代表当前商标制度发展的主流趋势，在未来修改《商标法》时亦可以朝着与国际条约一致的方向进行制度调适。

（1）商标代理总委托制度的引入。在《商标法实施条例》第 5 条有关代理委托的规定中，在其第 1 款分号之后增加一句予以明确：多个委托事项与权限可以提交一份委托书。

（2）注册分案的制度调整。在《商标法》第五章"注册商标的无效宣告"中增加 1 条，规定为："对于他人在多个商品类别上注册的商标中部分商标提出无效宣告的，商标注册人可以申请放弃他人提出无效宣告商品类别上的商标。"

（3）商标类型的制度调整。将《商标法》第 8 条调整为："任何能够将自然人、法人或者其他组织的商品与他人的商品区别开的标志，包括文字、图形、字母、数字、三维标志、颜色组合、声音和气味等，以及上述要素的组合，均可以作为商标申请注册。"

"非正常"商标申请的
类型化与法律规制

北京君策知识产权发展中心

摘　要

"非正常"商标申请为若干种违反《商标法》规定的申请行为的统称，分为"攀附型"的"抢注"和"非攀附型"的"纯囤积"两类。在法律适用上，应优先适用《商标法》中的具体条款，《商标法》第4条则在其他法律条款难以规制的情形下方可适用。适用《商标法》第4条的要件中，申请注册商标"非以使用为目的"和申请人"出于恶意"缺一不可。在认定是否构成恶意时，审查员需要综合多项考虑因素和个案证据进行分析判断。

关键词

"非正常"商标申请　囤积　恶意　非以使用为目的

一、"非正常"商标申请的类型

近年来，商标领域的"非正常"商标申请现象引起了国家知识产权局的高度重视。2019 年 2 月，国家知识产权局发布《关于规范商标申请注册行为的若干规定（征求意见稿）》，旨在严格规制"非正常"商标申请，并于第 3 条就"非正常"商标申请的类型作出相关界定。此后，国家市场监督管理总局公布的《关于规范商标申请注册行为的若干规定（征求意见稿）》和最终施行的《规范商标申请注册行为若干规定》（以下简称《若干规定》）并未采用"非正常"商标申请的概念，而代之以"恶意"商标申请。但《若干规定》所要规制的相关商标申请行为并未发生实质性变化，主要体现在《若干规定》第 3 条和第 4 条中。

《若干规定》第 3 条规定："申请商标注册应当遵循诚实信用原则。不得有下列行为：（一）属于商标法第四条规定的不以使用为目的恶意申请商标注册的；（二）属于商标法第十三条规定，复制、摹仿或者翻译他人驰名商标的；（三）属于商标法第十五条规定，代理人、代表人未经授权申请注册被代理人或者被代表人商标的；基于合同、业务往来关系或者其他关系明知他人在先使用的商标存在而申请注册该商标的；（四）属于商标法第三十二条规定，损害他人现有的在先权利或者以不正当手段抢先注册他人已经使用并有一定影响的商标的；（五）以欺骗或者其他不正当手段申请商标注册的；（六）其他违反诚实信用原则，违背公序良俗，或者有其他不良影响的。"

《若干规定》第 4 条规定："商标代理机构应当遵循诚实信用原则。知道或者应当知道委托人申请商标注册属于下列情形之一的，不得接受其委托：（一）属于商标法第四条规定的不以使用为目的恶意申请商标注册的；（二）属于商标法第十五条规定的；（三）属于商标法第三十二条规定的。商标代理机构除对其代理服务申请商标注册外，不得申请注册其他商标，不得以不正当手段扰乱商标代理市场秩序。"

从上述条文可知，《若干规定》规制"非正常"商标申请包括商标申请行为及其商标代理行为。《若干规定》列举的"非正常"商标申请行为可以分为四种类型：一是不以使用为目的的恶意申请，即通常所说的囤积型商标申请；二是违反诚信原则，侵害他人在先商标权益和其他在先权益的商标申请；三是以欺骗或者其他不正当手段申请商标注册的行为；四是其他违反诚实信用原则，违背公序良俗，或者有其他不良影响的商标申请。本文聚焦于第一种非正常商标申请，即囤积型商标申请行为。

二、囤积型商标申请的构成要件

（一）不以使用为目的

囤积型商标申请首要特征就是申请人申请商标通常不以使用为目的。在囤积型商标申请中，有的申请人并未复制、摹仿、翻译或者抄袭他人商标，也没有损害他人其他在先合法权利或抢注公共资源名称，而是大量申请"臆造性"或者"任意性"文字或图形，注册成功后甚至在申请过程中就转售给需要的市场主体牟利。申请人明显具有投资商标注册的目的，表现为短期内申请商标数量巨大，伴有网上兜售商标行为，其申请商标显然非出于自身使用的需要。❶

商标申请人将无具体含义的汉字或者英文字母作为商标进行批量申请注册，是伴随着我国商标注册成本不断降低而出现的新情况。从 2015 年 10 月 15 日起，受理商标注册费由原来的 800 元降为 600 元；2017 年 4 月 1 日起，又降到 300 元。另外，近年来成立的众多"互联网＋"商标代理机构，代理费用非常低廉，有些甚至打出了商标免费申请的旗号。商标申请成本下降让社会资本找到了一条新的"投资渠道"，囤积型商标注册现象的爆发，也正始于 2017 年。

囤积型商标申请多发，引起社会强烈关注。统计数据显示，很多商标申请量排名前列的申请人，并非有一定规模的公司，而是来自一些成立时间短、规模小的企业甚至是个体工商户（自然人）。这类自然人和小型公司会如此大量地申请商标显然并非生产商品或者提供服务需要，较为合理的解释只能是其主营业务就是大量申请商标，获得注册后待价而沽，转让给他人。这类行为本质上是投资商标注册，将未经使用的注册商标本身转化为商品，由此形成"商标注册产业化，注册商标商品化"的现象。

2018 年上半年商标申请量统计显示，商标申请量前 10 位的申请人

---

❶ 熊培新. "单纯性囤积商标"属非正常申请行为 [J]. 中华商标，2019（4）：62-64.

中，除排名第 6 位的腾讯科技（深圳）有限公司和第 8 位的百度在线网络技术（北京）有限公司外，其他都是注册资本在 100 万元以下的小型公司，具体如表 1❶所示。而且，不少申请人之间还存在关联关系，如申请量排名第 1 位的广州朗佰商贸有限公司、第 2 位的珠海云非凡贸易有限公司和第 9 位的广州古莫宁贸易有限公司的法定代表人都是王玉环；申请量排名第 3 位的广州南象贸易有限公司和第 5 位的珠海至多新贸易有限公司，法定代表人都是谢颖贤。又如排名第 4 位的珠海典昱贸易有限公司，该公司与十几家存在内部关联的公司共计提起了 7 万件以上的商标申请。❷

表 1 2018 年上半年商标申请量前 10 名

排名	申请人名称	注册时间	注册资本	法定代表人	商标申请量
1	广州朗佰商贸有限公司	2017.11.02	100 万元	王玉环	6506 件
2	珠海云非凡贸易有限公司	2018.03.12	100 万元	王玉环	5110 件
3	广州南象贸易有限公司	2018.01.09	100 万元	谢颖贤	5062 件
4	珠海典昱贸易有限公司	2018.05.02	100 万元	翟恩荣	5060 件
5	珠海至多新贸易有限公司	2018.03.12	100 万元	谢颖贤	5045 件
6	腾讯科技（深圳）有限公司	2000.02.24	200 万美元	马化腾	3602 件
7	厦门市快椰科技有限公司	2018.02.02	20 万元	杨小玉	2848 件
8	百度在线网络技术（北京）有限公司	2000.01.18	4520 万美元	向海龙	2591 件
9	广州古莫宁贸易有限公司	2017.11.09	100 万元	王玉环	2483 件
10	广州市玮誉贸易有限公司	2003.12.02	100 万元	侯丰羽	2428 件

在国家知识产权局商标局等相关部门的共同努力下，囤积型商标申请数量开始明显下降。在 2019 年上半年，全国商标申请大户的申请量逐步趋于"正常"，申请量排名前 10 位的申请人基本上都是华为、腾讯、

❶ 2018 上半年「全国申请人」商标申请量排行榜（前 100 名）[EB/OL].（2018-08-10）. "http：//www. iprdaily. cn/news_19574. html；企业的注册资本、控制人和成立时间主要来自"启信宝"。

❷ 万件弱爆了！他们申请了 70000＋商标 [EB/OL].（2018-08-13）. https：//mp. weixin. qq. com/s/E_v-96aWbkyqAw4pdnQ2wA.

百度、阿里巴巴、伊利、京东、维沃、字节跳动等知名公司。❶ 以自然人提起的商标申请为例，在 2018 年上半年，申请量排名前 100 名的申请人中，有 21 名自然人，其商标申请总量为 21 014 件，平均每人申请 1000.67 件；在 2019 年上半年，商标申请 100 强中，自然人为 11 人，商标申请总量为 4237 件，平均每人申请 385.27 件。囤积型商标申请在申请总量和人均申请量上均明显下降。

（二）恶意

囤积型商标申请的另一个构成要件是申请人存在恶意。"恶意"在本质上是行为人的一种主观心理状态。"民法上的恶意是指，行为人在从事民事行为时，明知其行为缺乏法律根据或其行为相对人缺乏合法权利的一种主观心理状态。在特定情形下，行为人应当知道因可归咎于该行为人的重大过失而未知，也可以构成恶意。"❷

《商标法》多个条文使用了"恶意"这一概念，如第 4 条（恶意商标注册申请）、第 36 条（恶意使用商标）、第 45 条（恶意注册驰名商标）、第 47 条（恶意给他人造成损失）、第 63 条（恶意侵犯商标专用权）和第 68 条（恶意商标申请和恶意商标诉讼）。但是，《商标法》中并未对"恶意"的含义作出明确规定，主要原因是在不同的情形下，"恶意"的表现形式有所不同。事实上，《若干规定》所规制的各类"非正常"商标申请大都带有"恶意"的因素。《若干规定》第 3 条第 3 项所规定的抢注被代理人或被代表人商标是明知对方商标存在，第 4 项涉及的不正当手段抢注商标则属于手段本身不正当，第 5 项涉及的欺骗或者不正当手段也是行为本身就带有恶意。至于第 4 项涉及的损害他人在先权利，由于存在无意"撞车"的可能，因此还需要根据案件具体情况来判断行为人是否属于"恶意"。

在认定囤积型商标申请中，如果孤立地看待申请人的每件申请，则很难看出其中存在的恶意。毕竟申请人申请一件"臆造性"或者"任意性"文字或图形商标，难谓不正当或者具有恶意。但是，量变引起质变，数十个乃至数百个商标申请作为一个整体就可能呈现出恶意。如果说申

---

❶ 2019 年上半年全国申请人商标申请量排行榜（前 100 名）[EB/OL].（2019-07-16）. http：//www.iprdaily.cn/artide_24619.html.

❷ 汪泽. 民法上的善意、恶意及其运用 [J]. 河北法学，1996（1）：7-12.

请人同一天提起数百件商标申请还能勉强视为一个行为，那申请人通过"化整为零"的方式多批次提起申请，甚至通过多个关联主体提起申请的行为则难以视为一个行为。因此，不能孤立地看待申请人单个申请行为，而应从系列行为整体上把握和认定是否构成囤积商标，否则难以对此类行为进行有效遏制。

近年来，法院在判断是否构成恶意商标申请时，逐渐将案外的其他因素纳入考虑范围。如在"威仕达玉兰"商标争议行政纠纷案中，最高人民法院指出，威仕达公司在实际使用争议商标的过程中具有攀附宝洁公司商标商誉的意图，亦进一步佐证了该公司申请注册争议商标具有恶意。❶ 在该案中，最高人民法院使用的描述为"佐证"，即补强性证据。补强性证据不能单独作为认定事实的依据，但可以与其他证据互相印证，在总体上增强证据的说服力。

商标审查程序的证明标准与民事诉讼类似，从量化的角度上说，认定申请人存在恶意要达到"高度盖然性"标准。有学者认为，如果用心证百分比衡量，至少应为 85%。❷ 单个的佐证能够证明的可能性也许只有20%，但如果和其他证据互相印证，则完全可能越过 85% 的门槛。比如说，行为人以前就有恶意申请商标的"前科"，仅凭该证据不能认为行为人的此次申请也属于恶意，但可以结合其他证据在总体上进行评价。

在《若干规定》第 8 条中，对"不以使用为目的的恶意申请"的判断因素中，就纳入了很多商标申请之外的其他因素，其内容为："商标注册部门在判断商标注册申请是否属于违反商标法第四条规定时，可以综合考虑以下因素：（一）申请人或者与其存在关联关系的自然人、法人、其他组织申请注册商标数量、指定使用的类别、商标交易情况等；（二）申请人所在行业、经营状况等；（三）申请人被已生效的行政决定或者裁定、司法判决认定曾从事商标恶意注册行为、侵犯他人注册商标专用权行为的情况；（四）申请注册的商标与他人有一定知名度的商标相同或者近似的情况；（五）申请注册的商标与知名人物姓名、企业字号、企业名称简称或者其他商业标识等相同或者近似的情况；（六）商标注册部门认为应当考虑的其他因素。""综合判断"也意味着前述各个因素既相互独立又相互补强，

---

❶ 参见最高人民法院（2016）最高法行再 12 号行政判决书。
❷ 霍海红. 提高民事诉讼证明标准的理论反思 [J]. 中国法学，2016（2）：258-279.

综合考虑各因素后最终作出判定。

(三) 两要件缺一不可

"不以使用为目的的恶意商标注册申请"构成要件有二："不以使用为目的"和"恶意"，两要件都需要符合，缺一不可。当然，这两个要件本身存在一定的关联性，并不属于独立变量。"不以使用为目的"未必就存在"恶意"，而各种"恶意"申请商标的行为中，"不以使用为目的"也仅是其中的一种。

商标的生命和价值在于使用，申请人申请商标的目的通常是实际使用。但是，知名品牌的所有人为了能够更好地保护自身核心商标，往往会进行大量的防御性注册，而不是为了实际使用。例如，小米公司注册了"大米""蓝米""黑米""紫米""橙米""绿米""黄米""桔米"等商标；阿里巴巴注册了"阿里爸爸；ALIBABA""阿里妈妈""阿里妈妈；ALIMAMA. COM""阿里姐姐""阿里妹妹""阿里姑姑""阿里叔叔""阿里哥哥""阿里弟弟"等商标；老干妈公司为保护"老干妈"商标，还注册了"老干爹""老干娘""老干爸""干儿子""干儿女""老姨妈"等商标；星巴克公司仅在第 29 类就注册了"索巴克""辛巴克""新巴克""兴巴克""星巴特"等几十件商标。❶ 又如，知名艺人张家辉为防止自己的外号"渣渣辉"被他人抢注，对其进行了全类注册。申请人的此种行为是为了应对商标的抢注，虽然不是以使用为目的，但主观上并不存在恶意。

行为人大量申请商标，未必就属于"不以使用为目的"，只是存在构成"不以使用为目的"的"恶意申请"的嫌疑。在很多情况下，这种嫌疑不足以让商标注册部门作出驳回商标申请的决定，但商标注册部门有权要求申请人作出解释。从程序的角度来看，就是重新分配举证责任，由申请人证明自己并非恶意申请。在证明标准上，商标注册部门作出驳回决定需要达到"高度盖然性"的标准，而重新分配举证责任则不需要达到这样的证明高度。如果申请人拒不说明，或者其说明的理由不成立，则这两项作为新的事实加入，申请人属于恶意申请的可能性就大大增加。因为如果申请人存在合理的理由，则完全可以举证说明，若申请人不举

---

❶ 张枭翔. "老干爹"太辣，来杯"星巴特"……别笑！这些商标都不是山寨的［EB/OL］(2017-06-17). http：//m. thepaper. cn/newsDetail-foward_1711187.

证则可以认定其为恶意。2013 年《商标法》修改后，第 63 条第 2 款规定的文书提供令就是基于这个逻辑。❶ 根据该条，如果侵权人不提供或者提供虚假的账簿，则会承担不利后果，法院会参考权利人的主张和提供的证据判定赔偿数额。

三、囤积型商标申请的判断

（一）综合判断原则

在商标审查阶段，囤积型商标申请往往会在商标申请的数量、商标所指向的商品或者服务类别以及商标标识本身方面存在异常之处。有观点认为，"是否明显缺乏使用意图可以结合申请人的主体情况、申请注册的数量、指定使用商品所涵盖的范围等方面来加以认定。申请人客观上未使用的事实、兜售商标或者高价转让不成即向在先商标使用人提起侵权诉讼等行为均能佐证其申请商标并非为生产经营所需。而关于大量囤积，虽然是最主要的行为特征和量变引起质变的基础，但却无法确定一个固定的数量标准。从数千件到数十件，均有可能构成大规模抢注，除数量之外，还需结合案件具体情况、所抢注商标的情况以及所体现出的申请人的恶意等情况综合加以判断，并且要与企业正常经营中申请注册大量商标的正当行为相区分。"❷ 前文中提到的《若干规定》第 8 条，其所规定的判断标准也是基于前述逻辑。

（二）商标申请类别

个体工商户、农村承包经营户以及小微型企业，生产经营的规模较小，其对商标的使用需求也比较有限。一般来说，此类申请人需要使用的商标标识数量不多，并且往往集中在有限的一个或数个类别。如果此类申请人提起的商标申请囊括了众多商品和服务类别，那恐怕并非以生产经营为目的，存在"非正常"申请的嫌疑。

---

❶ 《商标法》第 63 条第 2 款：人民法院为确定赔偿数额，在权利人已经尽力举证，而与侵权行为相关的账簿、资料主要由侵权人掌握的情况下，可以责令侵权人提供与侵权行为相关的账簿、资料；侵权人不提供或者提供虚假的账簿、资料的，人民法院可以参考权利人的主张和提供的证据判定赔偿数额。

❷ 董晓敏. 大规模抢注行为的法律规制［J］. 法律适用，2017（21）：81-85.

如在"曲索"案中，贾某于2018年10月22日申请注册第34183617号"曲索"商标，指定使用的商品为第1类的"活性炭，刹车液，生物化学催化剂，肥料，灭火合成物，食物防腐用化学品，工业用黏合剂，工业用胶，纸浆，纤维素"。该申请人在短期内提交了355件商标注册申请，共涉及《类似商品和服务区分表》中的42个类别，各类别上的商标数量从1件到20多件不等，具体如图1所示。

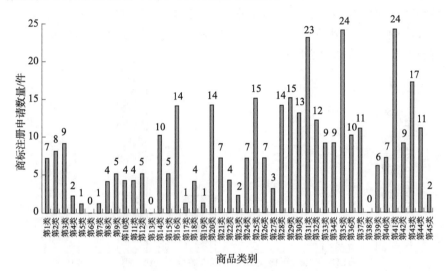

图1　贾某商标注册申请数量及类别分布

案例来源：国家知识产权局商标局。

贾某申请注册的商标多为随意组合的汉字，如其在第1类上申请注册的商标分别为"颍茂""恩松""卿麟""穗融""曲索""标舒""茂港"，在第41类上申请注册的分别为"莘阳""爵秀""高沃""亲蕾""磊知阁""鹿柠""楚庭"等。贾某在众多商品和服务项目上注册商标，明显并非出于生产经营目的。最终，国家知识产权局商标局适用《商标法》第4条和第30条，对此批涉案商标申请予以驳回。

（三）商标申请数量

有的商标申请人并没有"四处开花"，在众多商品类别上注册商标，而是在有限的几个领域中进行"深耕"。如在"ROGUSONTER"案中，申请人武汉古维德服装有限公司（以下简称"古维德公司"）成立于2018年3月，注册资本为10万元，经营范围包括：网上销售服装鞋帽、家具

用品、皮具、箱包、日用百货、针纺织品、电子产品、家用电器、汽车
配件、五金交电、化妆品（依法须经审批的项目，经相关部门审批后方
可开展经营活动）。

2018年6月15日，古维德公司申请注册第31636998号"ROGUSO-
NTER"商标，指定使用的商品为第33类的"葡萄酒，烈酒（饮料），白
兰地，威士忌，米酒，白酒，黄酒，食用酒精，烧酒，果酒（含酒精）"。
截至上述商标的申请日，古维德公司共计提起400多件商标注册申请，
主要集中在第25类和第33类，此外在第35类、第12类和第18类也有
部分注册，具体如图2所示。

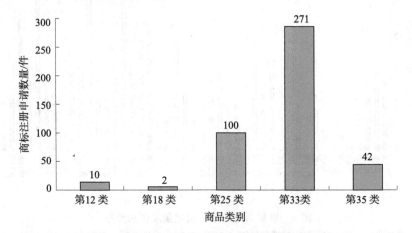

图2 古维德公司商标注册申请数量及类别分布

案例来源：国家知识产权局商标局。

古维德公司本次提起注册申请的商标共计108件，均指定使用在第
33类商品上，商标标识大部分为无含义的英文字母，如"JOVEYLAN"
"NORVEYCAR""ODYROEDEN""OSLENSON""MALSTENA"
"LANOPHY""MARCYROE""WARSONFF""TEFFIO""PARYLA"
"NEGERAL""OLANSOPHY""ROAFFORD"等，少部分为"西化"
风格的中文，如"曼索菲""杰瑞顿""派索曼""托曼德""温华菲"和
"玛西罗"等。

在该案中，古维德公司的经营范围主要是服装鞋帽，并不涉及酒类
商品。不过商标注册申请中，商标注册部门并不会审查申请人的经营范
围以及是否具备其商标注册指定的商品或服务类别所需的经营资质或者

资格。商标申请人跨经营领域进行商标注册，可能是为跨行做准备，也可能是为了对已注册商标进行扩大保护。为此，商标注册部门并不能仅根据企业的经营范围来判断是否属于"非正常"申请。不过，古维德公司本次在第33类上申请注册100件以上的商标，并且之前已在该类别上提起了160多件商标申请，明显超过其实际经营的需要。

另外，代理古维德公司进行商标注册申请的代理机构为武汉标马商标代理有限公司，该代理机构的注册地址和古维德公司一致。古维德公司的注册地址上同时还存在另外两家公司，而这两家公司也有囤积商标的嫌疑。古维德公司本身还有"前科"，曾被他人举报囤积商标，扰乱商标注册秩序。

最终，古维德公司的该批商标注册申请，被认定缺乏真实使用意图，且明显超出正常经营活动需要，严重妨碍了市场主体的正常经营活动，损害了公平竞争的市场秩序，并被依据《商标法》第4条和第30条予以驳回。

（四）商标申请人

部分商标申请人为逃避打击，会采用"化整为零"的方式，通过自身控制的众多关联公司提起商标注册申请。如在"倩溯"案中，陈某同时担任杭州骁佳贸易有限公司（以下简称"骁佳公司"）、杭州春淘贸易有限公司（以下简称"春淘公司"）和杭州光箬贸易有限公司（以下简称"光箬公司"）的法定代表人。这三家公司的成立时间均为2018年9月19日，注册资本都为100万元，地址都为浙江省杭州市江干区太平门直街260号三新银座1203室。

2018年10月，陈某开始以这三家公司的名义，通过某商标代理公司大量申请商标注册。这三家公司在商标注册申请上也显得"步调一致"，体现在：①每家申请注册商标的数量都是221件；②商标名称都由无具体含义的两个汉字构成；③商标注册申请涉及的商标类别都涉及相同的26个类别；④在前13个类别上，骁佳公司每个类别上申请注册的商标为9个，春淘公司和光箬公司每个类别上申请注册的商标都是8个，后13个类别则刚好相反。上述三家公司的商标注册申请情况如图3所示。

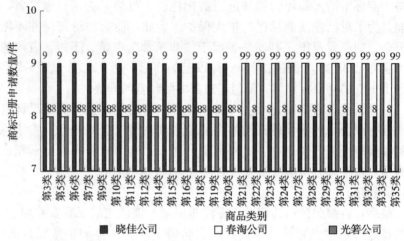

图3　骁佳公司、春淘公司和光箸公司商标注册申请数量及类别分布
案例来源：国家知识产权局商标局。

国家知识产权局商标局经审查后认为，上述三家申请人申请注册的大量商标，缺乏真实使用意图，且明显超出正常经营活动需要，严重妨碍了市场主体的正常经营活动，损害了公平竞争的市场秩序，最终适用《商标法》第4条、第30条予以驳回。

囤积型商标申请人属于"价格敏感型"，故其在提交商标注册申请时，通常会通过各种途径降低成本。在该案中，陈某担任法定代表人的三家公司使用的是同一个地址，委托的是同一家商标代理机构，在同一天提起申请，商标所涉及的商品和服务类别也呈现出高度的一致性。可见，申请人通过关联公司来申请注册商标，往往有"蛛丝马迹"可寻。随着商标注册部门的审查标准日益严格，申请人从事"非正常"申请的手段也会随之"进化"，如通过更多的关联公司申请、委托不同的代理机构申请、降低每批商标申请的数量等。随着申请人的行为日益隐蔽，发现"非正常"商标申请的难度也会随之增大。不过，行为越隐蔽，商标申请的成本也会越高，当成本提高到申请人无利可图时，此类商标申请自然会随之减少。

（五）申请人的其他行为

通过申请人使用商标的行为也可以用来反推其申请商标注册时的主观状态。如在"锦竹JINZHU及图"商标异议复审行政纠纷案中，法院考虑到争议商标的转让情况以及不同时期权利人多次摹仿剑南春公司绵竹大曲酒包装装潢并被当地工商行政管理机关予以处罚，认定诉争商标申请注册之时即非善意。❶

近年来，在电商平台上，恶意获得商标注册后四处进行"维权"屡见不鲜。"据阿里巴巴披露，'破洞''呼啦圈''一脚蹬''打地鼠'等越来越多的通用词、描述词正在成为'恶意商标'，直接影响平台上900万商家的正常生计。"❷ 截至2017年3月，"淘宝天猫平台上累计已有83个'恶意商标'曾对超过1.5万家商家的11万件商品进行了恶意投诉，商家因此损失估算数百万元。"❸ 又如，芜湖市镜湖区知桥电子产品销售部在第41类服务上将知名主播"敬汉卿"的姓名抢注为商标，然后向该主播发送商标侵权通知函。❹ 该销售部的这一行为，就足以证明其申请注册商标存在恶意，更何况该销售部还将其他数十名知名博主的网名也注为商标。考虑到申请人主观状态的一致性，针对此类存在"前科"的商标申请人，认定其提起的大量商标注册申请存在恶意应当不会存在太多的争议。

（六）商标标识特征

在"非正常"商标注册申请中，商标标识本身也会呈现出一定的特点。《北京市高级人民法院商标授权确权行政案件审理指南》（2019）第7.1条，将囤积型商标申请分为两种，其构成要件各不相同：①申请商标本身和他人在先的商业标识或者公共资源相同或者近似，且"情节严重"；②申请商标不存在"撞车"的情形，需要"大量申请"且"缺乏正当理由"。其中，他人在先的商业标识包括他人具有一定知名度或者较强显著特征的商标和其他商业标识，公共资源则包括具有一定知名度的地名、景点名称、建筑物名称等。

在该条规定中，"情节严重"和"大量申请"这两种不同的表述，代表了不同的含义。"情节严重"应当综合考虑各项因素。例如，商标申请人在申请商标注册时的主观心态，需要通过各种外部证据来予以推定。"在先商标的知名度、独创性，商标注册人所处的地理位置、所从事的行

❶ 北京市第一中级人民法院（2012）一中知行初字第3359号行政判决书。
❷❸ 吴学安. 共同遏制"恶意挟持"乱象［N］. 中国知识产权报，2017-04-07（7）.
❹ 木杉. 你被敬汉卿了吗？［EB/OL］.（2019-08-05）［2019-10-27］. http://www.zhichanli.com/article/8507.html.

业以及注册商标后的行为等多种因素均可以作为判断商标注册人申请时是否'明知或应知'的考量因素。"❶

申请人所申请的商标如果都是臆造词汇，则不存在攀附他人商誉或者是抢夺公共资源的问题，故是否属于"非正常"申请只能从申请数量上来判断。如果说申请人申请的商标都是臆造词汇，则有相当的数量才构成"非正常"申请；如果商标标识本身就存在攀附他人商誉的问题，则会降低对申请数量的要求。如在"海棠湾"商标争议行政纠纷案中，李某申请注册"海棠湾""香水湾""椰林湾"等 30 余件商标，其中不少与公众知晓的海南岛的地名、景点名称有关。法院认定其行为构成"以不正当手段取得注册"。❷

在《商标法》中，并未禁止县级以下行政区域（不包括县级）的名称注册为商标。这也很容易理解，毕竟县级以下的地名数量繁多，很多地名也都来自现有的词汇，商标审查机关事实上也无法一一查清。此外，注册这些地名商标的申请人也往往是当地人，注册这些商标也具备合理性。不过，如果有人试图将数以百计的地名注册为商标纳入囊中，那就具有不正当占有公众资源的意图。如"地名抢注大户"上海隽畅信息技术有限公司成立于 2016 年 6 月 8 日，注册资本为 10 万元。从 2016 年开始，该公司先后提起了 800 多件商标注册申请，其中绝大部分都是县级以下行政区域的名称。如果算上该公司的关联公司所申请的商标，则总量近 5000 件。❸

又如，早在 10 多年前，自然人苗某就开始大批量申请将知名景点名称注册为商标。据苗某透露，截至 2010 年，苗某的 7 人团队共提起 300 多件商标注册申请，其中 100 多件获得授权，包括浙江的"六和塔""神龙川""瑶琳仙境""双溪漂流"、广西的"象鼻山"等。❹ 苗某在商标获准注册后，开始其"维权"之旅，如起诉杭州神龙川旅游文化发展有限公司侵犯其注册在第 41 类服务上的第 5320548 号"神龙川"商标。最终

---

❶ 穆颖. 商标恶意抢注的判定规则：以"明知或应知"的主观状态为核心 [J]. 中华商标，2017（1）：30-34.

❷ 参见最高人民法院（2013）知行字第 41 号行政裁定书。

❸ 王海娜. 遏制非正常商标申请的审查实践 [Z]. 杭州：第 10 届中国知识产权年会"君策沙龙"，2019-09-03.

❹ 滕昶，高芸芸，韦陈健. 揭秘'商标狙击手'老苗的狙击生涯 [N]. 青年时报，2010-10-26.

法院判定神龙川公司在其经营的景区门票、宣传资料、景点入口上使用"神龙川"标识属于正当使用，不构成侵犯商标权。❶

获得商标申请人"青睐"的公共资源还包括各类通用名称。如深圳市美时龙电子科技有限公司成立于 2009 年，注册资本为 100 万元。在该公司所注册的数十件商标中，有一半以上为"FPGA""CPLD""SDRAM""EPROM""FPGAIC"等集成电路或计算机领域常见的专业术语的首字母缩略形式。❷

四、大量申请的合理理由

存在"非正常"嫌疑的商标申请，如果申请人能够提供合理的理由，则构成有效抗辩。申请人的合理理由分为多种情形，如申请人可能需要保护的相关名称确实数量较多。例如，在第 31609373 号"开天录"案中，申请人上海玄霆娱乐信息科技有限公司为"起点中文网"的经营者，该公司先后共申请 1500 多件商标，这些商标基本上为在"起点中文网"连载的网络小说名称或与"起点中文网"有关。最终，商标审查机关对涉案商标予以初步审定。❸ 类似的还有"阅文书城"案，上海阅文信息技术有限公司也将旗下的大量作品名称在众多的商品和服务类别上注册为商标进行保护。❹ 有的申请人可能是由于所从事的业务领域比较特殊，也需要申请注册大量的商标。如在"云须"案中，申请人中益善缘（北京）科技有限公司（以下简称"中益善缘公司"）短期内提交了大量商标注册申请，目前共有 291 件商标获得注册，主要指定在第 29 类、第 30 类、第 32 类商品上。在该案中，中益善缘公司为"公益中国"平台的运营者，该公司所进行的扶贫项目会对接大量贫困县的农副产品，每一个品类产品都要申请注册商标以进行销售。中益善缘公司考虑到商标注册周期和

---

❶ 参见杭州市中级人民法院（2009）浙杭知初字第 496 号民事判决书、浙江省高级人民法院（2010）浙知终字第 42 号民事判决书。

❷ 王海娜. 遏制非正常商标申请的审查实践 ［Z］. 杭州：第 10 届中国知识产权年会"君策沙龙"，2019-09-03.

❸ 宋玲玲. 审查程序中对非正常申请的遏制 ［Z］. 杭州：第 10 届中国知识产权年会"君策沙龙"，2019-09-03.

❹ 孙鸥. 评审实践中商标法第四条理解适用的难点问题 ［Z］. 杭州：第 10 届中国知识产权年会"君策沙龙"，2019-09-03.

注册风险情况，从 2017 年开始申请了大量商标。❶

此外，如腾讯、阿里巴巴、华为等知名大公司，因业务发展和经营需要，往往有较多的商标注册需求，华为公司更是被戏称注册了整本《山海经》。不过有的企业虽然注册资本相对较少，但基于其实际情况，也可能产生较多的商标注册申请。如自然人钟某在第 29 类、第 30 类、第 35 类和第 43 类商品及服务上共申请注册 448 件商标，表面看确有"非正常"申请的嫌疑。不过，钟某为成都钢五区顾大姐餐饮管理有限公司的发起人及品牌管理人，该公司注册资本虽然仅有 100 万元，但在全国开设了 239 家"钢管厂五区小郡肝串串香"店面，且其所申请注册的商标皆围绕着上述核心品牌申请注册在餐饮相关的商品和服务上，为实际经营所需。❷

五、非正常商标申请的法律规制

"非正常"商标申请并非一种新型的违法行为，而是对若干种违反《商标法》规定的申请行为的统称。针对囤积型商标申请，在 2019 年 4 月《商标法》修改时于第 4 条新增"不以使用为目的的恶意商标注册申请，应当予以驳回"的规定之前，商标审查部门和人民法院已经对 2013 年修正的《商标法》第 4 条作出扩大解释（应以使用为目的），适用 2013 年修正的《商标法》第 7 条（诚实信用原则）或者第 44 条第 1 款（以其他不正当手段取得注册）规制"非正常"商标申请行为，并取得显著成效。2019 年《商标法》修改是对此前实践的总结，没有赋予商标审查部门更多的审查责任，更没有动摇我国《商标法》的注册原则。

在法律适用方面，《商标法》第 4 条的适用要件有两个，即申请注册商标"不以使用为目的"和申请人"出于恶意"，两者缺一不可。该规定属于规制非正常商标申请的兜底性条款，在其他法律条款难以规制的情形下方可适用。对于符合《若干规定》第 3 条所列举的"复制、摹仿或者翻译他人驰名商标""代理人、代表人抢注或者基于特定关系抢注""损害他人现有的在先权利""以不正当手段抢注他人在先使用并有一定

---

❶❷ 孙鸥. 评审实践中商标法第四条理解适用的难点问题 [Z]. 杭州：第 10 届中国知识产权年会"君策沙龙"，2019-09-03.

影响的商标""违背公序良俗或者有其他不良影响"的商标申请,则应优先适用《商标法》第13条、第15条、第32条、第10条第1款第8项、第44条第1款等具体条款加以规制,避免以《商标法》第4条取代其他具体条款的适用。

在程序分工方面,根据《商标法》第30条、第33条、第44条第1款的规定,《商标法》第4条既是商标申请实质审查的驳回理由,也是商标异议和无效的理由。虽然此种制度设计实现了规制"非正常"商标申请端口前移,但并不意味着要求在实质审查程序穷尽手段去发现、甄别"非正常"申请行为。根据国家知识产权局对《若干规定》的解答,该规定只是要求"如果商标注册部门发现商标注册申请的申请人存在无正当理由大量申请商标注册、交易商标、占用公共资源及多次在非类似商品或服务上抢注他人商标等情形,则会继续审查该申请是否属于不以使用为目的恶意申请商标注册。具体来说,在认定是否构成恶意申请时,审查员需要综合多项考虑因素和个案证据进行分析判断"。尤其是对于仅损害特定民事权益的"攀附型"抢注行为,情节未达严重程度的,仍应由权利人或者利害关系人通过商标异议、商标无效宣告程序解决。唯此才能更好地发挥商标审查、异议和无效宣告的程序功能。

我国非传统商标
典型案例综述[*]

北京君策知识产权发展中心

摘 要

虽然通过历次《商标法》修改，我国逐渐增加了可注册非传统商标的类型，但我国对于非传统商标的申请注册审查和司法审判还欠缺完善的规定，实践中对于非传统商标的审查和司法审判也持慎重态度。较之平面商标而言，非传统商标的形式审查、实质审查特别是显著性审查方面明显更为严格。

关键词

非传统商标 实质审查 形式审查

---

* 本文整理自 2019 年 4 月国家知识产权局条法司委托的、由北京君策知识产权发展中心承担的"非传统商标审查标准适用项目"报告。

一、非传统商标的定义及类型

（一）定义

近年来，知识产权保护国际组织对非传统商标的相关议题开展了一系列研讨，但迄今并未形成关于非传统商标的统一的、明确的定义。《补充〈商标法新加坡条约及其实施细则〉的外交会议决议》（2006 年 3 月 27 日于新加坡签订）首次将立体商标、全息图商标、动作商标、颜色商标、位置商标和由非可视标志构成的商标称为"新型商标"。世界知识产权组织（WIPO）的商标、工业品外观设计和地理标志法律常设委员会（SCT）最初也采用了"新型商标"的表述方式，但随着研究的不断深入，其逐渐意识到这一表述存在问题，因此自 2007 年 11 月的第十八届会议起转而采用"非传统商标"的表述方式。国际保护知识产权协会（AIPPI）和国际商标协会（INTA）一直采用"非传统商标或非常规商标"的表述。❶ 为与 WIPO 及国际商标学界的表述一致，本文亦采用"非传统商标"的表述。

INTA 认为，对非传统商标进行明确定义，首先应明确传统商标的性质。一般来说，商标由文字、图形或其组合构成。上述标记对于大多数消费者而言都是耳熟能详的。但是现实中还存在一些消费者并不很熟知的商标，这就是所谓的非传统商标。SCT 认为，非传统商标是相对于传统商标而言的，传统商标一般只限于平面标记，包括文字、图形和颜色组合等；非传统商标则包括多种形态，如立体商标、颜色商标、全息图商标、广告语、动作商标和多媒体商标、位置商标、手势商标、声音商标、气味商标和嗅觉商标等。❷ INTA 和 AIPPI 认为非传统商标主要包括如下类型：商品设计或形状商标、颜色商标、气味商标、声音商标、味觉商标、触觉商标以及动态商标。❸ 也就是说，非传统商标有多种表现形式，既包括可视性标志，也包括非可视性标志。非传统商标作为一个整体，其外延并不固定。根据构成要素的不同，可视性标志可分为立体商

---

❶ 湛茜. 非传统商标国际注册问题研究 [D]. 上海：复旦大学，2012：7.

❷ 转引自：湛茜. 非传统商标国际注册问题研究 [D]. 上海：复旦大学，2012：7. 又见邓宏光. 商标法的理论基础：以商标显著性为中心 [M]. 北京：法律出版社，2008.

❸ 湛茜. 非传统商标国际注册问题研究 [D]. 上海：复旦大学，2012：7.

标、颜色商标、动态商标和全息图商标等；非可视性标志可分为声音商标、气味商标、味觉商标和触觉商标等。

为了顺应时代和技术发展的要求，我国 2013 年《商标法》对商标可注册要素进行了修订，明确删除了对于构成商标的标志的可视性要求❶，不再一概排除非可视性标志的注册，原则上为各类非可视性商标在我国注册提供了法律空间。同时，2013 年《商标法》首次接受声音可以作为商标进行注册，进一步完善了我国对于非传统商标的注册保护。但是我国在非传统商标注册的立法和实践层面上仍然存在一定的问题。一方面，虽然 2013 年《商标法》第 8 条删除了对于商标的可视性要求，但其所列举的可保护标志中仅仅明确提及了声音商标。对于其他非可视性标志，例如气味商标、味觉商标、触觉商标和位置商标等，是否属于我国《商标法》可注册的范围尚存疑问；另一方面，对于没有明确列举的非传统商标是否可以作为构成商标的标志，《商标法》并未明确。

（二）类型

1. **立体商标**

立体商标，是指仅由三维标志或者含有其他要素的三维标志构成的商标。立体商标可以是商品本身的形状、商品的包装物或者其他三维标志❷。《商标法》于 2001 年修改时增加了三维标志可以作为立体商标申请注册的规定❸。

根据立体商标和商品的关系，可以将立体商标分为三类：（1）与商品本身无关的立体形状，即无论在物理上还是在观念上，均与商品本身没有关系的立体形状。比如麦当劳的"麦当劳小丑"，肯德基的"桑德斯上校"，海尔集团的"海尔兄弟"等。这类立体商标与平面商标本质上并无区别，可以说是平面商标的立体化。（2）商品自身外形的立体形状。商品的整体外形或者特定组成部分的外形均可申请立体商标。（3）商品

---

❶ 《商标法》（2013 年）第 8 条："任何能够将自然人、法人或者其他组织的商品与他人的商品区别开的标志，包括文字、图形、字母、数字、三维标志、颜色组合和声音等，以及上述要素的组合，均可以作为商标申请注册。"

❷ 参见《商标审查及审理标准》（2016 年 12 月）第四部分"立体商标审查标准"。

❸ 参见 2001 年修改的《商标法》（2001 年）第 8 条："任何能够将自然人、法人或者其他组织的商品与他人的商品区别开的可视性标志，包括文字、图形、字母、数字、三维标志和颜色组合，以及上述要素组合，均可以作为商标申请注册。"

包装或容器的立体形状。该类立体商标通常包括用来包装或收纳商品的瓶子、盒子、袋子、罐子等。商品的外包装设计具有显著特色可使消费者留下深刻印象，并进而能够起到识别商品来源的作用。

根据立体商标是单一三维标志还是与其他要素组合，可以分为两类：（1）单一型立体商标，即纯粹由三维标志构成的立体商标。（2）组合型立体商标，即除三维标志之外，还附加了文字、图形、符号、颜色及其组合。在我国获准注册的多为组合立体商标，困扰立体商标保护最大的问题是对组合型立体商标保护范围的确定。

2. 颜色组合商标

颜色组合商标是指由两种或两种以上颜色构成的商标❶。色块之间进行结合但并不进行任何形状式样的表达，亦即仅仅是几个色块的叠加，并且为了更加精准的表达颜色，这些色块要以潘通色谱中的色号明确说明，而不仅仅表述为蓝色、红色等笼统的描述词语。一般具有固定形状轮廓的彩色商标，属于图形商标而非颜色商标。

3. 单一颜色商标

单一颜色商标是指仅由一种颜色组成、能够识别商品或服务的来源并且没有外在轮廓限制的标志，是颜色商标的一种类型。虽然单一颜色未被明确列为可申请商标，然而我国实践中已有单一颜色商标的注册申请。单一颜色商标仅由一种颜色构成，其唯一构成要素就是颜色，没有其他数字或图形的掺杂。单一颜色商标不同于一般的商标有固定的外形，并不受外在形状的限制，这是其区别于普通图形商标的一个重要特征。单一颜色商标在使用时必须明确使用颜色的具体位置。

4. 声音商标

声音商标又称音响商标、听觉商标，是指利用音响、单音组成的音阶甚至是音符组成的乐曲、音乐作为标识以区别商品或服务来源的商标。声音商标可以由音乐性质的声音构成，例如一段乐曲；可以由非音乐性质的声音构成，例如自然界的声音、人或动物的声音；也可以由音乐性质与非音乐性质兼有的声音构成❷。

音乐性质声音商标是以乐曲或歌曲为要素的标识，它通常能以五线

---

❶ 参见《商标审查及审理标准》（2016 年 12 月）第五部分"颜色组合商标的审查"。

❷ 参见《商标审查及审理标准》（2016 年 12 月）第六部分"声音商标的审查"。

谱或简谱的形式表现出来。非音乐性质声音商标由非音乐性质的元素构成，可以是自然界的声音、人为的声音、动物的声音等，如米高梅公司的"狮子吼"就是典型的非音乐性质的声音商标。

5. 位置商标

位置商标，一般被认为是指位于指定使用的商品的特定位置，由立体形状、图形、颜色或以上要素的组合所构成的可视性标志❶。位置商标应当属于"某个特定位置与特定商标要素的结合"，即"位置商标＝特定位置＋特定商标要素"，且该商标要素本身应不具有显著性或者显著性较弱。如果该要素具有显著性或者显著性较强，本身就可以作为单独的商标注册使用，可以使用在任意位置，无须额外保护。如果该要素本身不具有显著性或者显著性较弱，需要通过附着在某特定位置上，与位置相结合增强其显著性，或者需要通过长期使用获得后天显著性，才构成位置商标。

位置商标与其他类型商标标志并不是相互排斥的关系，相反，它们有着密不可分的联系。根据特定商标要素的不同，位置商标可以分为文字位置商标、图形位置商标、颜色位置商标和立体位置商标等。

如前所述，国际上首次明确承认位置商标并将其纳入可注册商标范围的是《商标法新加坡条约》及其实施细则。虽然我国曾于 2007 年 1 月 29 日签署了《商标法新加坡条约》，但鉴于全国人大常委会至今尚未批准该条约，因此我国并非该条约的缔约国，该条约不当然对我国产生效力。

二、确定性——非传统商标形式审查

（一）商标类型的确定

现行《商标法实施条例》对于申请人申请立体商标、颜色组合商标、声音商标作了特殊的规定。

1. 要对非传统商标的具体类型和使用方式作出明确说明

对于非传统商标，无论是书面申请还是电子申请，申请人均需要在申请书中明确说明所申请商标的类型，并要对其使用方式进行具体描述。

---

❶ 湛茜. 非传统商标国际注册问题研究 ［M］. 北京：知识产权出版社，2016：92.

2. 对提供的图样具有特殊要求

2002 年《商标法实施条例》第 13 条第 3 款规定："以三维标志申请注册商标的，应当在申请书中予以声明，并提交能够确定三维形状的图样。"但没有规定未作声明的法律后果以及如何确定三维形状。《商标审查及审理标准》（2016 年 12 月）在总结实践和参照国际惯例的基础上，对《商标法实施条例》规定的不足进行了弥补：第一，申请人没有声明的，视为平面商标；第二，申请人可以通过提交多视图的方式确定三维形状，且应当放在同一张商标图样中，最多不超过 6 幅。之所以规定"六幅"，是因为通过前、后、左、右、上、下六个角度观察三维标志，就足以确定三维形状。如果提供的商标图样难以确定三维形状的，判定为作为立体商标缺乏显著特征。❶

例如，在深圳市音络科技有限公司诉原国家工商行政管理总局商标评审委员会无效宣告纠纷❷中，北京市高级人民法院认为争议商标不是具体的、确定的商业标志，其核准注册不符合《商标法》的相关规定。

在王老吉有限公司与国家知识产权局商标申请驳回复审行政纠纷❸中，法院认为王老吉公司在申请注册诉争商标时提交的商标图样仅包含两幅图片，未提交三面视图，无法确定其申请商标注册的标志的三维形状，最终该商标未被核准注册。

在克里斯蒂昂迪奥尔香料公司（以下简称"迪奥尔公司"）诉原国家工商行政管理总局商标评审委员会驳回复审（商标）行政纠纷❹（以下简称"迪奥香水瓶案"）中，由于迪奥尔公司是通过国际注册领土延伸至中国，其最开始并未提交能够确定是立体商标的商标图样，因此，商标评审委员会和一、二审法院均将涉案商标作为平面商标予以审查。

在乐高博士有限公司诉原国家工商行政管理总局商标评审委员会驳回复审（商标）二审行政纠纷❺（以下简称"乐高玩具案"）中，法院认为，申请商标仅以单一视图的方式提出注册申请，并未完整展现申请商

---

❶ 汪泽. 中国商标法律现代化：理论、制度与实践［M］. 北京：中国工商出版社，2007：242.

❷ （2016）京 73 行初 3072 号、（2018）京行终 175 号。

❸ （2019）京行终 3105 号。

❹ （2018）最高法行再 26 号。该案入选最高人民法院新闻局与中央广播电视总台央视新闻联合评选的"2018 年推动法治进程十大案件"，是其中唯一的知识产权案件。

❺ （2016）京行终 3473 号。

标标志，无法确定包括该人偶形象背部特征在内的其他视角下的完整特征，依法不应予以受理和注册。

3. 要针对本类型特点对商标本身进行规范描述

一是颜色组合商标的申请人应当对全部组合颜色的具体名称、色号、排列顺序、所占比例等进行详尽说明

例如，在安德烈·斯蒂尔股份两合公司与原国家工商行政管理总局商标评审委员会"橙灰颜色组合"商标驳回复审纠纷❶中，法院认为，即便诉争商标是橙灰抽象色块的颜色组合，申请人在申请时提交的商标说明已就该颜色组合如何应用于商品上进行了描述，因此，最终支持了橙灰颜色组合商标的注册。

二是声音商标则应根据具体情形选择适用五线谱、简谱或文字进行规范、清晰、准确、完整地描述，该描述必须与声音样本一致

在上海河马动画设计股份有限公司申请第 15989989 号商标时，商标局认为，与声音样本比较，该声音商标原图样中文字描述缺少"玻璃破碎声"和"哒哒蹄声"等内容，视为商标描述与声音样本存在实质性不同。

三是对于单一颜色商标而言，由于其并不受外在形状的限制，所以在使用时必须明确使用颜色的具体位置

例如，在克里斯提·鲁布托与原国家工商行政管理总局商标评审委员会驳回复审（商标）纠纷❷中，一审法院认为申请人提交的商标标志属于三维标志，二审法院认为该申请商标系限定使用位置的单一颜色商标，其构成要素虽不属于《商标法》第 8 条中明确列举的内容，但并未被《商标法》明确排除在可以作为商标注册的标志之外，至于是否能够获得注册，仍然有待商标评审委员会作进一步审理。

（二）国际注册领土延伸

在非传统商标的申请注册中，有大量非传统商标的申请注册是通过《商标国际注册马德里协定》领土延伸至中国。虽然指定的非传统商标在他国获得了注册，但在我国仍然需要按照我国《商标法》相关规定，判断申请商标是否符合我国的注册条件及具体的商标类型。例如，在 VF 国

---

❶ （2017）京 73 行初 6150 号。该案入选 2018 年全国知识产权典型案例。

❷ （2018）京行终 2631 号。

际公司诉国家知识产权局撤销复审二审行政纠纷❶中，涉案商标由 VF 国际公司向瑞士联邦申请注册。虽然 VF 国际公司仅提交了一幅视图，瑞士联邦仍将其认定为立体商标。但在该商标国际注册领土延伸至中国时，根据中国《商标法》相关规定，其被认定为平面商标并依此被核准注册。

实践表明，我国国际注册领土延伸的程序性规定仍有待完善。例如，《商标法实施条例》（2014 年）第 43 条规定："指定中国的领土延伸申请人，要求将三维标志、颜色组合、声音标志作为商标保护或者要求保护集体商标、证明商标的，自该商标在国际局注册簿登记之日起 3 个月内，应当通过依法设立的商标代理机构，向商标局提交本条例第十三条规定的相关材料。未在上述期限内提交相关材料的，商标局驳回该领土延伸申请。"但在"2018 年推动法治进程十大案件"中的"迪奥香水瓶案"❷中，迪奥尔公司指出因为"通过马德里协定及其议定书进行国际注册的商标，当事人并不能准确知悉其商标领土延伸保护申请何时能够进入到指定的国家局，而且即使申请人想委托中国的代理机构提交相关材料，在何时何地通过何种途径向商标局提交也没有十分明确的规定"，故其未在规定的时间补交三面视图而被视为平面商标进行审查。最高人民法院从切实保护当事人合法权益、平等保护中外商标申请人利益的立场出发，要求行政机关根据程序正当性原则的要求重新作出复审决定。

在处理国际注册领土延伸保护问题方面，由于知识产权保护的地域性，商标注册申请人应注意在最初提交商标注册申请的时候，即按照国际通行做法提交三维标志的多面视图，其实完全可以避免不必要的程序上的延宕。

三、显著性——非传统商标实质审查

（一）固有显著性

在实践中，由于非传统商标本身的原因，除非经过大量使用而被相关公众认为其是识别商品来源的标志，否则一般而言，不宜被认为是表示商品来源的商标。

---

❶ （2017）京行终 5215 号。

❷ （2018）最高法行再 26 号。

（1）对于立体商标固有显著性的判断，如果申请商标的三维标志与指定商品没有任何联系，通常认为具备显著特征。

在费列罗"FERRERO ROCHER"球形巧克力商标纠纷❶（以下简称"费列罗金球巧克力案"）中，法院认为"申请商标对于色彩和商品包装形式的选择均不在本行业和指定使用商品包装形式的常规选择的范围之内，申请商标的独特创意已经使之成为了原告产品的一种标志性设计"而具备固有显著性。

在弗雷斯纳汽车公司"小树图形（立体商标）"商标驳回复审案中，原国家工商行政管理总局商标评审委员会认为，"诉争商标为立体的小树图形，该立体图形并非指定使用商品上的常见图形，"且根据提交的证据可以证明诉争商标已经长期使用在指定使用的商品上，更增加了其显著特征。

（2）如果是商品或者其包装物、容器的形状，通常认为没有显著特征。

在费列罗"FERRERO ROCHER"长方体容器商标纠纷❷中，法院认为，"申请商标的透明长方体容器是一种通用的包装物，其上的装饰带在整个申请商标外观中所占比例不大，其标签也均为空白标签，虽然能够透过容器看到其中的金色球状物，但申请商标给相关公众带来的视觉效果主要还是有内容物的透明长方体容器，无法作为识别商品来源的标志，因此申请商标本身并不具有显著特征。"

在雀巢产品有限公司诉原国家工商行政管理总局商标评审委员会、开平味事达调味品有限公司行政纠纷❸中，法院认为，首先，"虽然该三维标志经过了一定的设计，但争议商标指定使用的'调味品'是普通消费者熟悉的日常用品，在争议商标申请领土延伸保护之前，市场上已存在与争议商标瓶型近似的同类商品的包装，相关公众不会将其作为区分不同商品来源的标志。"其次，"国内多家知名的调味品生产企业使用与争议商标近似的棕色（或透明）方形瓶作为液体调味产品的容器和外包装。在此情形下，相关公众难以将争议商标标志或与其近似的三维标志

---

❶ （2007）一中行初字第 815 号。

❷ （2008）高行终字第 15 号。

❸ （2012）一中知行初字第 269 号、（2012）高行终字第 1750 号、最高人民法院（2014）知行字第 21 号。

作为区分商品来源的标志加以识别。"

在可口可乐公司诉原国家工商行政管理总局商标评审委员会驳回复审（商标）纠纷❶（以下简称"芬达汽水瓶案"）中，法院认为，"可口可乐公司关于其申请注册商标的三维标志具有独特创意、没有其他企业或个人在其之前使用过与之相近似的容器外形的上诉理由，仅能说明该三维标志本身可能会受到《著作权法》或《专利法》的保护，但不能作为其申请商标具有显著特征的理由。"

在原国家工商行政管理总局商标评审委员会诉佩里埃儒埃香槟酒股份有限公司驳回复审（商标）纠纷❷（以下简称"佩里埃儒埃香槟酒瓶案"）中，法院认为，作为三维标志主要部分的酒瓶瓶身是相关商品上的常见包装形式，酒瓶瓶身上的图案及封纸易被相关公众识别为酒瓶的包装装潢而非作为识别商品来源的商标标志加以对待，因此，申请商标缺乏固有显著特征。

在原国家工商行政管理总局商标评审委员会诉克尔巴阡斯普林斯股份有限公司驳回复审（商标）纠纷❸（以下简称"克尔巴阡斯普林斯汽水瓶案"）中，法院认为，"申请商标标志由一个瓶子形状的三维标志构成，该瓶子形状具有一定的特点、并非常见的瓶型，但基于相关公众的认知习惯，通常不会将该三维标志作为区分商品来源的商标标志加以识别，尤其是结合申请商标指定使用的商品，相关公众更是容易将其作为商品包装加以识别和对待，单纯依据申请商标标志本身难以起到区分商品来源的作用。"

在乐高玩具案中❹，法院认为，仅就申请商标图样呈现的人偶形象而言，即使其指定了颜色，但结合申请商标指定使用的商品，相关公众通常仍会将该玩偶作为指定使用的玩具商品具体表现形式的组件或者构件加以对待，而不会将该标志作为区分商品或服务来源的标志加以识别。

（3）立体商标做成装饰物使用在其产品上，因相关公众仅会将其视为装饰物而缺乏固有显著性。

在萨尔瓦多·菲拉格慕股份有限公司与国家知识产权局商标申请驳

---

❶ （2010）一中知行初字第 2664 号、（2011）高行终字第 348 号。

❷ （2013）一中知行初字第 2865 号、（2014）高行终字第 882 号。

❸ （2014）一中行（知）初字第 8386 号、（2015）高行（知）终字第 2029 号。

❹ （2016）京行终 3473 号。

回复审行政纠纷案❶中，法院认为，虽然申请商标标志具有一定的特点，但容易被相关公众作为指定使用商品上的装饰物，而非作为区分商品来源的商标标志加以识别。

在意大利爱马仕公司诉原国家工商行政管理总局商标评审委员会驳回复审（商标）纠纷❷（以下简称"爱马仕商标案"）中，法院认为，虽然申请商标所包含的经过一定变形的皮包翻盖、皮带和金属部件均是包类商品上运用较多的设计元素，但将这几种设计元素组合在一起的设计方式并未使其产生明显区别于同类其他商品外观的显著特征。

（4）颜色组合通常认为不具备固有显著性。

颜色组合商标从图样上看非常抽象，并没有具体的形状，其作为商标使用的时候往往要与实际产品本身、产品包装或者经营场所的装潢设计相结合才能发挥其商标的作用，所以颜色组合商标通常被认为不具有固有显著性。

例如，在中国获准注册的安德烈·斯蒂尔股份两合公司的的"橙灰颜色组合"商标和吉列公司的"黄铜色和黑色"颜色组合商标均是经过长期、大量使用获得了显著性，而非其固有显著性。

（5）声音作为商标通常缺乏显著性，即使声音有独特性也不意味着具备作为商标的显著性，而是必须通过使用产生识别商品或者服务来源的功能，才具有商标显著性。

我国司法机关审结的首例声音商标案件❸提出了声音商标显著性的判断标准：一是遵循传统商标显著性的基本判断原理、标准与规则；二是声音商标原则上不具有固有显著性。声音商标作为非传统商标，其显著性判断与传统商标相比，既有共性又有个性。传统商标显著性判断的普遍原理、标准与规则同样适用于声音商标，但声音商标的显著性判断不可避免地具有特殊性，因为相关公众在传统或习惯上不会将声音作为商标认知，声音商标注册的最大障碍在于相关公众尚未形成"听音识牌"的认知习惯。声音商标要突破这种认知局限，唯一途径是长期大量使用，使得相关公众在声音与产源之间建立起直接、稳定的对应关系。

例如，在原国家工商行政管理总局商标评审委员会与腾讯科技（深

---

❶ （2017）京 73 行初 2896 号、（2017）京行终 5483 号。

❷ （2008）一中行初字第 323 号、（2009）高行终字第 635 号、（2012）知行字第 68 号。

❸ （2016）京 73 行初 6412 号。

圳）有限公司驳回复审（商标）二审行政纠纷❶（以下简称"腾讯声音商标案"）中，针对腾讯 QQ 即时通信的"嘀嘀嘀嘀嘀嘀"声是否具有固有显著性，法院认为，"由于申请商标仅由单一而重复的"嘀"音构成，相关公众通常情况下不易将其作为区分商品或者服务来源的标志加以识别，"因而不具有固有显著性。

在小米科技有限责任公司（以下简称"小米公司"）诉国家知识产权局驳回复审（商标）纠纷❷（以下简称"小米声音商标案"）中，法院针对小米公司申请的声音商标是否具有固有显著性认为，"诉争商标与其他铃声或乐曲没有显著区别，相关公众难以单独通过诉争商标来区分商品的来源，缺乏商标所应具有的显著特征。"

（二）获得显著性

非传统商标通常不具有固有显著性，而是通过长期、大量使用而具有了第二含义，取得显著性特征。因此，当事人要举证其商标已经通过长期广泛使用和宣传后已获得第二含义。

例如，在迪奥香水瓶案❸中，最高人民法院认为该香水瓶已经通过在国内市场的大量使用而具有了获得显著性。

在费列罗金球巧克力案中❹，法院认为，消费者在看到申请商标后就能够清楚地判断出该商标所附着商品的来源，申请商标已经具有了商标所应具备的显著性，应当在我国被作为注册商标予以保护，被告对申请商标的领土延伸保护申请亦应予以核准。

在金霸王第 3037973 号"黄铜色和黑色"颜色组合商标驳回复审纠纷❺中，针对该颜色组合商标是否具有获得显著性，原国家工商行政管理总局商标评审委员会认为，在中国，申请人已将申请商标标志与其在中国注册的"DURACELL""金霸王""金能量"等商标组合在一起，作为电池商品的商标使用多年；经申请人长期使用和宣传，申请商标的颜色

---

❶　（2018）京行终 3673 号。

❷　（2019）京行终 2518 号。

❸　（2018）最高法行再 26 号。

❹　（2007）一中知行初字第 815 号。

❺　国家工商行政管理总局商标评审委员会. 第 3037973 号颜色组合商标驳回复审集［EB/OL］．（2019-02-12）［2019-10-18］．http：//spw. sbj. cnipa. gov. cn/alpx/201902/t20190212_281424. html.

组合已成为申请人电池商品的显著标志，消费者能够根据电池商品上的颜色组合特征将申请人的商品与他人生产的类似商品相区别，因此属于经过使用取得显著特征的标志。

在广州酷狗计算机科技有限公司"HELLO KUGOU（声音商标）"商标驳回复审案中❶，原国家工商行政管理总局商标评审委员会认为申请人提交的证据可以证明申请商标指定使用在第 9 类计算机软件（已录制）、计算机程序（可下载软件）、可下载的计算机应用软件、可下载的手机应用软件、可从互联网下载的数字音乐、可下载的音乐文件、可下载的手机铃音等商品上，以及第 41 类提供在线音乐（非下载）等服务上，经过长期使用已与申请人建立起特定联系，取得了标示上述商品和服务来源的显著特征。

但在获得显著性的举证方面，仍然会有很多商标被认为提交的证据不足以证明具有了获得显著性特征。主要分为两种情况。

一是由国内商标申请人申请注册的商标，提交的是在国内市场使用的证据，但未能证明其已经被相关公众认为是识别商品来源的商标。

例如，在芬达汽水瓶案❷中，由于可口可乐公司提交的使用证据多是在 2003 年之后，而申请商标的申请日为 2002 年 10 月 8 日，不足以证明该三维标志经过使用使相关公众仅通过该三维标志就能识别商品的来源。

在广东太阳神集团有限公司诉原国家工商行政管理总局商标评审委员会驳回复审（商标）行政纠纷❸（声音商标）中，法院认为，原告提供的证据难以证明诉争商标经过使用已经足以使相关公众将其识别为原告的商标，起到区分商品和服务来源的作用。

在小米声音商标案❹中，法院认为，综合考量诉争商标的使用时间、使用方式以及相关公众对于诉争商标的知晓程度等因素，小米公司提交的在案证据不足以证明诉争商标经过持续宣传使用已经获得显著特征，从而具备了识别商品来源的功能，因此争议商标不具获得显著性。

在阿迪达斯有限公司与原国家工商行政管理总局商标评审委员会、

---

❶　商评字［2019］第 0000192146 号、商评字［2019］第 0000192148 号。

❷　(2010) 一中知行初字第 2664 号、(2011) 高行终字第 348 号。

❸　(2016) 京 73 行初 6412 号。

❹　(2019) 京行终 2518 号。

泉州市鞋业商会商标争议行政纠纷❶中，法院认为，即使按照阿迪达斯有限公司所述该商标就是"三条杠"本身，其在服装上大量使用了"三条杠"标志，也不足以认定该图形标志通过使用取得了商标注册的显著性；此外，阿迪达斯有限公司在该案中提交的有关争议商标的实际使用证据显示，争议商标标志主要是与其他商标结合在一起使用的，在此情形下，中国相关公众仍然难以将争议商标标志作为商标加以识别和对待。

例如，在腾讯声音商标案❷中，法院认为申请商标"嘀嘀嘀嘀嘀嘀"声音通过在 QQ 即时通信软件上的长期持续使用，具备了识别服务来源的作用。但是，申请商标并未在"电视播放、新闻社、电话会议服务"上实际使用，不符合申请商标经过使用方才取得显著特征的案件事实，因此法院最后仅支持了该商标在即时通信软件上的显著性。该案也确立了声音商标通过使用取得显著性需遵循"商品和服务项目特定化"的审查原则。

二是由国外商标申请人通过国际注册申请商标，需要提交符合中国《商标法》所规定的商标注册条件的申请，才具有核准注册的可能。若提交的是在国外使用的证据，即便申请商标在国外很多国家获得注册保护以及广为相关公众所知，但由于知识产权的独立保护和地域保护原则，该商标在中国也无法核准注册。

例如，在佩里埃儒埃香槟酒瓶案❸中，法院认为，申请商标在 2007年 10 月 12 日申请注册日之前在中国的使用证据十分有限，佩里埃儒埃香槟酒股份有限公司提交的证据不足以证明申请商标经过大量使用已能够起到区分商品来源的识别作用。

在爱马仕商标案❹中，意大利爱马仕公司针对其申请注册的第 798099号"立体图形"，并未提交在国内市场"相关公众凭借申请商标足以区分不同的商品提供者"的证据，所以法院认为不能证明申请商标通过使用获得了显著性。

另外，申请商标已经在很多国家获得了注册保护对按照中国《商标法》的相关规定进行的商标审查行为并不产生直接的影响。

---

❶ （2016）京行终 3052 号。

❷ （2018）京行终 3673 号。

❸ （2013）一中知行初字第 2865 号、（2014）高行终字第 882 号。

❹ （2008）一中行初字第 323 号、（2009）高行终字第 635 号、（2012）知行字第 68 号。

例如，在克尔巴阡斯普林斯汽水瓶案❶中，法院认为，由于克尔巴阡斯普林斯公司的涉案汽水瓶未在中国实际投入使用，申请商标亦不属于通过使用取得显著特征的情形。

在吉力贝糖果公司诉原国家工商行政管理总局商标评审委员会驳回复审（商标）纠纷❷中，法院认为诉争商标的商业宣传和使用的地域大都在我国法域之外，且使用时间、使用范围和数量均不足以证明其通过商业使用使诉争商标具有显著性。

四、非传统商标相同、近似的判断

在涉及立体商标的近似性比对时，首先亦应当明确需要对比的两个商标的显著识别部分，无论其是由图形、文字构成的，还是由三维标志、颜色组合或其组合构成的，既要对二者的显著识别部分进行对比，也要从整体上对两个商标的标志进行比对，同时还要充分考虑二者在相关公众中的知名度、二者并存是否会导致相关公众的混淆误认等。

（一）立体商标

在原国家工商行政管理总局商标评审委员会诉江苏双沟酒业股份有限公司驳回复审（商标）纠纷❸中，二审法院认为，一审判决关于"商标法对立体商标申请注册及审查标准存在区别于平面商标的具体要求"的观点并不准确，"商标评审委员会仅考虑申请商标中的图文部分而未考虑其中的三维标志和指定的颜色，因此其得出的商标近似的结论缺乏事实依据。"

在蓬莱酒业有限公司与法国轩尼诗公司侵害商标权纠纷❹中，法院认为：在涉案商标具有较高知名度的前提下，被告仍在同类酒产品上使用与原告涉案商标近似的立体标识，被告即使在相似的立体标识上增加其他标识，仍会导致相关公众产生混淆误认。

在原国家工商行政管理总局商标评审委员会诉江苏双沟酒业股份有

---

❶ （2014）一中行（知）初字第 8386 号、（2015）高行（知）终字第 2029 号。

❷ （2015）京知行初字第 2733 号。

❸ （2015）京知行初字第 1091 号、（2016）京行终 2821 号。

❹ （2016）渝 0112 民初 17407 号、（2018）渝 01 民终 1607 号（未交受理费，裁定按撤回上诉处理）。

限公司驳回复审（商标）二审行政纠纷❶中，法院认为，虽然申请商标中的文字部分便于呼叫和记忆，属于申请商标标志的显著识别部分，但申请商标在整体视觉效果、呼叫、含义等方面均与引证商标区别明显，双沟酒业公司还已将其中的文字内容作为商标进行了单独注册，"双沟"商标经双沟酒业公司的使用也具有了一定的知名度，相关文字的商品来源识别作用更为明显。

（二）颜色组合商标

颜色组合商标的保护范围不是简单地根据色块确定，比较相同近似也不是简单的比较色块的相同近似，而是要结合商标注册人在申请时所作的商标说明以及实际使用方式进行考量。

在九方泰禾国际重工（北京）有限公司、九方泰禾国际重工（青岛）股份有限公司与迪尔公司侵害商标权纠纷、不正当竞争纠纷❷中，针对争议商标是否构成侵权，法院认为，九方泰禾国际重工（青岛）股份有限公司在被控侵权商品上同样使用"绿色车身、黄色车轮"会被相关公众误认为同样是商标的使用，甚至是对第 4496717 号商标的使用，会导致相关公众误认为被控侵权商品的提供者与迪尔公司有经营上、组织上或者法律上的特定联系，从而导致混淆误认。

在安德烈·斯蒂尔股份两合公司与江苏泰林动力机械有限公司侵害商标权纠纷、不正当竞争纠纷❸中，针对争议商标是否构成侵权，法院认为，对两者进行隔离观察，整体比对，侵权产品与涉案注册商标核定使用的商品相同，油锯主体部分均为上部外罩和下部两侧外罩覆盖，侵权产品上部橙色外罩与下部浅色调颜色外罩的颜色组合与原告"上橙下灰"颜色组合近似，容易使相关公众对商品的来源产生混淆、误认。

（三）声音商标

在声音商标中，声音商标混淆可能性的判断标准遵循传统商标混淆可能性判断的基本原理和认定标准，即以相关公众施以一般注意力是否产生混淆误认为判断依据。区别在于，传统商标混淆可能性主要从商标的音、形、义以及整体视觉效果来判断，而声音商标混淆可能性主要从

---

❶ （2017）京行终 5354 号。

❷ （2013）二中民初字第 10668 号、（2014）高民终字第 382 号。

❸ （2016）苏 12 民初 4 号。

发音及整体听觉印象来判断。审查工作中以听声音样本为主,以比对商标描述为辅,综合听觉感知因素来判断是否存在混淆可能性。声音商标混淆可能性既可能存在于声音商标之间,也可能存在于声音商标与可视性商标之间。声音商标含有语音文字的,综合读音呼叫的近似程度、商品的类似程度、在先文字商标显著性、知名度、申请人恶意等因素来判断声音商标与在先文字商标并存于市场是否容易造成混淆误认。

在"清水和居"声音商标案中,申请注册的声音商标是由女声诵读"清水和居",引证商标中汉字亦为"清水和居",二者在发音呼叫上完全相同。双方商标指定使用的"家具"等商品属于同一种或类似商品。"清水和居"为无固定含义的臆造词,具有较强的固有显著性。该案申请人与引证商标权利人作为同一地域范围内的同业经营者,其对在先引证商标理应知晓,在同一种或类似商品上申请注册含有相同语音文字的声音商标无疑具有一定恶意,双方商标在市场上并存会产生混淆误认。

五、总 结

由于非传统商标本身的特点,导致其审查标准与传统商标的审查相比,在形式审查、实质审查和相同近似审查方面都具有其独特性,甚至判断标准更为严苛。但随着我国从中国制造向中国创造的转型,商标的创新性运用和保护也是市场竞争的重要一环。更加开放与更加完善的商标保护制度,更有利于保护企业在商业竞争和模式创新等方面的智力和各方面资源的投入,有助于保护企业的创新积极性,也有助于与国际的接轨。期待在新一轮的《商标法》修订中,对非传统商标的保护有进一步的突破,在法律中对非传统商标类型予以开放性规定,并对具体的注册要件作出更详细规定。

我国地理标志保护法律制度研究：问题与对策[*]

邓宏光[❶]　何　莹[❷]

摘　要

地理标志保护事关全球化背景下的国际、国内、区域经济发展、产业布局调整及优秀文化资源传承。我国现行地理标志保护法律制度政出多门、标准不一，造成了行政资源浪费、申请成本高、标志公信力不强等问题。在关注国际条约最新动向及比较各国保护实践的前提下，建议在地理标志保护模式设计中立足中国特色，落实民生实践，考量选择以地理标志单独立法为导向的保护方案或"优中选优"的高水平差异化保护方案。

关键词

地理标志　原产地名称　商标法　法律制度

---

*　本文系国家知识产权局 2019 年委托项目"地理标志保护法律制度论证项目"成果之一；重庆市教委科技项目"乡村振兴战略背景下农产品地理标志管理模式创新研究"阶段性成果，项目编号 KJQN201900313。

❶❷　作者单位：西南政法大学、重庆知识产权保护协同创新中心。

一、问题的提出：我国地理标志保护的时代背景

作为受到国际社会广泛认可的一类独立的知识产权，地理标志是"识别一种原产于一成员方境内或境内某一区域或某一地区的商品的标志，而该商品特定的质量、声誉或其他特性基本上可归因于它的地理来源。"❶ 人们熟知的"香槟""涪陵榨菜"等都属于典型的地理标志。

地理标志保护从来都绝非一个纯粹的学理问题。它产生于国际范围内对包括地理标志在内的传统资源进行知识产权保护的高涨呼声之下，发力于区域经济转型升级、产业结构增效调整的时代格局之中，既是全球化时代国际经济合作和贸易往来的重要要素，也是区域经济绿色健康可持续发展的关键引擎。

从世界范围来看，地理标志保护制度先是在部分欧洲国家的国内法中萌芽和成熟。它起源于法国的葡萄酒产地保护制度，甚至可以追溯至法国 14 世纪的奶酪原产地名称保护立法。❷ 19 世纪末，随着经济贸易的全球化和食品标志的统一化，一些欧洲国家开始表达并实践建立更为强化的地理标志保护体系的理念。借助国际条约，首次出现于世界知识产权组织（WIPO）前身——保护知识产权联合国际局（BIRPI）相关文件中的"地理标志"概念的影响不断扩大，并逐渐成为一个国际法律术语。

我国地理标志保护自 20 世纪 80 年代起步，是在外国相关权益主体的要求下以行政个案的形式作出的。彼时其只是对"丹麦牛油曲奇"保护问题的一纸回复，却在国内层面翻开了地理标志保护的第一页。

（一）国际视野下地理标志保护的影响与要求

地理标志作为一项独立的知识产权客体，在全球化时代已经成为关系国际经济合作和贸易往来的重要因素。尽管地理标志是一种私权，却并非简单地事关个别企业的利益问题，而是关涉一国相关产业的兴衰存亡。根究地理标志保护的本质，无非是将特定地理范围内独特的自然或人文优势转化为生产效益，促进所属区域经济增长发展。所谓"南橘北枳"，这种无法迁移的独有生产优势，恰成为坚实而无法替代的区际贸易

---

❶ 此处采用《与贸易有关的知识产权协定》（TRIPS）第 22 条关于地理标志的定义。

❷ 王捷. 地理标志的前世今生 ［J］. 中华商标，2017（4）：61.

基础。

人类早在 13～14 世纪甚至更早就开始了对地理标志的保护。❶ 1883 年，为制止假冒等行为，《保护工业产权巴黎公约》（以下简称《巴黎公约》）中首次出现货源标记（indication of source）的相关规定。客观而言，在知识产权国际保护进程中，地理标志并未像专利、版权和商标那样及时获得更为广泛的重视与认可，与地理标志相关的概念及保护模式也就长期复杂而不统一。

地理标志国际保护的最低标准被认为在《与贸易有关的知识产权协定》（TRIPS）中得以建立，且 TRIPS 特有的争端解决机制保证了执法有效性，地理标志的国际保护体系得以正式形成。这意味着所有世界贸易组织（World Trade Organization，WTO）的成员，如无特别声明，都须在其域内法中提供对地理标志的保护。

利益所在即为争点。近年来，欧盟等地理标志强势利益方在 TRIPS 之外开始积极推动新一轮的地理标志国际"强保护"，积极在全球范围内开展自由贸易协定谈判。在国际贸易日趋繁荣、全球一体化进程加快的时代背景下，我国在地理标志保护方面也面临着新的抉择：是保持现状，继续在 TRIPS 确定的较低标准下维护地理标志，还是积极迎上，助力地理标志"强保护"？笔者认为，鉴于我国在地理标志方面的资源优势、国际贸易战略合作伙伴多元化需求以及国际规则话语权的抢占等，我国应当适时推进地理标志高水平、区别化保护。

（二）中国语境下地理标志保护的意义与贡献

物产丰饶铸就了我国成为地理标志大国的基础。优质高效的地理标志保护对于区域经济发展、产业布局调整及优秀文化资源的历史传承都有无可替代的重要意义。

2008 年时，《国家知识产权战略纲要》已结合当时的国际国内形势就完善地理标志保护提出了系统构想。该纲要指出要建立健全地理标志的技术标准、质量保证及检测相关体系，并提出要普查地理标志资源，扶持地理标志产品。应当说，该纲要对地理标志促进特定区域的自然、人文优势转化为现实生产力作出了切合我国客观生产实际的精准定位。

---

❶ MANTROV V. EU law on indications of geographical origin：theory and practice［M］. New York：Springer，2014：35.

近年来，地理标志的开发、利用和保护结合农业农村经济发展的利好趋向又显现出独特的机遇与优势。乡村振兴战略规划（2018—2022 年）指出要培育、提升农业品牌以加快农业转型。在农业农村发展领域，地理标志保护以乡土特色资源为依托，与农产品市场紧密挂勾，孕育了一批彰显地域特色、传承传统文明的地理标志产品品牌。

对于国内地方经济发展和传统文化传承而言，地理标志也是极具创造力的全新抓手。一方面，地理标志的开发利用有利于调整地方产业结构、打造区域经济特色品牌；另一方面，地理标志还是打造市县形象名片的突破口，是提升文化价值的有力通道。总而言之，地理标志特别契合我国当前精准扶贫工作针对不同贫困区域环境实施不同策略的要求。

在很多国家，地理标志还被视为识别高品质产品的重要手段。数据显示，一旦被认定为地理标志产品，该产品的价格将在同类商品市场上获得大幅增长，也更容易形成品牌效应。我国在农业和传统手工业领域都具有得天独厚的优势，应当在国际范围内充分利用地理标志打造更多更优质的"中国品牌"，将既有的自然、人文资源转化为现实生产力，特别是在"一带一路"倡议沿线国家和地区间的实质性对话中，更好地助力经济全球化以新的方式向前发展。

二、现实聚焦：我国地理标志保护制度现状

我国是地理标志大国，悠久的历史和广袤的自然疆域使得众多地理标志资源得以储备。近年来，大量地理标志资源得以发掘，相关产品品类、产业规模都有明显提升，对地方经济发展和文化繁荣都起到显著促进作用。最新数据显示，2018 年，我国共有 961 个地理标志注册为商标，共有 67 个地理标志产品被认定。截至 2019 年 5 月，我国共有 5041 个地理标志注册商标（含 87 个外国地理标志商标），共有 2380 个地理标志产品被认定（自 2005 年起），共有 8295 家企业申请并获准使用地理标志产品标志。❶

自 20 世纪 80 年代以来，我国地理标志保护历经三十余年发展，在制

---

❶ WIPO. Worldwide symposium on geographical indications［EB/OL］.（2019-06-25）［2019-08-10］. www. wipo. int/edocs/mdocs/sct/en/wipo_geo_lis_19/.

度层面已形成比较稳定的"两大模式，三种制度"格局，即商标法和专门法保护模式并行，商标法保护、地理标志产品保护、农产品地理标志登记管理三种保护制度并存。❶ 自 1987 年行政个案对地理标志保护作出回应，到《商标法》历次修改中地理标志规定的逐步完善，再到地理标志产品保护制度及农产品地理标志登记管理制度的形成与发展，纵观我国地理标志保护进程，起步虽晚但步履迅速，工商、农业等部门竞相出手，多项制度齐头并进，效果显著。然而政出多门也必然产生一系列问题：机构职能不清，保护范围重合，政策资源浪费等。

（一）制度概述："两大模式，三种制度"

我国目前现行的地理标志保护制度有：商标法保护制度、地理标志产品保护制度、农产品地理标志登记管理制度。其中后二者又总称为"专门法保护制度"。

作为全国人大常委会会议通过的法律，商标法保护制度是现行国内地理标志保护制度中立法位阶最高的，其中关于地理标志的保护内容直接源自 TRIPS 的相关规定，在侵权法律救济及法律责任的规定方面形式上较为齐整。此外，通过证明商标、集体商标的特殊规定以及对地名禁用条款的规定，从积极、消极两个方面对地理标志保护发挥了作用。

《商标法》第 16 条第 2 款规定了与 TRIPS 第 22 条第 1 款规定基本一致的地理标志定义。2003 年发布并实施的《集体商标、证明商标注册和管理办法》及 2016 年 12 月修订的《商标审查及审理标准》都对地理标志注册为集体商标、证明商标作出了更加细致明确的规定。在使用主体、商标的许可和转让问题上，地理标志集体商标或证明商标的专用权相较普通商标都有更为严格的规定。此外，我国《商标法》还通过诸如第 10条第 2 款和第 16 条第 1 款对地理标志进行间接或直接保护。

地理标志产品保护制度和农产品地理标志登记管理制度共同构成了我国地理标志专门法保护制度。我国早先存在两套涉及地理标志产品的保护体系，分别是原国家质量技术监督局主管下的"原产地域产品保护制度"与原国家出入境检验检疫局主管的"原产地标记管理制度"。主管

---

❶ 原国家出入境检验检疫局公布的《原产地标记管理规定》并未被正式废止，但考虑到 2005 年原国家质量监督检验检疫总局颁布的《地理标志产品保护规定》已经考虑了对其的吸收与衔接，本研究仍采"三种制度"这一说法，不将《原产地标记管理规定》予以单列讨论。

部门合并后，这两套制度实现了形式上的"统一"。整合后新出台的《地理标志产品保护规定》融合了 TRIPS 中的地理标志与《保护原产地名称及其国际注册里斯本协定》（以下简称《里斯本协定》）中的原产地名称，但保护范围仅限"以地理名称进行命名的产品"即直接地理标志，这某种意义上还显示出该规定从借鉴法国模式转向借鉴欧盟模式的动向。《地理标志产品保护规定》坚持了原体系特有的国家、地方两级审查体制，但在标准问题上将原来的强制性国家标准变换为更为灵活的"多级标准"制度。

农产品地理标志登记管理制度由原农业部牵头推出。根据《农产品地理标志管理办法》的规定，此类地理标志涉及的"农产品"仅限初级产品，即在农业活动中获得的植物、动物、微生物及其产品。农产品地理标志要求产自特定地域的初级农产品的"品质和相关特征"主要取决于自然生态环境"和"历史人文因素。这种表述与《里斯本协定》中的原产地名称定义近似，较我国《商标法》和《地理标志产品保护规定》中的定义严格。

由于农业部门对农产品特定生产区域划定、品质特征认定等更具经验和资质，再加上特有的农业农村工作基础优势，配套制度完备精细，农产品地理标志登记管理制度虽然出现的时间较商标法保护制度及地理标志产品保护制度晚，但发展势头却非常强劲。在乡村振兴与精准扶贫战略指引下，其产生的社会效果也更令人期待。

（二）我国地理标志保护存在的问题

"两大模式，三套制度"加持的我国地理标志保护制度难谓不周全，但在实践中却并未达到最佳效果，反而引发了一些问题甚至是矛盾。

1. **多重模式冲突**

商标法保护、地理标志产品保护、农产品地理标志登记管理三种保护制度各自政出有门，三套制度间缺乏有效的沟通协同机制，导致突出的成本耗损。

一是立法及行政资源的耗费。现行的三套制度对"地理标志"的定义缺乏必要的差异，极易混淆。制度规定门类配套繁多，申请认定程序各不相同，而在审查环节则各自独立，缺乏必要的信息共享机制。这将导致地理标志申请认定过程中较多的"重复劳动"，必然造成立法及行政资源的耗费。

二是申请人和消费者成本上升。"地理标志"多套保护制度并存而相对独立，申请者在选择前需要对不同制度各自的程序予以查询了解，不仅加重了市场主体的运行成本，而且对于一流营商环境的营造更是不利。地理标志的功能之一即是帮助消费者在最短时间内挑选到同类产品中的"精品""优品"。但多重保护制度必然导致多个功能近似的"标识"共存于产品，反而会给消费者带来更多混淆与误认的可能性。

三是降低地理标志"公信力"。产品与产地的关联性是地理标志的核心要素。❶ 地理标志保护的关键是要将地理标志产品与特定产区所决定的"特有品质"紧密联系并将这种关联性推至市场。如果消费者因多种"地理标志"而产生混淆、误认，那么地理标志便不可能充当"特有品质"的代言人。多"标"共存的局面也不利于统一口径的宣传、推广。

四是增加了权益冲突的风险。（1）在先地名商标与地理标志间冲突。我国对地名作为商标的禁止性规定于 1993 年才正式进入《商标法》。在此之前，一些能够代表地方"名优特"产品的产地名称正是通过普通"商标注册"实现保护的。"已经注册的使用地名的商标继续有效"这样的"祖父条款"使得我国地名商标还将长期存在，并存在与在后地理标志发生矛盾的可能。（2）未注册的地理标志商标与已注册商标间矛盾。我国《商标法》第 16 条要求误导公众的、并非来源于地理标志所标示区域的商品的商标不予注册并禁止使用，但已经善意取得注册的例外。这些已经善意取得注册的商标与未注册地理标志商标如有矛盾，孰先孰后值得考量。（3）商标与地理标志产品及农产品地理标志间冲突。相同客体在不同保护体系下权益归属于不同主体，必然成为利益冲突的导火索。2003 年"东阿阿胶"被原国家质量监督检验检疫总局认定为"原产地标识"，将"东阿阿胶""东阿""东阿镇""福牌"均纳入原产地标识保护之列，使得位于山东省东阿县的东阿阿胶股份有限公司和位于山东省平阴县东阿镇的山东福胶集团有限公司二者间的利益冲突进一步凸现。作为中国最大的两家阿胶生产企业，东阿阿胶股份有限公司拥有"东阿阿胶""东阿"注册商标，而山东福胶集团有限公司则拥有"东阿镇""福牌"注册商标。原国家质量监督检验检疫总局关于"东阿阿胶"为原产地标识的认定作出后，东阿阿胶股份有限公司提出异议，认为此举侵犯了其商标

---

❶ 王笑冰. 关联性要素与地理标志法的构造 [J]. 法学研究，2015（3）：82.

专用权，因"东阿阿胶"系其注册商标，且为驰名商标。双方争议不下，原国家质量监督检验检疫总局分别授予两项原产地标识"东阿镇阿胶"和"东阿县阿胶"，但个案背后已注册商标与地理标志二者间的矛盾冲突并未从根本上解决。

2. 保护水平差距

国人对地理标志的认知和重视随着地理标志保护的推广推进有了显著提高。然而，作为国际贸易的重要组成，我国的地理标志保护与TRIPS及一些国家的保护要求仍有距离。

（1）概念混同，缺乏差异化

原产地名称/标识（appellations/designations of origin）和地理标志（geographical indication）在国际条约和欧盟立法中是两个不同的概念。前者要求更为严格，要求原产地名称产品的质量特点归因于特定地域固有的自然因素"和"人为因素，且全部生产步骤均发生在该区域内。而地理标志的要求则较为宽松：产品特定质量、声誉或其他特点主要归因于该地理来源，生产步骤方面只需至少一个发生在特定区域即可。❶

我国目前实际上是采用 TRIPS 中的宽泛式标准，虽然在不同保护体系中对"地理标志"的文字表述略有不同，但应用中并无实质性差别。这样做的优势是门槛较低，保护范围较广，但由于欧盟国家普遍实行"原产地名称"与"地理标志"产品的区分，基于国际贸易对等原则，我国不加区分地全部冠以"地理标志"极易成为贸易合作的阻碍。

（2）酒类地理标志保护差距

TRIPS 对葡萄酒和烈酒地理标志的保护并不以"误导公众"为条件，力度明显高于对于地理标志予以一般性保护的第 22 条。我国《商标法》第 16 条关于非来源于地理标志标示地区的商品禁用该地理标志的规定中，明确包含"误导公众"的限制条件。《集体商标、证明商标注册和管理办法》中虽然对葡萄酒和烈酒地理标志有所规定，但仍包含"误导公

---

❶ 何莹. 乡村振兴战略背景下的地理标志保护：现状与问题 [J]. 重庆广播电视大学学报，2019（4）：50.

众"这一要求。❶ 换言之，我国在葡萄酒和烈酒地理标志保护方面的规定
并不同于 TRIPS 的相关规定。

（3）未注册地理标志商标保护差距

TRIPS 中对虚假地理标志的禁用范围非常广泛，并不限于商标。我
国《商标法》第 16 条也规定了对虚假地理标志商标"不予注册并禁止使
用"，但对于擅自使用地理标志商标的，并未明确相应的法律责任。"这
种只有'禁止性'规定而无明确的法律后果和法律责任以及相关程序的
做法，使地理标志保护的'实施'大打折扣，甚至会产生'禁而不止'
的现象"。❷

三、镜鉴与启示：地理标志保护的国际趋势

制度的"移植"与"本土化"是天然相连的一对命题。地理标志是
地道的"舶来品"，要想筹划能够解决相关问题且有价值的"中国方案"，
就必须追根寻源了解其"发生"乃至"出身"，清晰了解国际层面对地理
标志保护的脉络、态度与趋势。

地理标志管理制度最早起源于法国的奶酪和葡萄酒产地管理制度，
1883 年首次在《巴黎公约》中被独立承认，并于 20 世纪末在 TRIPS 中
形成了系统的制度要求。就世界范围而言，法国、欧盟等传统农业及手
工业较发达的国家和地区被称为"旧世界"国家，通常会采取较高水平
的地理标志保护以巩固本国优势。而美国、澳大利亚等新兴移民国家则
被称为"新世界"国家，通常只是给予地理标志最为基础的保护以避免
消费者产生混淆，对地理标志强保护持反对态度。

（一）国际条约：地理标志保护的最低标准和最新标准

自 1883 年《巴黎公约》开创地理标志国际保护的先河，引入货源标

---

❶ 《集体商标、证明商标注册和管理办法》第 9 条：多个葡萄酒地理标志构成同音字或者
同形字的，在这些地理标志能够彼此区分且不误导公众的情况下，每个地理标志都可以作为集体
商标或者证明商标申请注册。第 12 条：使用他人作为集体商标、证明商标注册的葡萄酒、烈性
酒地理标志标示并非来源于该地理标志所标示地区的葡萄酒、烈性酒，即使同时标出了商品的真
正来源地，或者使用的是翻译文字，或者伴有诸如某某"种"、某某"型"、某某"式"、某某
"类"等表述的，适用《商标法》第 16 条的规定。

❷ 吴汉东. 中国知识产权制度评价与立法建议 [M]. 北京：知识产权出版社，2008：306.

记（indication of source）这一术语，历经第一个规范虚假和欺骗性产地标记的专门性公约《制止商品来源虚假或欺骗性标记马德里协定》（1891年）、《里斯本协定》（1958 年）及 WIPO 出版的《发展中国家原产地名称和货源标记示范法》❶（1975）与 WIPO 原产地名称和其他货源标记国际保护专家委员会起草的《地理标志保护条约草案》❷（1975）后，TRIPS 被认为建立起了地理标志保护的全球性最低标准，它也是国际范围内第一个对地理标志保护作出系统安排的多边条约，标志着地理标志国际保护体系的正式形成。

针对地理标志保护，TRIPS 主要规定了地理标志的定义和范围、地理标志保护的最低标准、原产地标志和商标之间的关系、各国关于地理标志的谈判和审查、地理标志保护例外及国际谈判问题。TRIPS 为地理标志规定了一般保护和对葡萄酒和烈酒的特别保护，并且以专门条款规定了保护例外。

TRIPS 是第一个通过实体条款并且规定最低保护标准的国际协议，也是对地理标志保护问题规定得最全面的国际条约。依托 WTO 强有效的争端解决机制，地理标志国际保护争端的解决效率大大提高了。❸ TRIPS 以其对商标在先注册、善意注册的全面规定，最大限度地平衡了地理标志与商标、通用名称之间的冲突，而且照顾了各成员方当前的立法及司法水平，使得大多数成员方都能接受，是地理标志保护领域影响最大的多边协定。

2015 年 5 月，《原产地名称和地理标志里斯本协定日内瓦文本》（以下简称《里斯本协定日内瓦文本》在 WIPO 外交会议上正式通过。与 1967 年《里斯本协定》的文本相比，2015 年的《日内瓦文本》具有显著变化。一是引入已被大多数国家或地区的制度实践所接受的"地理标志"概念，将其与"原产地名称"术语同等对待。二是扩大了地理标志的保护领域和范围，且为地理标志提供了近似于"跨类保护"的较高保护标

---

❶　WIPO. Model Law for Developing Countries on Appellation of Origin and Indications of Source [M]. Geneva：WIPO, 1975：9.

❷　WIPO International Bureau. Draft Treaty on the Protection of Geographical Indications [M]. Geneva：WIPO, 1975：8-9.

❸　冯寿波. 论地理标志的国际法律保护：以 TRIPS 协议为视角 [M]. 北京：北京大学出版社, 2008：223.

准。三是明确了在与通用名称、商标的关系处理中对地理标志保护的优先。当地理标志与通用名称和商标保护产生冲突时，《里斯本协定日内瓦文本》选择优先保护地理标志。

有学者指出，《里斯本协定日内瓦文本》在某种程度上代表着知识产权国际保护发展的主导权从 WIPO 体制向 TRIPS "变异"之后，再试图回到 WIPO 体制之下的一种趋势的"逆转"。[1] 总体而言，极具开放性和包容性的《里斯本协定日内瓦文本》既是对地理标志国际保护规则的总结与完善，也显示出未来地理标志保护的全新趋势。

（二）相关国家和地区的经验比较

法国、欧盟等"旧世界"体系因相应国家和地区传统农业及手工业较为发达，不断尝试在世界范围内推行较高水平的地理标志保护。而美国、澳大利亚等新兴移民国家作为相对的"新世界"国家更偏向选择商标法模式，且在保护程度上更倾向于选择弱化，通常只是给予地理标志最为基础的保护以避免消费者产生混淆。

1. 欧盟地理标志保护制度

欧盟采取地理标志专门立法的保护模式，根据不同种类产品具有的不同特点，对数个地理标志法规的适用范围作了十分明确的划分，具有较强的针对性和操作性，同时保持了术语和制度设计的统一性。在处理地理标志与商标关系的问题上，欧盟赋予了地理标志优先于商标的法律地位，主张在先注册的地理标志可以对抗在后的商标注册申请，但如地理标志在后，则可与在先商标权并存。

欧盟对农产品和食品地理标志以及葡萄酒地理标志进行非常有特色的分类保护，将受保护的地理标志划分为"受保护的原产地名称"（Protected Designations of Origin，PDO）和"受保护的地理标志"（Protected Geographical Indication，PGI）。二者的主要区别为：首先，PDO 要求产品的质量或特征在"本质上""仅仅"取决于特定的地理环境所固有的自然和人文因素，而 PGI 则要求产品特定的质量、信誉或其他特征"主要"来自于其来源地。其次，PDO 要求产品的生产、加工和制造的所有步骤必须在特定的地理区域内完成，而 PGI 仅要求生产、加工或制造三者之一在特定的该地理区域内即可。总体而言，PDO 的保护要求更加

---

❶ 孙智. 地理标志国际保护新发展的路径分歧及我国选择 [J]. 知识产权，2019（1）：93.

严格，而 PGI 的保护要求相对较为宽松，后者仅要求受保护的产品，其特定质量、声誉或其他特点"主要"归因于该地理来源即可，并不像 PDO 那样要求产品与特定地理来源有"本质上"的自然、人文因素关联。

2. 美国地理标志保护制度

和欧盟的专门法保护模式不同，美国主要通过商标法和反不正当竞争法来保护地理标志。此外，对葡萄酒和烈酒地理标志的行政保护由美国酒、烟、火器和爆炸物管理局（ATF）作出规定。美国保护模式起源于普通法原则——没有人能在相同地区或经营近似产品中，对地理名称获得排他性的使用权利；所获权利不能排除其他人向公众真实表明其商品或服务原产于该同一地区，以及在这样的商品或服务上使用该地理词语的权利。[❶] 1999 年经修订的《兰哈姆法》对地理标志的保护主要包括两个方面：一是对描述性地理名称使用的禁止；二是通过证明商标和集体商标对地理标志进行保护。

美国还通过普通法来保护不经注册的地理标志。在 Institute National Des Appellations v. Brown-Forman Crop. 一案中，美国商标审查及上诉委员会（TTAB）指出：如果消费者将某一标志主要理解为原产于特定地区的白兰地，而不是其他地方生产的，那该标志就并非一个通用词语，而是一个有效的、普通法上的、地区性证明商标，应当作为普通法上（未经注册）的商标受到保护。

商标法保护和专门法保护两种模式分歧的根源来自美国、欧盟对于地理标志保护的不同立场。欧盟的共同农业政策重点强调创新农业的发展模式，地理标志的高水平保护能够帮助欧盟产品以更高品质水准占据国外市场，并使产品收获较高溢价。而美国商标法和反不正当竞争法的初衷则是防止可能会导致消费者混淆及被误导的行为。自 14 世纪以来，农产品丰富的现欧盟各国逐渐拥有了数量庞大的地理标志资源，对地理标志产品的认同也已成为生活方式、审美情趣的一部分。而美国作为新兴移民国家，很多工艺和生产方法来自于欧洲大陆，特定来源的地理名称产品在美国逐渐演变为产品的通用名称，其地理标志保护意愿并不强烈。

显然，"新""旧"世界在地理标志保护问题上还将在较长时期内存

---

❶ 冯寿波. 关于完善我国地理标志法律保护的研究：以《商标法》第十条第二款为例 [J]. 浙江树人大学学报（人文社会科学版），2014（4）：86.

在分歧，前者将努力维持既有的有限保护水平，而后者必然会不断努力追求世界范围内的高水平保护以扩大自身传统产业优势。

四、未来选择：我国地理标志保护的制度构建

全球化时代，地理标志的保护契合了传统资源的推崇，也与区域经济和产业繁荣发展互哺。如何更好地发挥我国地理标志资源优势，助力国内地方经济优化提升，并同时深化国际知识产权保护合作，加强与世界各国尤其是"一带一路"倡议沿线国家和地区间的对话，提供具有特色而更为妥适的"中国样本"，是未来我国地理标志制度构建中值得深思的重要课题。

目前我国已经形成了有上位法为依据，法规、规章多样，"两大模式，三套制度"并存的地理标志法律体系，是多种立法分散保护的一种松散结合体。应积极把握国务院机构改革的有利契机，对既有的地理标志保护法律体系予以调整，在地理标志保护模式的选择和设计上，坚持做到保证与国际接轨、立足中国特色、注重顶层设计、落实民生实践。

本文提出两种制度设计方案。一是以地理标志单独立法为导向的保护方案，二是"优中选优"的高水平差异化地理标志保护方案。

方案一以独立的地理标志专门立法为导向，但并不排斥商标法的适用。在专门立法发展成熟的不同阶段，对商标法的需求力度也有所区别，如在专门立法起步推广的初级阶段，商标法仍需作为地理标志保护的中坚力量适用。而在专门立法独立成熟后，地理标志保护主要由"地理标志保护法"实现，商标法中继续以集体商标、证明商标对地理标志进行保护。已享受专门法保护的地理标志，可由权利人根据需要决定是否再度选择由商标法予以保护。

方案二同样采用"商标法＋专门法"双轨制地理标志保护模式，但主张区分商标法与专门法的保护功能和调整对象，全面贯彻"优中选优"的区分原则，以商标法保护最为广泛、最为基础的地理标志，而以专门法保护品质要求更高、认定标准更为严格的"原产地名称"。通过制定涉及产品品质、产地及二者间客观关联的一系列认定标准，以官方专用标志的发放和管理为重要监管方式，促使我国原产地名称和地理标志实现统一的高水平保护。

（一）建议方案一：以地理标志单独立法为导向的保护方案

该方案沿袭我国现有的"商标法＋专门法"双轨制地理标志保护模式，但更为突出地理标志的特殊属性和特别地位，以"地理标志保护法"的创设为目标导向，最终形成以"地理标志保护法"为主导，支持地理标志作为集体商标和证明商标进行注册，在个案中以《反不正当竞争法》提供兜底保护的地理标志保护模式。其主要具有以下优势。

一是整合现有法律体系，最大限度地解决商标法难以统摄地理标志这一难题。地理标志和商标不仅具有显著的差异，而且存在天然的矛盾。❶ 证明商标、集体商标主要起源于中世纪由工匠或行会严密控制的产品标志，其主要目的是确保其产品与通行产品质量标准一致。这种产品标志主要是基于行会对贸易的监督和管理而产生的，只是管理者的控制工具，并非购买者识别货物来源的标记。❷ 商标法体系下对地理标志的保护只能算作是集体商标、证明商标的特殊情况。且在我国现行商标法的模式下，未被注册为集体商标和证明商标的地理标志事实上无法获得商标法的保护。

二是提升地理标志保护的法律位阶和保护水平。原有的地理标志专门法保护依据，多为部门规章或部门规范性文件，效力级别较低。该方案以"地理标志保护法"为导向目标，可赋予地理标志权利以"外衣"，使其获得强有力的高水平保护。对于权利人而言，可经由侵权行为法等追究侵权人的民事责任并要求赔偿，保护力度骤增。

三是保留双轨制有利于国际保护协调。目前国际范围内对地理标志予以保护的主要有商标法模式和专门法模式两种。以单独立法模式保护地理标志显然更接近欧盟国家的做法。而作为我国农产品和传统制品的主要贸易国，美国等新兴工业国家主要通过商标法为地理标志提供基础保护。该方案保留了我国现有的双轨制，考虑到了地理标志的多元化保护路径更有利于国际贸易中的协调。

就专门法保护与商标法保护的界限与协调而言，在地理标志专门立法的初级阶段，专门法保护与商标法保护在地理标志保护中无需有明显的范围界限区分，二者的作用平分秋色。而在专门立法的成熟阶段，也

---

❶ 土进峰. 制定我国地理标志保护法的构想 [J]. 法学，2005 (5)：69.

❷ 田芙蓉. 地理标志法律保护制度研究 [M]. 北京：知识产权出版社，2009：174-175.

即"地理标志保护法"的落地实施阶段，专门法保护应占据地理标志保护的主导地位，商标法则退居辅助功能角色。如专门法保护与商标法保护发生冲突时，可遵循以下原则处理：一是尊重在先权利；二是特定条件下允许地理标志权与商标权共存；三是通常情况下地理标志优先于商标保护，但在先存在的具有较高知名度的驰名商标不宜被认定为地理标志。

（二）建议方案二："优中选优"的高水平差异化地理标志保护方案❶

该方案同样采用"商标法＋专门法"双轨制地理标志保护模式，但主张区分商标法与专门法的保护功能和调整对象，以专门法保护品质要求更高、认定标准更为严格的"原产地名称"。方案二的定位更着眼于国际化，更注重"走出去"的国际战略原则，主张将"地理标志保护法"的适用范围限制在像茶叶、中草药、瓷器等可以形成较大的产业规模、在国际上可以形成竞争优势的领域内；其余领域的地理标志则仍然通过注册证明商标（集体商标）保护。❷

尽管都坚持保留"商标法＋专门法"的双轨制保护模式，但与方案一主张通过维持现行两种制度并行并通过单独立法的方式集中解决地理标志专门保护问题不同；方案二主张通过体系化统筹，在商标法与专门法两套制度中寻求合作与避让，通过区分"地理标志"与"原产地名称"两种内涵、外延均有所不同的客体，提高地理标志产品供给结构对市场细分变化的适应性和灵活性，可以说是方案一的升级版和进阶版。

1. 以"优中选优"为基础，协调构建我国地理标志法律制度

地理标志问题自欧洲大陆缘起，在欧盟法内部，一直都存在区分式保护——将受保护的地理标志划分为 PDO 和 PGI。

以葡萄酒为例，葡萄酒 PGI 要求用于生产该产品的葡萄中至少 85％ 来自该特定的地理区域，产品所用的葡萄品种属于特定的葡萄种或与之相关的杂交品种；而葡萄酒 PDO 要求用于生产该产品的葡萄 100％ 来自

---

❶ 本部分中，"地理标志"的使用有狭义与广义之分，与原产地名称共同使用时仅指狭义的地理标志，单独使用时即为最广泛意义上的"地理标志"。

❷ 张玉敏. 地理标志的性质和保护模式选择 [J]. 法学，2007 (6)：11.

该特定的地理区域，产品所用的葡萄均属于固定的一种品种。❶ 二者的共同点在于均要求产品产自某一特定地理区域，且保护内容相同；区别在于注册条件、所使用的标识有所不同，归根到底是二者对产品与产地之间的紧密关联度的重视程度有别。

尽管欧盟法对 PDO 与 PGI 均予以平等保护，但法律对二者的不同要求决定了生产者将为此付出不同的努力并获得相应的市场回报，而消费者也可根据自身需要和消费能力在不同的分类产品中进行选择。

在 2015 年《里斯本协定日内瓦文本》中，首次引入了"地理标志"概念并将其与"原产地名称"并列规定、同等对待。这被认为是在向 WTO 体制下的 TRIPS 伸出橄榄枝，通过术语的互联互通，来逐步消解混乱，并积极为地理标志保护问题上的有效对话和协作创造条件、提供便利。

鉴于《里斯本协定日内瓦文本》传递出的信号，从便利国内市场推广和出口国际市场的角度考虑，笔者建议对我国现有的地理标志进行区分，以商标法保护最为广泛、最为基础的地理标志，而以专门法保护品质要求更高、认定标准更为严格的"原产地名称"。可以考虑从地理标志商标中依请求认定部分产品采用专门保护，对这部分产品的选择秉持"优中选优"原则，即已形成一定市场规模、品质高、制造工艺有特色、易于存储、便于运输等。对这部分产品进行不同于商标法的专门保护，从而与地理标志商标进行区分，有助于更好地实现区域经济发展及传统文化传承。

2. 以专用标志监管为方式保障我国地理标志产品的高品质

使用"专用标志"是产品获得地理标志注册的重要表现形式。地理标志作为一类具有特殊公共属性的私权，其产品与地理来源间的关联，不仅是客观事实，更是产品具有高品质的必要保障。在本方案中，笔者建议突出专用标志的质量内涵功能，将"官方认证"与原产地名称和地理标志产品的内在品质有机结合起来。无论是地理标志商标还是专门法保护下的原产地名称，只要其品质达到对应的官方标准，都可以申请使用相应的专用标志。地方知识产权局通过对专用标志使用的监督来进行

---

❶ 中国保护知识产权网. 欧盟地理标志 ［EB/OL］. ［2019-05-30］. http：//www. ipr. gov. cn/2017_hwwq/zn/Europe/EU/GI. html.

对原产地名称和地理标志的保护。

3. 以产地和产品的客观关联为核心要件对我国地理标志进行统一的高水平保护

欧盟立法明确不论是 PDO 抑或 PGI 均能获得保护。方案二主张区分商标法与专门法的保护功能和调整对象，因此对商标法和专门法都提出了相应的完善要求。不仅如此，要确保原产地名称和地理标志的高品质产品与其出产地之间的紧密、客观关联，还需一系列制度保障，如制定相应的国家标准，定期公布原产地名称及地理标志产品名录等。

主张"优中选优"的高水平差异化地理标志保护方案同样保留了"商标法＋专门法"双轨制地理标志保护模式，但区分了两种制度的功能，更为精准地界定了产品与地理产区之间的客观紧密联系。其优势在于：

一是促进国际贸易的高质量高水平进行。在日益复杂的国际政治经济格局下，拥有多元化的贸易合作伙伴至关重要。欧盟作为我国重要的国际贸易伙伴，其对农产品等实行 PDO、PGI 的保护区分，我国宽泛而较低准入要求的地理标志保护实质上无法与对方进行有效的高规格贸易合作，而差异化的保护方案通过精准对标、细分供给，更有利于国际贸易磋商。

二是有利于我国积极参与国际知识产权规则的制定。《里斯本协定日内瓦文本》由 WIPO 主导，延续了大陆法系成员力推地理标志强保护的一贯作风，也显示了与 TRIPS 体系在地理标志问题上展开有效对话的诚意。我国具有地理标志资源优势，在国务院机构改革的契机之下，如能一举理顺地理标志保护体系，将为我国加入新的国际条约、积极参与国际知识产权规则制定奠定基础。

三是层次分明的保护模式更有利于生产者和消费者自主选择。方案二的设想是在广义的地理标志中，再次明确标准，细分产品，"优中选优"。那些优秀品质与原产地的人文、自然因素紧密相关的产品被进一步遴选出来，并通过法定程序得到官方认证，从而更为顺利地投入市场，获取溢价。生产者因被认证产品受保护，可据此获得更高收益保障，进而更愿致力于产品品质的提升；而消费者则可据此购买到优质产品，选择成本有所降低。

方案二的推行有赖于一系列具体措施。

其一，应修改《商标法》中关于地理标志保护的相关条款。建议将《商标法》第 10 条中禁止作为商标注册和使用的地名范围扩大。建议修改《商标法》第 16 条第 1 款，删除"误导公众的"相关表述，切实提高我国《商标法》对地理标志的保护水平，并将《商标法》第 16 条第 2 款修改后单列。

其二，制定"原产地名称"认定管理的相关法律规定及实施细则。国务院机构改革后相关部门规章等亟待清理，在原有基础上发布新的原产地名称保护的专门法律法规实有必要。具体涉及对"原产地名称"的保护宗旨、概念予以界分，对主管部门明确规定，对"原产地名称"的认定细则予以明确，对诸如注销登记、停止使用等保护监督规范予以明确。

其三，制定地理标志及原产地名称产品的"标准"。确保地理标志和原产地名称产品的"高品质"与其出产地的人文、自然因素间的紧密、客观联系是方案二的关键。笔者认为，对于原产地名称的保护而言，因其品质要求更高，对产品与产地间的关联也要求更为紧密，建议制订相应的原产地名称产品国家标准；而对于保护范围较为宽泛的地理标志产品，则可制订相应的地方标准。

在方案二中，商标法与专门法保护并存，但二者的功能界限分明。前者提供最为广泛的基础保护，只要满足我国《商标法》中与 TRIPS 一致的地理标志保护要求即可；后者则以"优中选优"为标准，旨在保护标准要求更高的"原产地名称"。需要注意的是，商标法保护不作为专门法保护的必要前提条件，但在申请认定"原产地名称"之日前已经获得"地理标志商标注册""农产品地理标志登记"的，相关材料可作为"原产地名称"认定的"官方背书"，提高认定效率。

总体而言，两种方案侧重不同、取舍不同，但都主张继续采取"商标法＋专门法"并存的双轨制保护模式。全球化时代，地理标志保护不仅关系到区域经济的健康可持续发展，也影响着传统文化的传承弘扬，更关系到国际经济合作和贸易有序往来。笔者希望并相信科学、合理、妥适的保护方案将有助于更好地发挥我国地理标志资源优势，助力国内地方经济优化提升，同时有利于深化包括地理标志在内的国际知识产权保护合作与交流，尤其是加强我国与欧盟及"一带一路"倡议沿线国家和地区间的合作与对话，为世界范围内的知识产权保护提供更高品质的"中国样本"。

日本地理标志保护制度概述

井手李咲 ^❶

摘 要

　　包含地名的商标与地理标志在表面上异常相似。然而，在这两者之间存在巨大差异。从规制模式来看，各国的地理标志制度大体上可分为三种模式：①在商标法中作为证明商标或集体商标；②在商标法中作为普通商标的一个类型；③制定地理标志单独保护制度。本文以日本的相关制度为中心，对比国际条约及其国内法的规定简要阐述了地理标志保护的合理方式。

关键词

　　商标　地理标志　地域团体商标　原产地名称　商标法

---

　❶　作者单位：日本知识产权研究教育集团知识产权研究所（IIP）。

一、引　言

地理标志（英译为 geographical indication，GI；indications géographiques，IG）这一概念源于 20 世纪初的法国。❶ 最初是当地行政部门为了有效排除品质恶劣的葡萄酒而创设了这一概念。与之相关的概念还包括："原产地标示"（indications de provenance）、"原产地名称"（appellations d'origine）。

在日本，农林水产品的地理标志制度、酒类地理标志保护制度和《日本商标法》中的"地域团体商标制度"均与地理标志有关。因此，为了准确描述日本目前的地理标志相关制度，除了农林水产品的地理标志制度之外，也有必要对酒类地理标志保护制度以及《日本商标法》中的"地域团体商标制度"予以介绍。

日本地理标志相关制度与商标制度虽然相似，却大有不同。大体来看，日本地理标志与商标都是为了解决当时品质恶劣的商品给市场带来不良影响的问题而产生的，二者的宗旨并无本质上的区别。然而，二者却有着不同的制度发展轨迹，从而在日本形成了两种截然不同的制度模式。

商标通过"使用"逐渐成为承载商家经营信用的载体，它通过区分自他商品或服务（以下简称"商品等"）而实现其制度宗旨。商标注册申请的主要判断依据基本上来自相关公众通过其五官认知的"表象"。相比之下，地理标志则更多体现了某地域的自然因素、人文因素与贴附有该地理标志的商品的客观特性之间存在的不可分离的关联性。虽然地理标志也和商标一样涉及与其他相近似标识表面上的区别问题，但地理标志的判断依据主要是在该地理标志所体现的内在的"内容"上。

二、日本地理标志保护的相关制度

在日本，对于"与地名相关标识"的保护，不仅指农林水产品地理

---

❶　井手李咲. 关于地域品牌培养中商标法理想存在方式的探究［EB/OL］. https：//www.iip.or.jp/pdf/fellow/detail12j/24_16.pdf.

标志的单独（sui generis）保护制度，还包括《日本商标法》《有关酒税保全及酒类业组合等法律》（1953 年法律第 7 号）等相关法律。以下逐次介绍酒类地理标志保护和《日本商标法》以及其他法律中对于与地理标志相关的标识的制度设计情况，在此基础上再阐述农林水产品地理标志的单独保护制度的相关内容。

（一）酒类地理标志保护制度

日本对地理标志的保护始于酒类中对于葡萄酒和烈性酒的地理标志保护。在世界贸易组织（World Trade Organization，WTO）组建之初，对葡萄酒和烈性酒的地理标志保护即被列入该组织成员的义务范围之中。由此，1994 年日本国税局制定了相关规定❶，并在 2015 年 10 月对其进行了修订。新规定通过日本国税局公布的《果实酒等制法品质标示标准》（日本国税厅告示第 18 号）与《酒类地理标志标示相关标示标准》（日本国税厅告示第 19 号）得以体现，由此替代了 1994 年以来的旧规。通过这一次修订，适用该规定的保护对象从以往的葡萄酒、烈性酒和清酒，扩大到了所有的酒类。

众所周知，在《与贸易有关的知识产权协定》（Agreement on Trade-Related Aspects of Intellectual Property Rights，TRIPS）中，针对地理标志有两种不同强度的保护规定。该协定的第 22 条第 1 款规定：地理标志为"识别一物品来源于一成员领土或领土内一地域的标识，该物品的特定品质、声誉或其他特性主要归因于其地理来源"。该款所规定的地理标志的保护只要求"识别"物品的特定品质等特性"主要"归因于其地理来源即可。也就是说，只要不产生对物品地理来源的混淆就满足了该款规定的要求。相较之下，该协定的第 23 条第 1 款则规定："每一成员应当为利害关系方提供法律手段，以防止将识别葡萄酒的地理标志用于并非来源于所涉地理标志所标明地域的葡萄酒，或防止将识别烈性酒的地理标志用于并非源于所涉地理标志所标明地域的烈性酒，即使是对物品的真实原产地已有标明，或该地理标志用于翻译中，或附有'种类''类型''特色''仿制'或者类似表达方式。"该款规定的地理标志针对葡萄

---

❶ 当时的相关规定分别为：《地理标志相关标示标准》（1994 年 12 月，日本国税厅告示第 4 号）、《〈地理标志相关标示标准〉第 2 款规定国税厅长官所指定葡萄酒、蒸馏酒或清酒产地规定的一部修订》（1995 年 6 月，日本国税厅告示第 6 号）。以此为具体操作程序，以《有关酒税保全及酒类业组合等法律》第 86 条之六第 1 款规定为依据。

酒和烈性酒，即使是酒类产品上已经标有避免相关公众混淆的标记方式，也禁止将相关地理标志使用于非源于所涉地理标志的葡萄酒和烈性酒上。因此该协定要求成员对于葡萄酒和烈性酒的保护水平要高于对普通地理标志的保护水平。加上该条款还规定成员只要提供"法律手段"即可，也就是说，无论法律的层级高低，只要有就满足这一条款要求。所以，日本对于葡萄酒和烈性酒的地理标志保护是通过日本国税厅制定相关规定予以实现，以此来履行高于对普通地理标志保护水平的国际协定义务。

根据日本国税厅颁布的《酒类地理标志标示相关标示标准》第 1 条第 3 款的规定，地理标志是指有关的酒类，其确立的品质、社会评价或其他的特性（以下简称"酒类特性"）主要来源于所涉地理性产地之时，可以确定为世界贸易组织成员的领域或其领域内地域或者地方为该酒类产地的特定标识，且为以下所列标识：①日本国税厅长官所指定标识；②在日本以外的世界贸易组织成员中受保护的标识。

该标准的第 3 条则规定了酒类地理标志保护与商标保护相协调的内容。该条规定：如果与有关酒类的注册商标相同或近似且其作为地理标志的使用具有侵害该注册商标所涉商标权之虞时，日本国税厅长官则不将其作为地理标志加以指定。同时，根据该标准，在日本国内已经作为酒类通用名称使用的标志也不会被作为地理标志加以指定。在这一点上该标准又与欧盟有关葡萄酒的 AOC（Appellation d'Origine Contrôlée）❶制度相区别。

换而言之，虽然有关酒类的地理标志所保护的对象是该地理标志所传达的、与该标识相联系的、源于该地域商品的特性（即地理标志所传达的"内容"），然而却受到了以区别标识表象为宗旨的商标制度的制约。

从表面来看，地理标志与"地域团体商标制度"异常接近，但其实《日本商标法》中并不存在针对地理标志本身予以保护的规定。以下对日本"地域团体商标"制度进行梳理和分析。

---

❶ AOC 是欧盟对于原产地名称的保护制度。它的保护水平高于地理标志且其要件严于地理标志。例如，石川县有一种传统瓷器叫做"九谷烧"，其特点是在白色的瓷器上绘出色彩鲜艳的图样。这样的产品如果想要获得原产地名称水准的保护，则其原料、烧制工艺等需要与该地域的自然要素、人文要素具有紧密的联系；但如果想要获得地理标志的保护，则所述白色瓷器可以是其他地域的产品，只要绘图等工艺是与该地域诸要素密不可分的就满足其要件。

(二)《日本商标法》中的"地域团体商标"保护制度

2005 年 3 月 15 日，日本内阁所提出的《部分修订商标法的法律案》（法律第 56 号）经由日本国会的一系列审议，在同年 6 月 8 日正式通过。该法案修订的内容，于 2006 年 4 月 1 日开始实施。这次修订法案中最为重要的内容之一，便是新增了"地域团体商标"的概念。依据日本特许厅的说明❶，"地域团体商标"制度旨在：维持地域产品等的生产经营者的信用；通过强化地域品牌的保护来达到提高国内产业竞争力以及振兴地域经济的目的。该制度的作用在于：放宽了由文字构成的、作为地域品牌的多数地域名称及商品（其中也包括服务，这一点不同于地理标志）的商标注册登记要件。

引入"地域团体商标"主要基于以下两方面的理由❷：一方面，有研究者指出，《日本商标法》对地域品牌中通常使用的地域名称与商品等的名称组合保护不够充分，无法满足相关生产经营者对尚处在发展阶段的地域品牌的保护需求；另一方面，在以往的商标制度框架下，包含地名的商标只有在全国范围的相关公众之间具有相当高的知名度，才可以依据《日本商标法》第 3 条第 2 款的规定注册登记。也就是说，如果想要通过现行《日本商标法》对地域名称加以注册以获得保护需要相当长的时间，这对于处在发展中阶段的诸多地域品牌来说无疑等于无法获得相应的保护。由此，如何完善相关制度成为长久以来的重要课题。很显然，"地域团体商标"制度是为了地方振兴而实施的政策性制度之一。

"地域团体商标"虽然在表象上与地理标志非常相近，二者都是与地名相关的标识，但其终究是商标制度框架下的概念。虽然"地域团体商标"在注册登记时也要求其名称与指定商品等具有一定的关联性，但与地理标志不同的是，"地域团体商标"不仅包括其原产地或服务提供地，还广泛考虑生产方式的来源地、原材料的产地等，同时要求具有一定的知名度。这里所说的知名度虽然根据具体的商品或服务的特性有所不同，但大致需要满足例如在邻近的都、道、府、县（日本的行政区分）的范围内具有一定的知名度。

---

❶ 日本特许厅. 工业所有权法（产业财产权法）逐条解说［M］. 19 版. 东京：发明推进协会，2012：1310.

❷ 日本特许厅总务部总务科制度改正审议室. 产业财产法的解说：2005 年商标法的部分修订［M］. 东京：发明协会，2005：6.

地理标志的单独保护制度，与《日本商标法》等其他与地名相关的标识制度相比，最为显著的不同之处在于：在地理标志的单独保护制度中，判断其注册要件时更为注重的是特定标识的地域名称本身所具有的自然因素和人文因素与贴附有该标识的产品的特性之间具有的紧密联系。在地理标志单独保护制度的框架下，特定标识作为地理标志注册登记时，该标识并不需要具有知名度。换句话说，知名度并非地理标志注册登记的要件。下文将对地理标志的审查等内容进行更为详细的梳理。

（三）关于地理标志的特别保护制度

日本农林水产省制定的有关地理标志制度的法律的全称是《有关特定农林水产品等名称保护之法律》。该法于 2014 年 6 月 18 日通过、并在 2015 年 6 月 1 日开始实施，通常也被称为"地理标志法"。该法第 1 条明确规定，该法所确立的宗旨来自 TRIPS 的相关内容。然而，该法提供的保护水准，与 TRIPS 第 22 条的保护水平并不完全相同，而是在一定程度上加强了保护力度❶，某种程度上更加接近地理标志的单独保护制度。

与前述"地域团体商标"制度相比，二者最大的区别在于以下两点：

首先，"地域团体商标"是作为一种权利（商标权）对地域品牌进行保护的制度，由于其属于特定主体的私权，因此在获得权利后该主体可以自由决定品质标准或名称使用规则，还可自由地对该商标向第三人设定使用许可等。与此相比，农林水产品地理标志制度框架下的地理标志是该地域的共同财产，因为其不属于特定主体所有，所以即使是已注册的生产者团体也无法自由改变该地理标志之标准或妨碍生产者自由进出该团体。

其次，在审查过程中，商标制度注重商标本身如何被使用并从这一角度出发而进行审查。相比之下，农林水产品地理标志关注的并不仅仅是标识本身，还包括标注了该标识的产品，并关注该产品具有怎样的特性、该特性是否与该地域的各种要素具有密不可分的关系等，其从这些角度出发而进行审查。

农林水产省的地理标志法对地理标志的定义为："农林水产物、食品等的名称，依据该名称可以判定该产品的特定产地，而且能够确定其产品的品质等固有特性与该产地之间存在关联性之事实"。为满足该法中的

---

❶ 藤村浩二. 在日本地理标志（GI）保护的现在地 ［J］. Tokugikon，2018，289（5）：171.

地理标志要件，需要具备以下四点要素：

①符合地理标志商品的保护范围；

②应具有（商品）所确立的特性（品质、社会评价等）；

③其（商品的）特性应主要归结于原产地；

④标识应标示该商品以特定地域为原产地。

地理标志申请人在向农林水产省提出注册申请时，农林水产省将依据上述②至④这四点要素进行审查。❶

对于"①符合地理标志商品的保护范围"之判断，日本农林水产省的地理标志法仅以农林水产品等为对象，不包括工艺品等，主要是以食用的农林水产品和饮品为中心，其他还有范围较为有限的观赏用植物或鱼、珍珠等，还包括木炭、榻榻米边、生丝等农林水产品的加工品等。只要是与上述商品相关的名称便为保护对象。

对于"②应具有（商品）所确立的特性（品质、社会评价等）"的判断主要有两个要点。其一，与同类的其他产品相比是否具有可被区分的特性。在这里所指的特性，虽然将其理解为"品质"的情况较多，但也可以是社会评价或在市场上被标注的价格差距等内容，需要申请人能够用客观证据来证明其特性。其二，附有地理标志的产品的特性不是正在形成中的，而应该是已经完全确立的、稳定的特性。通常被认为需要具有 25 年以上的实际使用成果、且该实际成果并不仅仅是生产事实而是该特性得以确立状态下的生产业绩。由于对于地理标志的注册登记不仅仅包括名称，还包括该特性及生产方式等客观要件，如果不慎对还未确立下来的特性进行了注册登记，则可能出现几年后符合原注册内容的产品因为客观要件发生变化而不复存在的情况，且这种可能性不低。因此，只有相关特性稳定后才可以对其进行注册。

对于"③其（商品的）特性应主要归结于原产地"，可以说，这一点是地理标志的本质部分。也就是说，地理标志的标识是否与特定的个人或团体相连接并不重要，重要的是产品的特性与该产地具有非常强的关联性，其特性归结于该产地特有的自然环境与人文环境。只有具备这一事实的产品，方才可以作为地理标志进行注册。

---

❶ 日本农林水产省. 特定农林水产品等审查要领［EB/OL］.（2019-01-31）［2019-05-26］. http：//www.maff.go.jp/j/shokusan/gi_act/process/attach/pdf/index-16.pdf.

对于"④标识应标示该商品以特定地域为原产地"的判断,要看该名称是否仅仅使用在生产于特定产地而具有特定品质等特性的产品上。对于这一点的判断需要考虑与先使用者的关系。鉴于农林水产省审查官无法通过申请资料进行充分判断,因此需要审查官利用职权开展各种调查,包括实地调查,再通过调查的结果进行判断。

另外,TRIPS 第 24 条规定:对地理标志的保护不能侵犯已经善意注册登记的商标权。因此,在存在在先注册商标权的情况下,虽然地理标志申请人可以通过获得商标权人许可的方式来注册地理标志,但如果商标权人撤回其商标使用许可的话,已注册的地理标志将被撤销。

对上述申请内容进行审查,并对生产团体和成员以及生产现场、销售现场等进行调查后,农林水产省会在官网上公布审查结果。针对该审查结果,第三人可以在 3 个月内提出异议。经过异议期之后,注册机关将听取由专家学者组成的委员会的意见(此过程为非公开)。结合委员们的意见,最终由农林水产省决定是否予以注册。

而作为地理标志被予以注册的产品在其产品本身或其包装上可以和地理标志同时使用日本农林水产省登记标识(如图 1 所示,也称"GI 标识",表示使用该标识的产品已在日本农林水产省成功注册)。❶

图 1　日本农林水产省登记标识

日本农林水产省的制度框架下所使用的 GI 标识本身是被作为商标注册的。其商标注册号为 5756405,注册区分为包括农林水产品、食品等在

---

❶　日本地理标志法第 4 条第 1 款规定,注册登记的特定农林水产品等或其包装上使用地理标志者可以在该特定农林水产品等或其包装等上使用登记标志。同时,该条第 2 款规定,除了前一款中规定的情况,任何人不得在农林水产品等或其包装等上使用登记标志或与此类似的标志。

内的 23 个区分。目前，该标志在缅甸、老挝、马来西亚、新西兰、柬埔寨、菲律宾、澳大利亚、欧盟、印度、加拿大等地是作为通常的商标注册的，在韩国和泰国是作为通常商标和证明商标注册的，而在中国是将该图样作为作品登记的。❶

三、目前制度实施中存在的主要问题及法律修订

2015 年开始实施的农林水产省的地理标志法在实践中出现了一些问题。譬如，第三人为了避免侵权，不在产品包装上使用地理标志，却在该法未明确限制的广告行为中使用地理标志，从而实现"搭便车"的目的。又如，注册地理标志和善意在先使用人之间发生的权利冲突问题。

此后日本和欧盟之间就欧盟-日本经济伙伴关系协定（EPA）中涉及地理标志保护的高水平保护条款达成一致。为了切实履行 EPA 中的承诺以及解决实践中出现的前述问题，日本对农林水产省的地理标志法进行了修订。该修订法案在日本第 197 次国会上通过，并于 2019 年 2 月 1 日起实施。

修订内容主要分三个方面。

其一与"先使用产品"有关。"先使用产品"是指在农林水产品地理标志被注册之前，先使用人并非以不正当目的使用与该地理标志有相同名称标示的产品。在修订之前，"先使用产品"可以无视地理标志产品的存在，继续使用该相同名称。而这次修订之后，先使用人原则上只能以 7 年为限使用该相同名称。需要注意的是，对于在注册产地内生产的先使用产品，如果先使用人明确标注其不为地理标志注册产品的，则不受 7 年之限，可以持续使用该相同名称（地理标志法修订法案第 3 条第 2 款第 4 项）。

其二与 GI 标识（如图 1 所示）有关。这次修订之后，GI 标识的贴附使用不再是强制性的。换言之，在修订之前，使用地理标志时是必须贴附 GI 标识的。GI 标识的"并列使用"成为区分注册地理标志产品与先使用产品的指标。而这次修订之后，先使用产品继续使用与地理标志相同名称的期限被限定在 7 年之内。可以预见，先使用产品的流通将会逐渐

---

❶ 参见日本农林水产省官网（https：//www.maff.go.jp/j/shokusan/gi_act/gi_mark/trade_mark1.html）。

减少（地理标志法修订法案第 4 条第 1 款）。所以，也就失去了必须在产品上强制并列使用 GI 标志的必要性。

其三与地理标志在广告上的使用有关。在地理标志法修订前，对于他人使用的限制仅限于产品的包装、容器或送货单。但实践中存在第三人意图利用地理标志所形成的品牌价值，通过广告或传单等方式搭便车的行为。所以修订后的地理标志法也增加了对于广告或传单、互联网销售等行为的规制手段（地理标志法修订法案第 3 条）。

四、不同地理标志保护模式的定位和分工

"地域团体商标"制度的设立是为了维持该地域产品的经营者的信用，旨在通过对地域品牌的保护来增强国家的产业竞争力和进一步活跃地方经济。[1] 该制度的具体运作方法，是通过放宽对通常会被禁止注册登记的地域名称与被认为不适于注册登记的商品名称（通用名称）等相结合的文字商标的规制，将其例外地作为商标注册登记之对象。通常，包含地域名称或商品名称等的商标想要获得注册登记，需要满足《日本商标法》第 3 条第 2 款所规定的高知名度要件。法律虽没有明确规定要在多大范围内获得何种程度的知名度才能满足该条款的知名度要求，但在实务操作中，往往要求在全国范围内的相关公众之中具有高渗透度。[2] 相较之下，"地域团体商标"的注册申请无论在认知范围上还是认知程度上都对其有所放宽。这种由地域名称和商品等名称相结合的文字商标，其本身具有较强的亲和性，且与其他文字商标相比，包含有地域名称和商品等名称，信息量相对较大。因为"地域团体商标"具有这些特征，一般的经营者都希望能够使用它。也正因如此，这样的商标明显不适合由特定经营者独占使用。

由于上述"地域团体商标"制度的主旨及标识本身的特征，"地域团体商标"制度所注重的是该标识本身的知名度以及对于可以注册申请"地域团体商标"之主体的规制。《日本商标法》范畴内的"地域团体商

---

[1] 日本特许厅. 工业所有权法（产业财产法）逐条解说 [M]. 20 版. 东京：发明推进协会，2017：1436.

[2] 日本特许厅. 工业所有权法（产业财产法）逐条解说 [M]. 20 版. 东京：发明推进协会，2017：1437.

标"注重的是该标识与其他商标在表象上相区别的显著性,对其进行特别保护可以通过"不适合特定经营者独占"这种调节主体资格的方式来实现。在获得商标注册登记后,地域团体便具有了商标权。商标权人可以以商标权为依据获得禁令救济或者获得损害赔偿。

可见,"地域团体商标"具有明确的制度主旨和清晰具体的相关制度规定。与此相比,地理标志单独保护制度却稍显逊色。以这次日本农林水产省修订农林水产品地理标志法为契机,我们提出以下问题:究竟地理标志单独保护具有什么意义?依据地理标志自身的特征应该如何设计相关制度?毋庸置疑的是,这些问题是地理标志制度设计中的重要课题,有待未来进一步探讨。

有研究者将地理标志制度的意义归纳如下:①通过差别化带来附加价值,有助于农业和食品产业的发展;②守护饮食文化并促进饮食的多样性;③维持并发展地方经济;④满足消费者对食品品质的多样化追求的同时,向消费者提供食品相关信息。❶虽然在维持和发展地方经济(有关第③点)等方面,地理标志与地域团体商标具有一定的相似性,但显然两者之间的不同之处更多。

关于第①点,地理标志是相关地域几十年甚至是上百年历史的结晶,这种与该地域的自然要素、人文要素相融合的特性是其他产品所无法比拟的。这样的特性需要通过特定的标识传递给相关公众,由此实现与其他产品的差别化,并赋予地理标志产品以相应的附加价值。相比之下,"地域团体商标"与该地域并不存在必然的关联。

关于第②点,与商标保护不同,地理标志的注册登记并不要求标识本身的知名度。那些在偏远的地域中代代相传的传统工艺与该地域自然要素相融合后形成的产品,便有望通过地理标志制度得以保护。通过这样的保护,极为稀少的具有当地特色的产品(特别是考虑到日本的地理标志制度主要着眼于农林水产品等)得以存续,从而实现饮食的多样化,继而发展饮食文化。相比之下,"地域团体商标"要求其标识本身具有一定的知名度,这在一定程度上有可能会引发排挤相对稀少的传统特色产品的不良后果。

关于第④点,地理标志的保护客体是该地域的自然因素、人文因素

---

❶ 高桥悌二. 对于地理标志的各国举措及日本的课题 [J]. 法律时报,2010,82 (8):6.

与贴附有该地理标志的商品的特性之间存在的密不可分的关联性。这种注册登记的地理标志所传达的信息，是通过严格实施该产品生产过程中的管理流程和标准而实现的。该信息并非源于标识所承载的商誉，而是源于农林水产品本身所具有的实实在在的客观特性。地理标志产品多种多样的客观品质，以及与此相关的信息，可以满足消费者多样化的需求，且其通过地理标志传达给消费者的产品相关信息是客观和准确的。与此相比，"地域团体商标"传达给消费者的信息是一种限定于该地域的较为特殊的商誉、一种品牌价值。也就是说，通过"地域团体商标"传达给消费者的信息是一种概念性的存在。

作为地理标志制度保护客体的、通过地理标志传达给消费者的信息内容究竟是什么？这一问题需要进一步深入分析。针对这一问题，目前存在"Terroir"说和"Territoires"说两种学说。

所谓"Terroir"，法国的法律学者 Olszak❶ 对其作了这样的说明：地域与农作物（特别是葡萄）栽培相关的产品是彼此不同的。也许葡萄的品种、葡萄酒的酿造家、压榨机、酒桶或蒸馏器是可以运输和交易的，且事实上也存在能交易这一切的世界规模的市场，但是土壤和气候是无法被取代的。当然，一个地域与其他地域在某一点上具有相似之处是完全有可能的，但还是会存在微妙的区别，这种区别通过文化、历史的特殊性而被强化。这正是该地域与人文要素、自然要素之间特殊结合的"Terroir"。该学说具体定义了地理标志制度的保护客体，指明了构筑地理标志制度的方向。

与此相对，法国的地理学者 Méo❷ 指出所谓"Territoires"是其本身以及通过特别代表其历史的集合体的经济性、传统性、政治性（源于此的社会性）的空间所获得（appropriation）的内容。这一概念似乎要比"Terroir"概念更为广泛。这一概念认为，地理标志建立在社会（或者说是人类社会）结构与社会关系之上，它作用于社会团体整体以及该社会团体的法令、制度或组织上，并且一直处于演变之中。❸ 同时，这一概念

---

❶ OLSZAK N. Des appellations d'origine et indications de provenance [M]. [S. l.]：TEC & DOC，2001.

❷ MÉO G D. Géographie sociale et territoires [M]. Paris：Coll. Fac-géographie，1998：38.

❸ DUGUIT L. L'etat，le droit objectif et la loi positive [M]. Paris：Albert Fontemoing，1901：11.

展示了一个重要的思想，即典型的产品的"Territoires"是作为知识产权中的一个存在而确立的，适用了这一原理的各种权利无非是依附于国家或国际政策水准的使用权。也就是说，地理标志制度所保障的是一种使用权，这与作为财产权本身的商标权之间存在根本上的区别。

五、结　论

相较于中国，日本虽然国土面积称不上辽阔，但整个国土南北狭长且地形复杂。同时，因为是岛国，日本受到外部影响较少，保留了许多历史悠久的传统文化与工艺。在这样的自然环境和人文环境中，存在诸多具有地域特性的产品。为了有效保护这样的财产，特别是日本农林水产省早在 2012 年就开始了立法研究和讨论。❶ 在第一次立法会议上，首先提起的议题便是与地域团体商标之间的区别与定位问题。

此后，因为日本与欧盟之间的 EPA 磋商，有关农林水产品地理标志制度的问题再次令人瞩目。农林水产品地理标志制度与商标制度最大的不同之处也在于此：国内外可在地理标志上实现相互保护。也就是说，在一个国家或地区被作为地理标志保护的标识，可以自动地在对方国家或地区作为地理标志被保护。在此过程中，"注册"和"指定"是不同的。如果是"指定"，在对方国家或地区作为地理标志保护，则不可以贴附 GI 标识。作为地理标志的使用人，这一举措对其向海外出口地理标志产品具有非常积极的意义。具体来讲，无需使用人亲自到国外注册申请地理标志，就可以享受到外国政府对于不正当标示等行为的监督和规制。

中国幅员辽阔，同时具有丰厚的文化底蕴，中国的地理标志资源更是丰富。虽然地理标志与商标同为标识知识产权，具有诸多共同之处，然而，就其最终的保护对象而言，两者在实质上存在根本性的区别。如果不把握好它们之间的联系与区别，就无法确立有益于营造良好政策环境的制度。

而在另外，就地理标志本身的制度意义，针对该制度所保护的客体，人类学领域中的"传统生态学的知识"（traditional ecological knowledge,

---

❶　日本农林水产省. 历次地理标志保护制度立法研讨会［EB/OL］.［2019-05-30］. http：//www. maff. go. jp/j/shokusan/tizai/other/gikenkyu. html.

TEK）及国际性政策过程中的"传统、地域性知识"（indigenous and lo-cal knowledge，ILK）等，有望成为在各个地域的传统运营与生态保全或可持续利用之间实现两全的重要知识❶，而这样的研究也在不断出现。

目前世界各国对地理标志的制度设计，大体上可以分为三类。其一，在商标法框架下作为"证明商标"或"集体商标"来加以保护。这种保护制度注重的是标识本身与其他商标之间的区别；其二，对于地理标志的单独（sui generis）保护制度。这种保护制度注重的是对于地理标志所确立的特性本身的保护；其三，是对在世界各主要国家及地区基本都存在的虚假或欺瞒性原产地标志的规制，这种制度所注重的是维护健全的市场竞争秩序，并非将地理标志本身作为一种知识产权并对其价值本身进行保护。世界范围内知识产权领域的主要国家和地区对于地理标志的制度设计情况大体如表1所示。

表1　知识产权领域主要国家和地区地理标志保护制度设计情况

制度类型	中国	日本	韩国	美国	欧盟
在商标法框架下保护	"证明商标" "集体商标"	无地理标志规定	"证明标识" "团体标识"	"证明商标"	由成员国国内法决定
地理标志单独保护	《地理标志产品保护规定》	《有关特定农林水产品等名称保护之法律》	《农林水产品品质管理法》	无	通过理事会规定及指令，设立注册登记专门机构
其他（不包括对于虚假或欺瞒性原产地标志的规制）	《农产品地理标志管理办法》	日本国税局《果实酒等制法品质标示标准》《酒类地理标志标示相关标示标准》（税收相关制度）	无	无	无

相对于欧洲各国，很多地区（特别是亚洲地区）的地理标志保护制

❶　香坂玲，内山愉太，田代蓝. 过疏化：人口减少缩小社会中传统生态学知识的丧失与创新［J］. 日本健康学会杂志，2018，84（6）：215.

度目前还处于起步阶段。日本的地理标志制度所保护的产品范围还非常有限，尚需要在把握好地理标志的本质特征的前提下，对其进行更为充分的研究。地理标志的单独保护制度，可谓是对那些一旦失去就无法挽回的、整个人类共同的宝贵知识财产进行有效保护的手段。我们需要更为深入地研究，才能更加准确地理解地理标志制度，并以此为前提科学合理地设计相关制度。

关于制定知识产权基础性法律的若干思考

胡安琪❶ 卢雅瑜❷ 徐 东❸ 周 骞❹
姜洋洋❺ 孙 迪❻ 张 熙❼

摘 要

制定知识产权基础性法律是我国"全面完善知识产权保护法律体系"的重要内容。从现实需要出发，制定一部统领性的知识产权基础性法律充分必要而且切实可行；立法模式上宜采用知识产权基本法模式；在立法内容方面，应坚持问题导向，以加强知识产权保护和促进知识产权运用为主线，就知识产权在实施创新驱动发展、构建现代产权制度、引导知识产权国际秩序构建方面发挥的作用，作出基础性、结构性、系统性、前瞻性的法律制度设计。

关键词

知识产权 基础性法律 知识产权基本法

---

❶~❼ 作者单位：国家知识产权局条法司。

近年来,党中央、国务院高度重视知识产权工作,习近平总书记多次作出重要指示批示,强调要"加强知识产权保护"❶"完善知识产权保护相关法律法规"❷"全面完善知识产权保护法律体系❸。知识产权作为产权保护制度的重要内容,激励创新的基本保障、发展的战略性资源和国际竞争力的核心要素,是优化营商环境、建设创新型国家和推动经济高质量发展不可或缺的重要支撑。制定知识产权基础性法律是治理能力和治理体系现代化的根本手段,是制定《民法典》背景下完善知识产权法律体系的必然要求,也是机构改革职能调整后的现实需要。

一、制定知识产权基础性法律的背景与研究基础

2008 年《国家知识产权战略纲要》(以下简称"2008 年《纲要》")在第五部分"战略措施"第三方面"加快知识产权法制建设"中明确提出要"研究制定知识产权基础性法律的必要性和可行性"。这是"知识产权基础性法律"在国务院文件中的最早表述。2018 年,国家知识产权局对 2008 年《纲要》实施十年以来的工作情况进行了评估,其中就"知识产权基础性法律制定的必要性和可行性"形成了专项评估报告,反映了以下几方面情况。

(一)学界研究情况及主要观点

从学界研究情况来看,在 CNKI 数据库及互联网资源中共检索到 113 篇与知识产权基础性法律相关的国内期刊文献。❹ 其中,共有 79 篇讨论了制定知识产权基础性法律及相关具体路径的必要性和可行性;34 篇虽然没有明确是否应当制定知识产权基础性法律,但主要研究了《民法总则》相关知识产权条款,讨论知识产权体制,探讨国外立法模式或以综

---

❶ 习近平. 开放共创繁荣 创新引领未来:在博鳌亚洲论坛 2018 年年会开幕式上的主旨演讲 [EB/OL]. (2018-12-16) [2019-06-01]. http://www.ccps.gov.cn/xxsxk/zyls/201812/t20181216_125691_1.shtml.

❷ 新华社. 习近平主持召开中央财经领导小组第十六次会议 [EB/OL]. (2017-07-17) [2019-06-01]. http://www.gov.cn/xinwen/2017-07/17/content_5211349.htm.

❸ 习近平. 齐心开创共建"一带一路"美好未来:在第二届"一带一路"国际合作高峰论坛开幕式上的主旨演讲 [EB/OL]. (2019-04-26) [2019-06-01]. http://www.gov.cn/gongbao/content/2019/content_5389301.htm.

❹ 发表时间为 1999~2017 年。

述形式阐述知识产权立法现状。在讨论知识产权基础性法律时，学者们主要围绕将知识产权法纳入民法典、单独制定知识产权法典以及制定知识产权基本法三种不同路径展开研究。

关于将知识产权法纳入民法典。❶ 支持理由包括知识产权作为私权，是实现民法典体系化完整的需要，有利于运用民法基本原则与规则解决技术发展带来的新问题。反对理由包括入典难以解决知识产权特殊性与民法一般性的矛盾，难以解决公法内容问题，也难以解决知识产权的开放性、变动性与民法典相对稳定性之间的矛盾。

关于单独制定知识产权法典。❷ 支持理由包括知识产权法律规范有众多行政法规范和形式规范，不同于传统民事制度，有利于解决分散立法模式下缺乏知识产权共性内容规定的问题。反对理由包括知识产权客体之间性质迥异，较难抽象出共同私法规则，且知识产权法基础理论研究比较薄弱，难以满足法典应有的相对稳定性和逻辑自足性。

关于制定知识产权基本法。❸ 支持观点包括知识产权法典化目前阶段不具有现实性，且我国已有相对成熟的知识产权单行法，没有必要放弃，而建立由知识产权基本法统领的各单行法并行的模式，是对知识产权制度的理性定位。反对理由包括知识产权基本法的法律地位不明确，日韩基本法本质是政策法制化，2008 年《纲要》实际已起到相同作用。

（二）全国人大和政协建议、议案及提案情况

在 2009～2019 年交由国家知识产权局办理的全国人大建议、议案和政协提案中，有 19 件涉及知识产权基础性法律，其中 5 件人大建议、议案，14 件政协提案。在这 19 件建议、议案及提案中，8 件认为需要制定

---

❶ 参见：吴汉东. 知识产权应在未来民法典中独立成编 [J]. 知识产权，2016 (12)：3-7；邓社民. 我国民法典分则编纂中的知识产权立法构想 [J]. 法学评论，2017 (5)：107-115；李琛. 论中国民法典设立知识产权编的必要性 [J]. 苏州大学学报：法学版，2015 (4)：75-82.

❷ 参见：曹新明. 知识产权与民法典连接模式之选择：以《知识产权法典》的编纂为视角 [J]. 法商研究，2005 (1)：26-34；胡开忠. 知识产权法典化的现实与我国未来的立法选择 [J]. 法学，2003 (2)：55-59；范在峰. 从知识产权法律体系存在的问题看法典化的必要性 [J]. 知识产权，2003 (4)：39-43.

❸ 参见：房绍坤，宋红松，李阁霞. 知识产权基本法框架体系研究 [M] //国家知识产权局条法司. 专利法研究 2014. 北京：知识产权出版社，2017；齐爱民. 知识产权基本法之构建 [J]. 河北法学，2009 (5)：57-60；李学辉，李华中. 我国应制定《知识产权基本法》[J]. 华中师范大学研究生学报，2005 (4)：116-118.

知识产权基本法，4件认为需要制定知识产权法典，2件认为需要制定民法典知识产权编，1件认为需要制定知识产权民法通则，1件认为需要制定知识产权法，还有3件反映了分散立法模式的问题。

从具体内容上看，这些建议、议案或提案指出的制定知识产权基础性法律的必要性主要包括：现有知识产权法律制度采取分散式立法模式，导致各单行法之间存在不必要的重叠、交叉和冲突，缺乏协调性和一致性；随着经济社会快速发展，单行法不适应、不完备的地方时有显现，对某些客体存在立法空白，对司法实践中出现的问题无法予以解决；把知识产权法作为一个单独的学科或者一个单独的法律部门，是我国走向现代化与国际化的必要趋势；实践中积累的大量经验做法仍停留在政策层面，缺乏连续性、稳定性和法律支撑。

（三）问卷调查情况

从对专家学者、法官、行政机关人员、企业及中介机构发放的问卷调查结果来看❶，绝大多数调查对象（特别是作为创新主体的企业）认为有必要制定知识产权基础性法律；❷ 在立法模式方面，赞同采用知识产权基本法或法典模式的比例较高，❸ 而民法典知识产权编在法官和专家学者群体中支持度较高，但在其他群体中则认同度不高。❹

应当说，经过十年研究，各界对制定知识产权基础性法律的认同度提高、关注度增加，讨论氛围日渐浓厚和活跃。

二、制定知识产权基础性法律的必要性和可行性

（一）制定知识产权基础性法律是治理能力和治理体系现代化的根本手段

党的十八届四中全会对全面推进依法治国作出重大部署，把法治作为治国理政的基本方式。党的十九届四中全会进一步指出，要推进国家

---

❶　共发放1346份问卷，回收377份，总回收率为28％。

❷　84％的调查对象认为有必要制定知识产权基础性法律，作为创新主体的企业高达90％认为有必要制定知识产权基础性法律。

❸　42％的调查对象认为适宜制定知识产权基本法，33％认为适宜编纂知识产权法典。

❹　33.3％的学者和企业赞同《民法典》知识产权编模式，而在行政机关人员、企业及中介机构中的赞同比例仅分别为0、6.7％、12.4％。

治理体系和治理能力现代化。❶ 法律是国家治理体系的基石，是完善国家治理体系的重要落脚点。要处理好立法与改革的关系，既要发挥立法对改革的引领和推动作用，也要保证改革在法治轨道内进行。同时要加强重要领域立法，确保国家发展、重大改革于法有据，法不缺位。从《优化营商环境条例》等最新法律法规的起草制定过程来看，政策法制化是治理能力现代化的重要路径。因此，为了更好地建设知识产权强国，实施创新驱动发展，推进知识产权领域治理体系和治理能力现代化，有必要梳理我国多年来实施的知识产权宏观政策、管理体制和促进措施，筛选总结需由基础性法律明确和固化的内容，通过基础性法律巩固深化改革成果，推进政策法制化，做到有法可依、有法必依、职责法定，加强依法行政。

（二）制定知识产权基础性法律是制定民法典背景下完善知识产权法律体系的必然要求

民法典是民事领域的基础性法律，拉开了中国特色法律体系建设法典化进程序幕，但其中暂未包含知识产权编。对此，全国人大常委会法工委主任沈春耀表示：一是我国知识产权立法一直采用民事特别法的立法方式，其中既规定民事权利等内容，也规定行政管理等内容，而民法典是调整平等主体之间民事关系的法律，难以纳入行政管理的内容，也难以抽象出不同类型知识产权的一般性规则；二是知识产权制度仍处于快速变化发展中，国内立法、执法、司法需不断调整适应，纳入《民法典》则难以保持连续性、稳定性。❷ 因此，在目前尚不能入典，而知识产权领域单独立法的状况为法律适用带来诸多不便的背景下，适时制定知识产权基础性法律的必要性更为突出。一方面，在与民法典的关系上，知识产权基础性法律中有关民事权利的内容需遵循产权保护的一般规则，同时将规范知识产权在获权、保护和运用方面与有形财产不同的特殊规则。另一方面，在与知识产权各单行法关系上，知识产权基础性法律将

---

❶ 新华社. 中共中央关于坚持和完善中国特色社会主义制度 推进国家治理体系和治理能力现代化若干重大问题的决定［EB/OL］.（2019-11-05）［2019-11-06］. http：//www.gov.cn/zhengce/2019-11/05/content_5449023.htm.

❷ 法制网. 全国人大常委会法工委回应民法典分编结构安排情况：为何将民法典分编定为这样的六编［EB/OL］.（2018-08-27）［2019-06-01］. http：//www.legaldaily.com.cn/index/content/2018-08/27/content_7629177.htm? node=20908.

对各单行法的共性规则进行提炼总结，就其在知识产权领域的适用作出统一规定，解决单行法难以解决的部分规则交叉重叠问题及各自为阵、就同一问题轮番修改的立法现状，指引单行法未来的调整方向，适应新时代科技迅猛发展对知识产权法律规范的需求，提高法律适用的透明度和可预期性。同时还要处理好与平行法律之间的关系，例如《反不正当竞争法》《反垄断法》《对外贸易法》等涉及市场秩序的法律规范和《民事诉讼法》《行政诉讼法》等程序性法律规范，从而有利于实现与其他法律的衔接协调和对各单行法的统领升华作用。

（三）制定知识产权基础性法律是机构改革职能整合后的现实需要

2018 年 3 月，中共中央印发《深化党和国家机构改革方案》，将专利、商标、原产地地理标志管理职责整合，重新组建国家知识产权局，新闻出版管理职责划入中央宣传部。❶ 这一改革举措标志着我国知识产权管理体制更加集中高效，也为制定知识产权基础性法律奠定了重要基础。同时，对于地方知识产权管理部门在大市场监管体制之下的职能明晰、职权法定与权责统一的问题，单行法较难顾及，需要从更高层面进行规范。此外，机构改革进程中，地方知识产权立法与实践的探索希望得到国家层面的支撑。2016 年，中央全面深化改革领导小组将知识产权综合管理列入改革重要议题，国务院部署开展知识产权综合管理改革试点。各地在知识产权综合立法方面也开展了积极探索，山东、武汉、南京、昆明、深圳、天津、辽宁等制定实施了地方知识产权综合性法规或政府规章；❷ 江苏、上海、厦门也开展了相关研究制定工作❸。地方立法的实践探索能够为制定国家知识产权基础性法律提供实证基础和先行经验，

---

❶　新华社. 中共中央印发《深化党和国家机构改革方案》[EB/OL]. （2018-03-21）[2019-11-01]. http://www.gov.cn/zhengce/2018-03/21/content_5276191.htm#1.

❷　《山东省知识产权促进条例》2010 年 7 月 1 日正式施行；《武汉市知识产权促进和保护条例》2015 年 2 月 1 日正式施行；《南京市知识产权促进和保护条例》2011 年 11 月 1 日正式施行；《昆明市知识产权促进和保护条例》2014 年 10 月 1 日正式施行；《深圳经济特区知识产权保护条例》2019 年 3 月 1 日正式施行；《天津市知识产权保护条例》2019 年 11 月 1 日正式施行；《辽宁省知识产权保护办法》2018 年 2 月 1 日正式施行。

❸　《江苏省知识产权促进条例》列入江苏省人大常委会 2018～2022 年立法规划；《上海市专利保护条例》修改工作列入上海市人大常委会 2019 年立法工作计划，并将推进知识产权综合立法调研；《厦门经济特区知识产权促进条例》列入 2019 年厦门市政府立法计划法规项目。

形成上下呼应、良性互动的立法工作新格局。

（四）国外立法及国际条约有可供借鉴的立法经验

目前已有日本、韩国、乌克兰、俄罗斯、法国、菲律宾等多个国家制定了不同模式的知识产权基础性法律，均能为我国知识产权基础性法律的制定提供良好的借鉴参考。另外，从最初的《保护工业产权巴黎公约》开始，到世界贸易组织《与贸易有关的知识产权协定》（TRIPS），以及近几年签订的《跨太平洋伙伴关系协定》（TPP）和《全面与进步跨太平洋伙伴关系协定》（CPTPP）等都是基础性、综合性的国际条约，将专利、商标、著作权、植物新品种等知识产权集中进行规范，全面提升知识产权保护水平。

三、国外立法模式综述与我国立法模式选择

（一）国外立法模式综述

目前，从世界范围来看，知识产权综合立法模式主要有民法典知识产权编、知识产权法典及知识产权基本法三种路径。

民法典知识产权编模式是指将知识产权法作为民法典当中的一编，代表国家有俄罗斯、乌克兰。俄罗斯民法典自 2008 年 1 月 1 日起生效，其中知识产权为独立一编，与物权、债权、继承权等平行存在，并废除了知识产权单行法。此种模式符合知识产权的民事法律性质，但知识产权程序性规则和技术性规则也会对民法典的纯洁性及相对稳定性带来挑战。❶

知识产权法典模式是指在民法典之外单独编撰知识产权法典，代表国家有法国、菲律宾。1992 年法国知识产权法典将 23 个与知识产权相关的单行法律法规整理汇编成统一的法典，成为世界上知识产权保护领域的第一部法典，开创了知识产权法和民法分立而单独立法的典型。❷ 此种模式的优点是可以针对知识产权的特殊性对其进行专门保护，但也存在与民法典等民事法律之间的协调衔接问题，重复设置主体、客体等规则

---

❶ 李建忠. 从《俄罗斯联邦民法典》看我国知识产权法如何入典 [J]. 法制与经济，2017（3）：65-70.

❷ 吴汉东. 知识产权制度基础理论研究 [M]. 北京：知识产权出版社，2009：269-276.

或原则，浪费立法资源，增加法律适用的难度，且实际上法国知识产权法典仅是法律汇编，借鉴意义有限。

知识产权基本法模式的代表国家为日本、韩国。日本知识产权基本法❶与韩国知识财产基本法❷均仅涉及公法内容，提出了知识产权创造、运用、保护等方面的整体制度设计，为改革和创新提供了上位法依据。不足之处是纯公法模式难以全面反映知识产权的特性，难以实现权利人与公共利益的合理平衡。

（二）我国立法模式选择

第一，关于民法典知识产权编模式。现行各知识产权单行法中既规定了民事权利等内容，也规定了行政管理等内容，私法公法规范兼具，并处于动态变化中。这决定了将知识产权统一的基础性规范纳入《民法典》的模式不能完全解决现实问题。

第二，关于知识产权法典模式。首先类似法国知识产权法典的简单法律汇编意义不大。而制定统领性的知识产权法典须对知识产权保护客体的形态特点、保护范围、公权与私权的划分等问题进行深入研究，需要严密的逻辑性、严格的体系化与相对的稳定性，面临立法难度大、周期长、任务重等现实挑战。目前来看，通过法律重新编撰制定知识产权法典的时机还不够成熟，可作为长远目标。

第三，关于知识产权基本法模式。在体系架构上，知识产权基本法可以采用总分形式，即制定一部统领性的知识产权基础性法律，各单行法作为其支撑仍然存在，既能够提升知识产权法律在整个法律体系中的地位，也能够兼顾灵活性，及时回应经济社会迅速发展对于知识产权法律制度的需求。因此，就现实基础而言，先行制定知识产权基本法较为可行，为将来单独成典或者民法典扩容时纳入做好充分准备。

四、立法内容分析

关于知识产权基本法（以下简称"基本法"）的立法内容，与日韩基本法仅涉及公共管理部分的规范不同，笔者认为应当坚持问题导向，以

---

❶ 平成 14 年（2002 年）12 月 4 日法律第 122 号。

❷ 2011 年 4 月 29 日，韩国国会全体会议通过，自 2011 年 7 月 20 日起施行。

加强知识产权保护和促进知识产权运用为主线，就知识产权在实施创新驱动发展、构建现代产权制度、引导知识产权国际秩序构建方面发挥的作用，作出基础性、结构性、系统性、前瞻性的法律制度设计；整体上分为总则、保护规则、运用促进和涉外规则四部分，覆盖知识产权工作全链条；既包含公共政策和管理方面的规范，也会涉及权利保护运用的一般规制。在条款草拟的立法技术上，基本法所确立的应当是原则的、概括的规范，而不是重复各单行法中既有的详细规则。对各部分规定具体内容的初步设想如下。

（一）总则

1. 知识产权基本原则

法律原则集中反映并直接决定了法律制度的基本性质、内容和价值取向。作为知识产权领域的根本大法，在基本法中规定知识产权基本原则有助于保障知识产权制度内部的和谐统一。由于法律的滞后性，对实践中层出不穷的部分行为可能缺乏具体规制的法律规则。此时，有必要通过原则性条款，补充法律漏洞，进行正向引导，指导法律适用和解释，强化法律的调控能力。

保护民事权利的基本原则无疑可以适用于知识产权领域。同时知识产权法还兼具公法的属性，在基本法中还应当规定与之相适应的特有原则。具体来说，在基本法中明确规定的知识产权基本原则至少应包括：诚实信用原则、鼓励创新原则、维护公平竞争原则、禁止权利滥用原则、正确处理政府与市场关系原则、国际规则与国内法律协调原则等。

关于诚实信用原则，我国《商标法》等相关法律中规定了这一权利行使的基本原则❶，最新的《专利法》修改草案中也提出要明确申请专利和行使专利权应当遵循诚实信用原则❷。鼓励创新是知识产权制度的基本精神和价值依托。维护公平竞争同加强知识产权保护分别从不同的角度保障正常的社会经济秩序，应从基本法原则层面统筹考虑二者的关系。知识产权制度突出体现了私人权利和公共利益的平衡。权利人行使权利应当适度恰当，不得损害国家安全和社会公共利益，因此规定禁止权利

---

❶ 参见《商标法》第 7 条。

❷ 参见《专利法修正案（草案）》（2018 年 12 月全国人大公开征求意见稿）第 20 条。

滥用原则就显得尤为重要。知识产权是国家赋予的一项权利，其价值又是在市场流转中得以实现的，如何处理好政府和市场的关系是基本法在实现治理体系现代化方面需要考虑的内容。知识产权制度是一项国际性制度，我国也已经加入了世界上所有主要的知识产权国际公约。如何协调平衡国际规则和国内法律，并在当今知识产权国际规则和全球治理机制变革中发挥积极作用，应当成为基本法原则的重要内容之一。

2. 基本法的执行机构

为解决我国知识产权领域长久以来多部门管理和重复执法的问题，2018 年国务院机构改革将商标和原产地地理标志的管理职责划入国家知识产权局。这一举措很大程度上缓解了"九龙治水"的分散管理局面。但是，知识产权领域仍存在多个管理部门，中央宣传部下属的国家版权局、商务部、自然资源部下属的国家林业和草原局、农业农村部、工业和信息化部、海关总署等部委都具有相关领域的知识产权管理职能。尽管建立了国务院知识产权战略实施工作部际联席会议制度，但实践中各部门之间的协调和沟通仍存在一定的困难和障碍。

在国家层面的执行机构中，日本通过知识产权基本法设立了知识产权战略本部；韩国效仿日本的做法制定知识财产基本法，同样也依据该法成立了"国家知识财产委员会"，推进各部门间知识产权工作的协调与配合。借鉴日韩的成功经验和我国国务院反垄断委员会的设立，在基本法中对设立"国家知识产权委员会"作出规定，改变目前国务院知识产权战略实施工作部际联席会议的非常设机构性质，提高层级，明确机构职责，赋予其更多的统筹协调职能。

（二）知识产权保护规则

1. 行政司法"双轨制"保护模式

一直以来，我国知识产权保护采取行政和司法并行的"双轨制"模式。近四十年的实践证明"双轨制"的保护模式在我国经济社会发展和创新驱动发展战略实施过程中发挥了重要作用。可预见的是，未来两种保护模式将继续发挥各自的优势与特点，并通过不断加强衔接与协调，为知识产权权利人提供更充分更严格的保护。因此，在基本法中有必要对知识产权行政司法"双轨制"保护模式作出规定，进一步完善权责划分，健全保护全面、便捷高效、协调统一的知识产权保护体系，实现严

保护、大保护、快保护、同保护的目标。❶

2. 统一行政执法

在 2018 年完成新的一轮机构改革之后，虽然知识产权行政执法体制实现了优化，但依然存在"多头执法""力量不均""手段单一""标准不一""效能不高""跨区域执法难"等问题，削弱了行政保护的力度，不利于行政执法作用的发挥。为了更好地支撑创新驱动发展战略，加快建设知识产权强国，有必要进一步理顺知识产权行政执法体制。❷ 这就需要在基本法中规定从中央到地方知识产权行政执法的体制，对涉及不同知识产权类型的行政执法实体及程序问题进行统一规定，包括构建综合执法与分类指导相结合、分工科学、权责一致的行政执法体制，优化行政执法资源配置，丰富执法手段，统一执法标准，实现跨区域执法协调，加强执法机构和队伍建设等，加大知识产权行政执法机关向刑事司法机关移送知识产权刑事案件的力度，做好"行刑衔接"，明确执行标准。❸

3. 行政调解的司法确认

通过调解的方式解决纠纷是化解矛盾的有效手段。根据现行法律规定，行政机关在处理知识产权侵权纠纷时，可以应当事人请求就赔偿数额进行调解。但实践中，由于行政调解协议执行力不强，一些侵权人为逃避赔偿责任故意不履行调解协议，权利人只得另行提起民事诉讼。这不仅浪费了大量行政执法和司法审判资源，更延长了侵权纠纷的解决周期。《国务院关于加强法治政府建设的意见》要求"推动建立行政调解与人民调解、司法调解相衔接的大调解联动机制，实现各类调解主体的有效互动，形成调解工作合力"。《关于强化知识产权保护的意见》（中办发〔2019〕56 号）提出，"建立健全知识产权纠纷调解协议司法确认机制"。为充分发挥行政调解解决专利纠纷、化解社会矛盾的作用，避免资源的浪费，进一步促进行政保护和司法保护有效衔接，有必要在基本法中建立行政调解的司法确认制度。

---

❶ 张志成. 大力推动知识产权保护体系建设 全面加强知识产权保护 [J]. 中国市场监管研究，2019（4）：28-29.

❷ 参见：罗鑫星，李颖怡. 在我国知识产权行政执法体制的检讨与完善 [C] //中国法学会知识产权法研究会 2006 年会暨完善知识产权执法体制学术研讨会. 2006.

❸ 参见《国务院关于印发国家知识产权战略纲要的通知》（国发〔2018〕18 号）。

4. 多元化纠纷解决机制

客体的无形性，侵权的隐蔽性、可重复性和趋利性，导致了知识产权侵权易发。● 完全依靠诉讼手段解决纠纷显然无法满足所有权利人的不同需求，保障权利人的合法权益。建立多元化纠纷解决机制●能在一定程度上避免诉讼费用高昂、程序过于复杂、公开审判中商业隐私泄露、诉讼双方交恶等问题；同时，有助于实现社会共治，以简便灵活的方式使知识产权纠纷得到快速解决。因此，应当在基本法中明确规定建立健全符合知识产权特征与规律的多元化知识产权纠纷解决机制，鼓励维权援助机构开展纠纷诉前调解，支持仲裁机构强化知识产权争议仲裁功能，引导行业协会、中介组织等第三方机构参与解决知识产权纠纷。

5. 知识产权审判体制机制改革

近几年来以知识产权审判"三合一"制度为代表，涵盖了诸多程序规则的知识产权审判体制机制改革持续深入开展，在顶层设计和自下而上试点探索的协同工作下取得了丰硕的成果，提高了司法保护整体效能和综合效能。● 通过制定基本法，确认既有的改革成果，并为下一步改革工作作出部署，● 拟予规定的内容如下所述。

首先是知识产权审判"三合一"制度。长期以来的知识产权民事、刑事和行政审判分离的审判模式，存在审判工作发展不平衡、级别管辖不合理、程序衔接不顺畅等问题，降低了审判效率，提高了诉讼成本。随着知识产权法院设立后知识产权审判"三合一"改革全面推行，上述问题得到了较好解决，● 应当在基本法中予以体现。

其次是有关管辖、上诉、事实查明等规则。知识产权法院的管辖范围实现了司法区域与行政区划分离的跨区域管辖。2019 年 1 月 1 日，最

● 王中，王晓菡. 外贸法律实务 [M]. 北京：对外经济贸易大学出版社，2004.

● 《中共中央关于全面推进依法治国若干重大问题的决定》要求"健全社会矛盾纠纷预防化解机制，完善调解、仲裁、行政裁决、行政复议、诉讼等有机衔接、相互协调的多元化纠纷解决机制"。

● 李莉，陶正超. 遵循基本司法政策，全面推进知产审判"三合一"[J]. 人民司法（案例），2016（20）：F0002.

● 易继明. 构建知识产权大司法体制 [J]. 中外法学，2018，30（5）：1260-1283.

● 李光曼，赵兴. 关于知识产权审判"三合一"的反思与建言 [J]. 江西警察学院学报，2015（1）：118-122；易继明. 构建知识产权大司法体制 [J]. 中外法学，2018，30（5）：1260-1283.

高人民法院知识产权法庭开始统一受理专业技术类知识产权民事、行政上诉案件，实现审判标准的统一。❶ 设立技术调查官制度，其作为法官的技术助手，协助法官理解和查明技术问题，为技术类案件的审理提供技术支持。以上规则也可以在研究制定基本法时一并考虑。

最后，基本法还应当考虑对诉讼保全制度完善和成立知识产权上诉法院等未来司法领域的探索作出前瞻性规定。目前诉讼保全制度的启动条件较为严苛，适用过于谨慎，应当进一步发挥制度的效能，妥当有效地采取保全措施，依法满足权利人及时制止侵权、便利获取证据、有效维护权利的正当需求。❷ 最高人民法院知识产权法庭的受案范围有限，还不足以成为全国统一的知识产权上诉法院，❸ 应当通过基本法确立真正意义上的知识产权上诉法院的地位。

6. 知识产权诉讼的证据规则

优化证据规则是破解知识产权侵权易、维权难、赔偿低的困境的重要举措，也是基本法应予关注的重要方面。目前，在举证难方面存在的突出问题是知识产权的权利人在诉讼中承担的举证责任过大。相关证据主要由侵权者掌握，取证困难，证据稳定性差，容易被销毁、隐匿、改动、湮灭，权利人想要证明全部侵权事实以及侵权获利情况非常困难，造成了实质上的不公平。❹ 按照"谁主张，谁举证"的原则，有大量案件的权利人因未完成上述举证要求不得不承担不利的后果。目前只有《专利法》有关于举证责任倒置的规定，即针对产品制造方法的专利，由制造同样产品的单位或个人承担举证责任。因此，有必要完善知识产权诉讼的证据规则，适当扩大举证责任倒置的适用情形，合理分配举证责任，建立证据披露、举证妨碍、证据提供令等制度，明确在不同诉讼程序中

---

❶ 易继明. 司法体制改革中的知识产权法庭 [J]. 法律适用，2019（3）：28-38；易继明，构建知识产权大司法体制 [J]. 中外法学，2018，30（5）：1260-1283.

❷ 吴英姿，张文郁. 两岸知识产权诉讼特别程序制度比较研究 [J]. 中国应用法学，2018（6）：96-111.

❸ 易继明. 司法体制改革中的知识产权法庭 [J]. 法律适用，2019（3）：28-38；易继明. 构建知识产权大司法体制 [J]. 中外法学，2018，30（5）：1260-1283.

❹ 杜仪. 论知识产权诉讼证据制度的完善 [D]. 上海：复旦大学，2010；水天鲲. 知识产权侵权诉讼举证责任分配及解决路径研究 [D]. 上海：华东政法大学，2018.

的证据可以互相采信❶。

7. 诉讼时效

现行《专利法》明确规定了侵犯专利权的诉讼时效，《著作权法》和《商标法》中没有关于诉讼时效的规定。知识产权侵权行为与普通侵权行为在行为方式上有一定差别，往往持续较长时间，且可能反复多次发生，对于诉讼时效规定的适用学界和实务界一直存在争议。❷ 最高人民法院通过一系列司法解释对知识产权连续侵权行为的诉讼时效和损害赔偿数额的计算方式作出补充规定，采用向前推算二年的标准。通过基本法对知识产权领域特殊诉讼时效进行明确规定，可以统一适用。

8. 间接侵权制度

目前各知识产权单行法中对直接侵权的规定较为完善，但实践中还存在一些行为，虽然不构成直接侵权，却对直接侵权的行为人实施了帮助、诱导、教唆，给权利人的权益造成了实质性损害。虽然民法的共同侵权规则可以涵盖一部分间接侵权行为，但仍有部分无法进行规制。此时，若不设置相应规则，将会导致权利人很难主张权利，大大增加维权成本。在各知识产权法中目前仅有《商标法》将"故意为侵犯他人商标专用权行为提供便利条件，帮助他人实施侵犯商标专用权行为"列举为侵权行为之一。为此，应在基本法中明确教唆帮助他人实施知识产权侵权行为的，应当与行为人承担连带责任。

9. 权利用尽制度

知识产权权利用尽原则是对知识产权效力的一种重要的限制，其目的在于防止对知识产权的保护超过合理的限度，对正常的经济社会秩序产生不良影响。全球化之下的人员、经贸往来频繁，产品跨国流动，知识产权在多国获得授权和保护。但是目前各国对知识产权权利用尽态度不一，规则差异较大，有承认国际权利用尽，也有仅适用国内用尽或者区域用尽的。❸ 相关国际公约对此并没有明确要求，允许各国自主建立权

❶ 杜仪. 论知识产权诉讼证据制度的完善 [D]. 上海：复旦大学，2010；水天鲲. 知识产权侵权诉讼举证责任分配及解决路径研究 [D]. 上海：华东政法大学，2018.

❷ 争议主要集中在知识产权诉讼时效的起算点、持续侵犯知识产权行为的诉讼时效、知识产权请求权是否适用诉讼时效等方面。

❸ 英国允许专利权人对其售出的或经其被许可人售出的专利产品以后的使用和转售提出限制性条件，欧盟成员国则采用区域用尽规则。

利用尽体系。例如 TRIPS 第 6 条规定：对于依照该协定的争端解决而言，在遵守第 2 条和第 4 条规定的前提下，该协定的任何规定不得用于涉及知识产权的权利用尽问题。我国《专利法》第 69 条规定了专利权的权利用尽规则，允许平行进口，而在《商标法》和《著作权法》中没有明确的规定，导致实践中对行为性质的认定于法无据。为此，可在基本法中明确对知识产权权利用尽的基本态度和适用的地域范围。

10. 法律责任承担

没有法律责任，法的强制性和完整性就无从谈起，法律也无法得到很好的执行。知识产权违法行为人应承担的法律责任是单行法规定的重要内容，但也存在差异。基本法的规定应当涉及知识产权侵权行为以及其他违法行为法律责任的承担方式，以及民事、行政和刑事责任的区分。民事责任的承担方式有很多种，在侵犯知识产权给造成权利人损害时，行为人责任的承担方式直接关系到保护的效果。权利人可以请求损害赔偿，也可以请求行为人承担停止侵害、消除影响等其他民事责任。在承担民事责任的同时，如果侵权行为构成对行政管理秩序的侵害或者情节严重、构成犯罪，还应当承担行政责任或者刑事责任。

11. 惩罚性赔偿规则

对于一般的侵权行为，传统损害赔偿遵循"填平原则"。但知识产权侵权行为不同于普通的民事侵权行为，如果严格遵循"填平原则"，不仅难以遏制侵权行为，致使现实中故意侵权、重复侵权、群体侵权现象屡禁不止，还将使权利人得不到充分赔偿，扰乱公平的竞争秩序。《商标法》《反不正当竞争法》《优化营商环境条例》等法律中对恶意侵犯商标专用权和商业秘密的行为建立了惩罚性赔偿制度，❶ 也拟在《专利法》❷和《著作权法》修改时引入惩罚性赔偿制度。为进一步加强对知识产权权利人合法权益的保护，加大对侵权违法行为的惩治力度，大幅提高侵权违法成本，应在基本法中明确规定惩罚性赔偿的规则，并规定惩罚性赔偿的适用条件和赔偿金数额的确定方式。

---

❶ 参见《商标法》第 63 条、《反不正当竞争法》第 17 条、《优化营商环境条例》第 15 条。

❷ 《中华人民共和国专利法修正案（草案）》（2018 年 12 月全国人大公开征求意见稿）第 72 条 ［EB/OL］. http://www.npc.gov.cn/npc/c35674/zlfxzaca.shtml.

（三）知识产权运用促进

1. 财政资助项目知识产权共享和利用

财政资助项目的科技成果知识产权是我国科技创新的重要产出，也是重要的公共资产，理应积极向社会开放，实现共享利用，保证财政资金的收益、效益的最大化。但是以下几方面的困难导致其目前难以落实[1]：一是知识产权研发过程长、环节多，权利主体叠加、客体范围广，导致法律关系复杂，需要明确财政资助项目知识产权的法律地位。二是财政资助项目知识产权的创造和应用主体分散，科研成果与市场实际需求的脱节。三是缺少促进共享的具体制度，无法为知识产权共享提供稳定、长期、系统的激励、保障和规范。须从顶层设计着手化解困难，通过制定基本法，首先明确财政资助项目形成的知识产权的法律属性，鼓励财政资助项目形成的知识产权共享，建立促进共享和利用的机制；其次引导知识产权的创造与运用在产业关键技术、共性技术、平台技术等节点上的对接，解决科研和产业脱节的问题。

2. 知识产权财政投入与税收优惠

知识产权财政投入和相关税收优惠政策，极大地促进了我国知识产权事业发展，但是也有一些问题随之浮现[2]：就财政投入而言，在"降税减负"的大背景下，对支出型财政政策的强调形成了中央和地方不小的财政负担；财政投入也没有形成制度保障，没有与财政收入挂钩，导致投入较为随意，不能保持长期稳定投入，与知识产权事业自身的发展规律不符。就税收优惠而言，政策层级较低、无统一立法；政出多门，政策制定者对于不同种类知识产权之间的差异没有清晰的认识，不同政策文本所提及的"专利知识产权""技术""知识产权"等界限模糊，导致相关政策应用困难。

对与知识产权相关的财税手段作出统一规定是适当加强知识产权领

---

[1] 陈吉灿. 财政资助科技项目中知识产权法律问题研究 [D]. 长沙：湖南师范大学，2012年；李寅秋，孙洪武，周明月. 我国转基因生物知识产权共享：诉求与阻碍 [J]. 科技与经济，2014（2）：39-43.

[2] 冯铁栓. 问题、反思与重构：以知识产权财税激励工具为出发点 [J]. 中国石油大学学报（社会科学版），2016，32（6）：51-57；北京第二外国语学院课题组承担的国家知识产权局条法司委托项目《知识产权基本法》制定视角下的财税产业政策与最优营商环境关系研究"（2019年11月）。

域中央事权的重要方面❶，也是基本法的重要内容。具体考虑上，在财政投入方面，一是应保证知识产权相关的财政投入长期稳定和逐步增长，考虑将其纳入中央和地方的财政预算，推动知识产权事业健康发展；二是引导社会资金进入，降低中央和地方的财政负担，实现政府和社会共促的合力。在税收优惠方面，一是对涉及知识产权的税收优惠作出原则性规定，解决法律依据和法律授权问题；二是统一相关概念，划清界限，解决应用难问题。

3. 重大经济科技活动知识产权评议

重大经济科技活动知识产权评议可以降低政府资金和国有资金的投资风险，防止资金的浪费，保障国家的经济安全。目前，江苏、贵州等省级地方和武汉、郑州等市级地方已经开展了知识产权评议试点，并出台了相关文件，如《（江苏省）重大项目知识产权审查论证暂行办法》《贵州省重大经济活动知识产权特别审查机制（试行）》和《武汉市人民政府关于加强重大经济活动知识产权审查工作的意见》《郑州市人民政府关于加强重大经济活动知识产权审议工作的通知》等。❷ 但是由于上位法律缺失，存在制度断层，各个地方在知识产权评议制度的评议对象、内容、程序、机构、责任等方面的规定并不一致❸。

在基本法中就知识产权评议作出规定，可以从根本上化解问题，关注两个方面：一是明确建立重大经济活动、重大科技活动的知识产权评议制度，制定评议标准，重点围绕国家重大产业规划、国家科技计划、高技术领域重大投资项目等开展知识产权评议；二是完善评议制度的总体框架，评议制度应包括风险评估、预警报告和预案响应几个方面，从事前、事中、事后几个方面维护投资安全。

4. 知识产权的对外转让审查机制

知识产权对外转让系关国家安全。涉及高、精、尖端技术的知识产权的对外转让，可能对技术出口国带来某些潜在威胁。尤其是核心关键

---

❶ 《中共中央关于坚持和完善中国特色社会主义制度　推进国家治理体系和治理能力现代化若干重大问题的决定》提出："适当加强中央在知识产权保护、养老保险、跨区域生态环境保护等方面事权，减少并规范中央和地方共同事权。"

❷ 宋伟文. 重大经济活动知识产权审议制度研究 [D]. 湘潭：湘潭大学，2011.

❸ 周淦. 重大经济活动知识产权评议制度的建构 [D]. 湘潭：湘潭大学，2013；孟海燕. 知识产权分析评议基本问题研究 [J]. 中国科学院院刊，2013（4）：427-434

技术的知识产权，关系到金融安全、产业与贸易安全、战略资源安全以及经济信息安全等各个方面。目前，世界主要国家为了维护自身的利益与安全，基本都对知识产权对外转移转让建立了较为完善的审查制度。❶因此，在基本法中应当规定建立知识产权对外转让审查机制，针对技术出口、外国投资者并购境内企业等活动中涉及的专利权、集成电路布图设计专有权、计算机软件著作权、植物新品种权等知识产权，审查其对外转让对我国国家安全的影响，以及对我国重要领域核心关键技术创新发展能力的影响。❷

5. 科技成果的归属及收益分配

要充分发挥创新型科技人才及单位在科技创新及转化运用上的积极性、主动性和创造力，需要进一步提高科技成果转化率，完善职务发明制度，健全落实成果收益分配机制。近年来我国科技成果转化"使用权、处置权、收益权"三权改革不断推进，但是，实践中仍存在诸多较为突出的问题，例如对于利用财政资金形成的知识产权的归属和利益分配问题尚无明确规定、法律规定与科技成果转化相关政策没有有效衔接、现行的知识产权各单行法涉及职务成果的归属和奖励报酬规定各不相同等❸。中央全面深化改革委员会第十二次会议强调：要加强知识产权保护和产权激励，赋予科研人员职务科技成果所有权或长期使用权，健全决策机制，规范操作流程，探索形成赋权形式、成果评价、收益分配等方面制度。因此，有必要在基本法中对科技成果，尤其是利用财政资金形成的科技成果的归属、奖酬等进行明确，以促进科技成果转化运用，激励人才、激励创新。

6. 知识产权与标准

知识产权与行业技术标准紧密相连。随着技术的快速发展，标准与专利的融合已成为不可避免的趋势。标准为满足市场的现实需求，需要将先进技术纳入其中。然而新的技术又往往受到专利保护，导致标准中的技术与专利技术交织在一起。标准实施者使用标准时不可避免地要实

---

❶ 蒋建科. 建立完善知识产权对外转让审查机制［N］. 人民日报，2018-04-03（06）.

❷ 参见《知识产权对外转让有关工作办法（试行）》（国办发〔2018〕19号）。

❸ 参见：北京第二外国语学院课题组承担的国家知识产权局条法司委托项目"《知识产权基本法》制定视角下的财税产业政策与最优营商环境关系研究"（2019年11月）。

施其标准必要专利。国家标准❶在一定意义上体现了公益属性，相关产品或服务提供者都需要按照有关标准生产或者操作。而根据《专利法》的规定，专利权人有权禁止他人为生产经营目的实施其专利。这导致标准与专利权之间存在一定的冲突。目前我国尚无明确的法律对将知识产权纳入标准以及权利行使中的限制等进行规范，仅在 2013 年 12 月国家标准委和国家知识产权局联合发布《国家标准涉及专利的管理规定（暂行）》中有所要求。❷ 因此有必要在基本法中作出原则性规定，划清保护边界，合理设定权利义务，在防止权利滥用的同时更好地完善知识产权标准化法律体系。

7. 知识产权文化及人才队伍建设

在建设创新型国家过程中，要做好创新文化的引领，强化知识产权创造、保护和运用，需要知识产权文化先行，发挥知识产权的价值作用，更需要知识产权文化支撑。但我国在创新和知识产权文化环境及高水平、专业化的知识产权人才培养方面依然存在明显短板。因此，应当在基本法中对倡导新时代知识产权文化理念，构建新时代知识产权文化传播格局进行规定，建立知识产权与教育、科技等其他部门的协同机制，配合国家技术、教育、财政等部门的整合规划，统筹规划知识产权人才队伍建设，推动形成充满活力、富有效率、更加开放的人才发展环境，❸ 培养数量充足、结构合理、素质优良、国际竞争力强的知识产权人才队伍❹。

（四）知识产权涉外规则

1. 知识产权国际合作

知识产权已经成为国际贸易的重要商品、国家发展的核心资源、国际交往合作的重要议题。国家间知识产权的运用、保护、交易都建立在广泛的知识产权国际交流与合作基础上。而这些目前在我国的知识产权

---

❶ 根据《标准化法》第 2 条，标准包括国家标准、行业标准、地方标准和团体标准、企业标准。国家标准分为强制性标准、推荐性标准，行业标准、地方标准是推荐性标准。强制性标准必须执行。国家鼓励采用推荐性标准。

❷ 根据该规定，国家标准中涉及的专利应当是必要专利，即实施该项标准必不可少的专利。参与标准制修订的组织或者个人应当尽早披露其拥有和知悉的必要专利，并按规定作出专利实施许可声明。

❸ 陈广仁.《国家中长期人才发展规划纲要》志高意远 [J]. 科技导报，2010（12）：118-119.

❹ 参见《国家知识产权事业发展"十二五"规划》。

单行法中均未涉及。基本法可以考虑从以下两个方面对此进行规定：一是加强知识产权对外合作交流，建立国际合作的统筹协调机构，建立和完善知识产权对外信息沟通交流机制，加强各成员单位对外合作交流的沟通协作。深化同主要国家在知识产权、经贸、海关等部门的合作，加强双边、多边合作，加强与国际组织的合作，积极参与国际知识产权秩序构建。二是明确知识产权国际合作理念及体系。构建符合中国利益的知识产权国际秩序，是中国参与全球治理的主要体现；对知识产权原有国际秩序进行调整也是时代需求。提倡包容、互惠、平衡、发展，积极构建多边、周边、小多边、双边"四边联动、协调推进"的知识产权国际合作体系。❶ 努力实现知识产权国际合作从积极参与向主动作为转变，服务国家对外开放大局。

2. 国际管辖

涉外案件的司法管辖是国际私法中的重要内容，而知识产权案件管辖问题又具有极其特殊的性质，是当前加强我国法律规则域外适用研究、对外谈判、与"一带一路"沿线国家进行贸易往来所重点探讨的问题；建设创新型国家也要求适度扩张涉外知识产权侵权案件的管辖权。❷ 基本法在涉外规则部分也应对此予以重点关切。目前对涉外知识产权案件的管辖权尚无专门规定。全球化背景下，互联网技术、人工智能、大数据技术、5G 技术的进步与发展，对知识产权侵权的主体资格、行为模式、行为发生地、结果发生地都产生了变革性的影响，涉外案件管辖权的适用情况、适用标准、管辖模式也将发生变化，需要立法予以明确。特别是权利有效性案件和侵权案件审理涉及知识产权地域性及公共政策问题，但《民事诉讼法》尚未将其列入专属管辖范围。对此，基本法可以规定对注册授权类知识产权的授予、登记、有效性、放弃或取消诉讼的专属管辖权，域外侵权案件管辖的一般规则以及适用时的限制等内容。❸

3. 不公平贸易调查

就美国、日本、韩国知识产权不公平贸易调查制度的构建及发展来

---

❶ 申长雨. 深入推进知识产权国际合作　服务国家对外开放大局 [J]. 人民论坛，2018 (23)：6-8.

❷ 刘义军. 完善我国知识产权侵权诉讼域外管辖权的若干思考 [J]. 科技与法律，2016 (4)：662-679.

❸ 丁文严. 跨国知识产权诉讼中的长臂管辖及应对 [J]. 知识产权，2018 (11)：28-34.

看，该项制度尽管存在着单边主义的嫌疑，但因其运行有详尽具体的规则限制，截至目前，其合法性尚未被世界贸易组织专家组否认。因此，以遵守国际公认的制度设计与规则设计为前提，在我国知识产权制度中设计符合国家利益的不公平贸易调查制度，将为我国应对不公平的贸易政策、改善我国国际贸易条件提供法律依据和威慑力量。❶ 在基本法中可以对这一基本制度进行规定，如进口货物侵犯知识产权，危害对外贸易秩序，对国内产业造成损害的，主管部门可以在一定期限内采取禁止侵权人生产、销售的有关货物进口等措施。

4. 国际司法协助

随着国际贸易和在华投资的增长，中国当事人与外国当事人产生知识产权案件纠纷的概率也逐渐增加，而解决纠纷需要高效的知识产权民事司法协助制度。实践中，良好的跨国民事司法协助制度也是"巩固区域经济联系、带动区域经济一体化"的有力保障。虽然海牙国际私法会议《承认和执行外国民商事判决公约》❷ 将知识产权案件的判决排除出承认和执行范围，但对今后各国协调涉外知识产权案件的管辖以及判决的承认和执行，对跨境知识产权纠纷处理仍将产生深刻影响。而我国尚无关于知识产权司法协助的专门规定，因而有必要在基本法中明确未来制度方向，为中国对外开放提供司法服务和保障。具体可以设置知识产权民事判决的承认与执行条款，对我国司法机关应当事人申请或者请求承认和执行的外国法院作出的发生法律效力的知识产权案件判决、裁定的一般原则及前提条件作出规定。

5. 海外维权援助

随着中国经济与世界经济的深度融合，大量资本和产能"走出去"，中国企业的商标、专利在海外被抢注、遭遇恶意诉讼及调查、落入竞争对手的知识产权陷阱等不利情况时有发生。涉及专利、商标、著作权等的综合性知识产权问题，已成为影响我国企业进军国际市场、参与国际竞争的重要因素。目前尚无法通过修改单行法进行规定，因此有必要在基本法中包含知识产权海外维权援助相关内容，积极绘制知识产权海外

---

❶ 参见中南大学承担的国家知识产权局条法司委托项目成果《知识产权基本法中有关国际管辖与协作条款调研论证报告》（2019 年 11 月）。

❷ 2019 年 7 月 2 日海牙国际私法会议第 22 届外交大会通过。

保护"路线图",支持中国企业平稳地"走出去"。❶ 具体制度方面可以包括国家建立海外知识产权信息服务平台,加大信息供给;健全企业海外知识产权维权援助体系,设立海外知识产权纠纷应对指导机构,加强维权援助指导;加强海外知识产权战略布局、风险预警和防控。❷

6. 跨境电商

知识产权地域性面临的挑战在互联网时代跨境电子商务场景下更为明显,对知识产权法律规则的适用造成了一定影响。商标是跨境电商权利冲突和侵权行为发生最为突出的领域。由于大多数国家的商标权体系是注册制或者注册与使用结合制,在注册制下基于先到先得原则,相同或类似商品或服务类别上,同一个商标或者近似的商标在不同国家被掌握在不同商标权人手中的情形十分常见,从而极易产生权利冲突,也给政府监管和权利保护带来困难。在著作权领域,尽管有国际条约的协调,但不同国家和地区的著作权保护客体、保护期限和权利范围均存在一定区别。在专利领域,由于申请人往往仅选择在部分国家申请专利,加上不同国家授权标准并不完全相同,在专利产品的跨境流转方面存在跨国侵权行为判断的难题。这些是知识产权法律面临的整体性问题,不是通过某部单行法修改所能解决的。基本法可以通过对权利用尽规则和管辖规则的规定,协调知识产权国际化与地域性之间的冲突。❸ 另外,基本法中可以体现对跨境贸易电子商务中加强知识产权监管的基本精神和工作机制。

五、结　论

制定知识产权基础性法律是我国经济社会向更高层次发展的内生需要,是知识产权法律体系的顶层设计,是起统领性和全局性作用的"四梁八柱"。从目前来看,相比于民法典知识产权编或知识产权法典模式而言,知识产权基本法更为现实可行。笔者提出的知识产权基础性法律立

---

❶　参见中南大学承担的国家知识产权条法司委托项目成果《知识产权基本法中有关国际管辖与协作条款调研论证报告》(2019 年 11 月)。

❷　参见《关于强化知识产权保护的意见》(中办发〔2019〕56 号)。

❸　参见阿里巴巴集团承担的国家知识产权局条法司委托项目成果《知识产权基本法中有关新领域新业态创新成果知识产权保护的基本原则立法调研论证报告》(2019 年 11 月)。

法内容应公私法兼顾，涉及知识产权的创造、运用、保护、管理和服务全链条，体系完整，内容全面，能够较好地平衡权利人利益与公共利益，兼顾知识产权制度的稳定性和灵活性。未来也将继续就制定知识产权基础性法律及立法内容等开展更为深入的调研论证，对各项知识产权政策的实施情况、效果影响等开展具体评估，逐渐统一认识、凝聚共识，扩大已有成果，扎实推进相关研究工作。

数字经济时代知识产权
制度面临的挑战及回应路径

邱福恩[❶]

摘　要

　　与此前历次技术进步对知识产权带来的挑战不同，数字经济时代技术革命对知识产权制度带来了全面的、根本性的挑战。这些挑战既有对制度目的、功能、地域性原则等根本性问题的冲击，又有对知识产权主体、客体、保护方式等各类型知识产权共性问题的挑战。面对此种冲击和挑战，仅通过修改单行法的方式已难以及时、有效、全面地作出回应，而需要由更加基础性、上位的法律来作出规定。

关键词

　　数字经济　知识产权　基础性法律

---

　　❶　作者单位：武汉大学国际法研究所。

近年来，人工智能、大数据、云计算、物联网、移动互联网、5G 等新技术的突破和融合发展推动了数字经济飞速发展。依赖新一代技术的数字经济不仅是对原有经济体系的补充和融合，更是从底层技术和方法出发进行深刻变革，❶ 也对包括知识产权制度在内的法律制度提出了诸多挑战。

一、数字经济时代创新特点

从技术维度看，数字技术的创新与融合为数字经济的发展提供了重要推动力，数据、算法和算力等新领域的竞争成为数字经济时代竞争的关键。与传统工业经济时代相比，数字经济时代创新呈现出以下新的特点。

（一）创新方式发生深刻变革

在数字经济时代，随着互联网、物联网、大数据和人工智能等前沿技术在生产生活领域的广泛应用，创新方式也发生了深刻的变革，主要体现在以下几个方面。

从创新模式来看，呈现出由封闭式向开放式、从企业主导向以用户为导向、从单方创新向多方协作创新转变的趋势。❷ 传统创新以封闭式创新为主，企业创新主要由内部研发人员完成，而在开放式创新模式下，借助互联网开放式平台，创新参与者可以是全球有创新意愿和能力的任何人。传统模式下，创新主要由企业主导，消费者和用户更多的是被动接受企业提供的产品和服务，而不会直接参与到产品和服务的创新过程中。但在数字经济时代，消费者和用户能够通过不同方式和途径直接参与创新。例如，个性化定制产品和服务即是用户参与创新的一种重要方式。

从创新主体来看，数字经济时代参与创新的主体类型和数量呈现明显增长趋势。创新已不再是少数科技企业、研究机构和科学技术人员等

---

❶ 阿里研究院，等. 迎接全球数字经济新浪潮：2018 全球数字经济发展指数 [EB/OL]. http：//www. aliresearch. com/ch/information/informationdetails? articleCode＝21560&type＝％E6％96％B0％E9％97％BB.

❷ 王弘扬. 基于互联网的科技型企业技术创新模式变革研究 [D]. 哈尔滨：哈尔滨工程大学，2017.

传统创新主体的"专利",而是形成了"人人皆可创新""人人皆能创新"的局面。在互联网环境下,大量用户已成为创新的主力军。网络用户除了通过开放式创新平台等方式参与其他组织的创新外,还可以作为"独立"创新者贡献出大量的创新、创意和创作。无论是社交媒体上的文字和图片,还是视频网站中个人创作并上传的短视频,无不是网络用户创新创意的体现。

从创新手段来看,人工智能已成为创新过程中的重要辅助手段和工具,深度参与创新。通过深度学习,人工智能不仅能够产生技术性创造成果,而且能够创作小说、歌曲、诗篇和散文等。❶ 微软"小冰"甚至出版了史上第一部由人工智能"写"成的诗集。可以预见的是,随着技术的进一步发展和进步,无论是在技术领域,还是在文学艺术领域,人工智能均将在创新和创作过程中发挥更加重要的作用,甚至颠覆传统的创新创作方式。

(二) 创新客体范围扩大趋势明显

除了针对芯片等硬件设施的"传统"创新以外,数字经济中的大量创新还来源于应用层面。由于这些方法上的创新大多可以通过软件来体现,也被称为"软件驱动创新"。❷ 软件驱动创新在很大程度上改变了创新资源的分配方式,甚至产业界争夺的创新"高地"也从传统机械和电子领域扩展转移至数字领域。软件驱动创新的蓬勃发展并占据重要地位,极大地扩展了数字经济领域的创新客体范围,对知识产权制度提出了新的挑战。在数字环境下,人工智能和算法创新成为软件驱动创新中最重要的类型之一。

世界知识产权组织发布的《2019 技术趋势——人工智能》报告显示,近年来全球人工智能相关专利申请和公开出版物数量快速增长。据统计,2012~2017 年,全球人工智能相关专利申请数量以每年平均 28% 的速度增长。而在这些专利申请中,最主要的技术领域包括机器学习、神经网

---

❶ 易继明. 人工智能创作物是作品吗? [J]. 法律科学(西北政法大学学报),2017,35 (5): 137-147.

❷ EPO. Patents and the fourth industrial revolution: the inventions behind digital transformation,December 2017.

络和监督学习等。❶ 据日本经济新闻委托专利分析公司对截至 2018 年 7 月底的美国自动驾驶专利竞争力所作的分析排名显示：谷歌系的美国 Waymo 的专利竞争力得分高居榜首，超过了丰田、通用汽车等传统汽车企业。进一步分析发现，Waymo 排名居首的主要原因是人工智能技术相关专利得分远超丰田等汽车企业。❷ 这表明，数字经济时代，围绕人工智能算法等软件方面的创新在科技发展中占据了极为重要的地位。

（三）新技术新产品迭代更新明显加快

数字经济时代技术更新的速度远超工业经济时代。摩尔定律揭示，每一美元所能买到的电脑性能，每 18～24 个月会提升一倍；互联网商业化后的短短 20 年，商业模式已经历多轮迭代变化。❸ 这是因为，一方面，数字环境下的许多创新是应用层创新，较之硬件层和基础层创新更容易更新迭代；另一方面，互联网产品和服务开发更加注重用户体验，消费者的需求不断促使企业加快技术和商业模式创新来应对变化。这就导致互联网产品的生命周期比传统行业要短得多，有些产品从推出市场到被市场淘汰，也许只要短短几个月。❹

（四）商品、服务和技术的跨境流动更为频繁

数字经济时代，由于互联网的全球性，依赖于互联网的行为效果不再局限于一国或地区之内，而是具有明显的全球性特征。一方面，经济活动全球性使越来越多的创新主体需要在更多的国家和地区获得知识产权保护，以确保其经营活动的顺利开展并获得预期的收益。另一方面，数字经济的全球性意味着经营者的行为后果不再具有严格的国界限制，在任何地方实施的行为都可能构成对其他国家和地区的知识产权的侵犯。由于互联网的全球可及性，无论是将小说、图片等文学艺术作品上传到

---

❶ 世界知识产权组织. Technology trends 2019: artificial intelligence [EB/OL]. https://www.wipo.int/edocs/pubdocs/en/wipo_pub_1055.pdf.

❷ 自动驾驶专利竞争力 50 强没有中国企业 [EB/OL]. https://cn.nikkei.com/industry/icar/32236-2018-09-14-05-00-00.html? start=0.

❸ 迎接全球数字经济新浪潮：2018 全球数字经济发展指数 [EB/OL]. http://www.aliresearch.com/ch/information/informationdetails? articleCode=21560&type=％E6％96％B0％E9％97％BB.

❹ 李旭颖. 浅析新业态背景下知识产权保护的若干新问题 [J]. 中国管理信息化，2016，19 (15): 184-187.

网络，还是在网络上发布商品广告，甚至远程操作计算机程序，即便这些行为在行为地国完全合法、不构成对行为地国知识产权的侵犯，也仍然可能侵犯行为地国以外的其他国家和地区的知识产权。

二、数字经济时代面临的知识产权保护困境

（一）主体适格性和权属分配面临新的挑战

数字经济时代创新方式的变化对现行知识产权制度下创新主体的判断和主体间权属、收益分配的相关规则带来了新的挑战和冲击。

创新活动中人工智能的深度参与使主体适格性和权属分配问题变得更为复杂。传统理念中知识产权保护的是"人"的"智力成果"。人工智能参与创新首当其冲的问题就是人工智能生成物是否仍然属于"人"创造的成果——这直接关系到其是否构成著作权法中的"作品"或专利法意义上的"发明创造"。如果将人工智能生成物视为机器创造成果而非人类智力劳动成果，则其将由于创造主体不适格而不能获得知识产权保护，从而导致投资者无法获得预期回报，引发"公地悲剧"。

在当前"弱人工智能"阶段，将人工智能创造物视为机器辅助创造的人类智力创造成果，虽然能够解决主体适格性问题，但仍将面临复杂的权属和利益分配问题。这些问题例如：如何在人工智能的操作者、所有者和制造者之间进行相关权益分配？进一步分析，如果人工智能制造者对人工智能生成物享有某种程度上的权益，则在相关权益分配中，硬件制造者、算法设计者和训练者又分别应当享有何种权利？

（二）客体范围难以适应数字技术的发展需求

现行知识产权制度下，除著作权法保护的文学艺术作品外，其他知识产权客体都以有形物为基础，从物的形状、结构、外观以及与形状、结构相关的性能角度进行定义，并延伸至有形物相关的生产工艺和使用方法。在数字经济时代，这种以有形物为基础的知识产权客体规则已难以对主要领域的创新提供有效保护。

以专利制度为例，从制度发展历史来看，虽然其保护范围从最初的机械领域扩展至化学领域，但无论是具有宏观可视物理结构的机械设备，还是仅具微观结构的化学物质，在本质上都是有形物。以有形物作为基础，专利制度通过发明/发现二分法区分了能够获得专利保护的发明以及

不能获得专利保护的发现，并以"技术性"作为标准，在可获得保护的技术方案与不可获得保护的"智力活动规则"之间划上了一道分界线。

与传统领域中主要针对有形物的创新形式不同，数字经济时代的创新进一步扩展至无形、虚拟的产品以及与此相关的方法。由于虚拟产品不具有传统意义上的形状和结构，而且在很多情况下所利用的也不是自然规律和技术手段，甚至也不产生传统意义上的技术效果，这使现行制度下的专利客体规则难以直接适用于新出现的创新类型。例如对于商业方法创新而言，无论是操作方法，还是实施该方法的计算机程序，其本身都不是有形物，也不会对相关有形物（计算机硬件等）的形状和结构产生影响，而且这些创新也往往没有利用"自然规律"。为此，在现行专利制度下，商业方法创新往往因为被认为不具有技术特征、不属于技术方案而被排除在可专利性客体之外。

外观设计制度也面临类似的问题。传统上工业品外观设计保护的是工业产品富有美感的外观。在数字经济时代，软件相关创新和人工智能技术的发展，使电子设备，尤其是与互联网连接的电子设备在人们工作和生活中占据着越来越重要的地位，人机交互也就显得尤为重要。实现人机交互的图形用户界面（GUI）设计也成为互联网公司的重要创新方向。为适应新技术发展，中国、美国和欧盟等主要国家和地区均尝试将GUI作为手机等设备的外观设计进行保护。然而，由于很多情况下GUI仅是手机等设备的应用程序（APP）的界面，而非有形设备自身的界面，简单地将GUI作为设备外观设计在实践中已被证明难以提供有效保护。

除了专利等工业产权保护客体面临挑战之外，著作权领域也出现了一系列新的需要保护的创新成果，例如游戏画面、体育赛事直播、短视频等。如何对这些数字经济时代不断涌现的创新成果提供恰当的保护，也已成为著作权领域中的一个重要课题。

（三）获权和维权周期大大落后于技术更新迭代速度

数字经济时代，技术和产品更新迭代速度加快，产品生命周期显著缩短。现行制度下，知识产权获权和确权需要历经程序复杂、周期较长的审查、授权、注册过程。同样地，维权过程往往也需要经历漫长的司法审理周期。但这些传统做法已难以满足数据经济时代的快节奏需求。

以专利授权程序为例，我国近年来的发明专利申请审查周期稳定在22个月左右，在全球主要专利审查机构中已属于较短的审查周期。然而，对于那些更新迭代速度快，且在产品推出后数月甚至更短时间内就会出现仿冒者的技术而言，这一审查周期显然太长。即便是对于仅需进行初步审查即可获得授权的实用新型和外观设计专利而言，虽然其审查周期仅需数月，但在有些情况下也仍然难以满足技术快速迭代的需求。

在著作权领域，虽然权利的获得不需要经历漫长的审查授权程序，但也存在如何快速确定权属的问题。在互联网环境下，每天均能够产生大量的文字、图片和视频作品。如何快速确定这些作品的独创性和权属，是著作权保护面临的基础性问题。现行制度下的著作权登记制度已显然无法满足产业需求。

知识产权维权也同样面临"周期长"的问题。在当前制度下，权利人无论是选择通过司法途径还是通过行政途径维权，都需要经历漫长的审理、审查周期。"周期长"已成为权利人维权的一个普遍"痛点"，也是立法、行政和司法机关正在着力解决的一个重要难题。在数字经济环境下，对于快速解决侵权纠纷的需求更为迫切。例如，在电子商务领域中，侵权行为和恶意投诉并存，快速解决侵权纠纷是维护权利人和商家的合法权益、维护公平竞争秩序的关键。

（四）知识产权地域性原则受到互联网的巨大冲击

现行知识产权制度建立在地域性原则基础之上。无论是《保护工业产权巴黎公约》（以下简称《巴黎公约》）、《保护文学和艺术作品伯尔尼公约》（以下简称《伯尔尼公约》），还是后来的其他知识产权相关国际条约，都对此进行了确认。根据地域性原则，在一国获得的知识产权仅在该国境内有效，除签订有相关国际协议外，知识产权不具有域外效力，其他国家没有义务对此提供保护。从地域性原则衍生出来的知识产权独立性原则表明，就同一客体在不同国家所获得的知识产权彼此独立。例如，就同一标志在不同国家和地区分别获得的商标权本质上是数个彼此独立的权利。知识产权地域性背后体现的是国家对知识产权的主权，回应了工业时代不断增长但仍然有限的国际交流和国际贸易需求。

数字经济时代，由于互联网的全球性，依赖于互联网的行为和活动的效果不再局限于一国和地区之内，而是具有明显的全球性特征。这种全球性特征甚至不以行为人的意志为转移，而成为网络时代的天然属性。例如，当将一部小说上传至网络，无论行为人主观意愿如何，该小说都可即时地被全球任何一个角落的网络用户阅读和下载。为此，知识产权地域性也受到了前所未有的冲击和挑战。

一方面，经济活动全球性使越来越多的创新主体需要在更多的国家和地区获得知识产权保护，以确保其经营活动的顺利开展并获得预期的收益。在现行知识产权制度下，除了著作权可以根据《伯尔尼公约》等国际条约在绝大多数国家和地区自动获得保护外，其他知识产权需要向目标国家和地区提出申请，并在经历相关审查、注册程序后才能获得保护。尽管有大量的国际条约对这些知识产权的相关实体和程序性要求进行协调，但各主要国家和地区的授权标准和审查、注册程序仍然存在很大的差异，这不仅给经营主体造成很大的经济负担并可能对其经营策略产生不利影响，也增加了各国和地区的行政成本。

另一方面，数字经济的全球性意味着，经营者的行为后果不再具有严格的国界限制，在任何地方实施的行为都可能构成对其他国家和地区知识产权的侵犯。在传统工业时代，侵权行为只可能发生在知识产权的授权国境内。境外发生的行为，无论是制造、销售专利产品，使用注册商标，还是复制、发行作品，都不会构成对境内相关知识产权的侵犯。但在互联网环境下，这一规则不再适用。由于互联网的全球可及性，无论是上传小说、图片等文学艺术作品，还是在网络上发布商品广告，甚至远程使用计算机程序，即便这些行为在行为地国完全合法、不构成对行为地国知识产权的侵犯，也仍然可能侵犯行为地国以外其他国家和地区的知识产权。这极大地增加了互联网环境下行为法律后果的不确定性，也对传统理念下的知识产权地域性造成了冲击。

三、数字经济时代创新知识产权保护困境的回应

（一）"基础性法律加单行法"模式是必然的路径选择

面对数字经济时代对传统知识产权制度的挑战，首当其冲、最直接的是具体保护规则的调整。无论是主体适格性和权属分配、客体范围、授权标准，还是获权和维权程序设置，都需要对现行相关规则进行调整。实际上，知识产权制度诞生至今，一直在根据社会和科技的发展而不断调整和完善。然而，需要看到的是，数字经济时代下所面临的许多问题和挑战是前所未有的，需要对现有制度作出重大突破，而非简单的适应和调整。

例如，传统上知识产权主体适格性及权属分配规则主要调整的是个人与所在组织之间的关系，而人工智能对创新活动的参与则需要进一步调整人与"机器"之间的关系。面对前所未有的人工智能在创新中的参与，以及人工智能在今后创新中可能发挥的越来越重要的作用，甚至"独立"作出创新的可能，需要以更具前瞻性的视角，重新审视现行制度下对"发明人""设计者""作者"等的定义，并以此为基础对创新主体适格性及相关权属分配规则进行必要调整。再如，现行制度下的发明专利保护的是"技术创新"。但是，在商业方法创新已成为数字经济时代重要创新类型的情况下，固守现行专利制度中"技术方案"等规则要求已无法适应经济社会发展的需求，需要从专利鼓励创新、维护公平竞争秩序的制度目的出发，对保护客体和授权标准作出更加符合产业需求的调整和突破。同样地，在技术和产品更新迭代速度加快的情况，为使创新能尽快获得保护，知识产权审查和注册制度也存在进行调整和改革的迫切需要。

从知识产权制度的发展历史来看，为应对技术进步对知识产权制度带来的挑战，立法者回应的途径无非有二。一是对现有特定的知识产权制度进行改造。例如，面对新出现的发明客体，通过拓宽专利制度保护客体从而将新出现的发明类型纳入现有制度的保护范围之内；又如，针对软件这一新的创作类型，通过将其作为文字作品纳入著作权客体范围之内从而通过著作权加以保护。二是创设新的知识产权类型和相应制度。例如，对于集成电路布图设计，既不适合通过专利保护又不适合通过著作权保护，因此单独创设了集成电路布图设计专有权制度；与此类似的还包括植物新品种保护、药品数据独占期制度等。

这两种途径各有优劣。第一种途径的优点在于能够在已有的制度下解决新出现的问题，制度成本较小，公众也较容易适应制度变化；但其缺点则在于，很多情况下往往会出现"削足适履"的情形，难以对新的创新类型提供最有效的保护。第二种途径通过"另起炉灶"的方式创设新的权利类型，能够有针对性地对新出现的创新客体提供有效保护。但这一制度的弊端也很明显，包括：制度成本较高，重新制定一套制度的成本显然高于对现有制度的改造；公众适应新制度的难度更大；存在制度设计失败的风险。

然而，无论是上述哪种途径，其解决的均只是某一方面的问题。这是因为，在以往的技术发展过程中，新技术对知识产权制度所带来都只是某一特定方面、某一特定领域的挑战，而没有对整个知识产权制度提出全面的挑战。但是在数字经济时代，这种挑战和冲击是全方位的，而不再局限于某一特定知识产权制度，更不限于某一特定知识产权制度的具体方面，有些甚至还直接涉及知识产权制度的根本。例如，前述新创新方式带来的创新主体认定问题、互联网环境下的知识产权地域性问题等，均属于此类问题。

面对这种全方位的挑战，有些问题固然可以而且也需要通过调整特定的知识产权制度来予以解决。例如，对于算法、商业方法发明的专利授权标准问题，可以通过完善专利制度来解决。但有些问题则难以通过修改或制定单行法的方式来应对。这些问题主要包括两类：一类是涉及知识产权制度根本性的问题；另一类是各知识产权类型的共性问题。对于涉及知识产权制度根本性的问题，无法通过修改单行法的方式来解决，只能制定或修改更上位的法律；而对于各知识产权类型的共性问题，虽然理论上可以通过分别修改单行法的方式进行回应，但这样的制度修改成本过高且难以作出及时回应，为此也需要制定或修改更上位的知识产权基础性法律来解决。

我国当前的知识产权法律制度仅由单行法构成，而没有统摄所有知识产权单行法的基础性、上位性法律。在此次《民法典》编纂过程中，也有学者呼吁立法机关制定"知识产权编"，但全国人大常委会法工委经研究认为，目前条件还不成熟。❶ 在 2019 年 11 月中共中央办公厅、国务院办公厅印发的《关于强化知识产权保护的意见》中，也明确提出了"研究制定知识产权基础性法律的必要性和可行性"的要求。在此种情况下，为回应社会经济和技术发展对创新保护和知识产权制度的需求，在《民法典》之外制定"知识产权法典"或"知识产权基本法"作为统摄各单行法的基础性法律，是更为现实和适当的选择。

（二）基础性法律对具体问题和挑战的回应建议

1. 数字经济时代知识产权保护的基本原则

数字经济时代的创新和知识产权保护呈现出与传统工业经济时代相

---

❶ 中国人大网. 民法典分编草案首次提请审议［EB/OL］. http：//www.npc.gov.cn/npc/c183/201808/f1672691d1a3438ba525d9e941daa9ab.shtml.

比不同的诸多特点，对知识产权制度的发展带来了冲击和挑战。数字经济时代的创新需要获得知识产权保护，并通过有效的知识产权保护进一步推动和促进数字经济的发展。然而现实情况是，制度供给不足导致数字经济创新不能得到有效保护。同时，数字经济时代技术的发展，例如技术保护措施、区块链存证等技术的发展，又在一定程度上"替代"了传统的知识产权确权和保护制度。这既可以看作是对现有知识产权制度的补充，也可以看作是创新者在难以利用法律制度保护其创新的情况下，采取的"私力救济"方式。而无论是因制度供给不足导致创新者无法有效保护其创新，还是创新者通过技术手段等其他方式来弥补制度性缺陷，都难免产生对知识产权制度的功能和价值质疑。

为此，数字经济时代对知识产权制度的调整，首先需要回答的是，产生于工业时代的知识产权制度如何能够在数字经济时代发挥其激励创新、促进知识技术传播和利用的作用。或者说，需要通过对制度的宣示和调整，将知识产权制度构建形成数字经济时代的基础性制度，使创新者能够依赖这一制度有效地保护其知识产权。在此基础上，进一步明确知识产权法定原则，明确划分受知识产权保护的"私有领地"和"公共领地"之间的界限，并避免通过技术措施、反不正当竞争保护等方式，将原本属于公共领地的知识和技术纳入私有范畴当中。但这一任务显然难以通过单行法来完成，必须通过超越单行法的更加基础性、综合性的立法才能够实现。

2. 新创新模式下知识产权保护适格性和权属分配

新的创新模式，尤其是人工智能参与创新，给知识产权制度带来了根本性的冲击。在人工智能参与创新的情况下，知识产权制度需要回答两个根本性的问题：一是人工智能生成物是否能够获得知识产权保护；二是如果能够获得保护的话，知识产权应当归属于哪个主体。

我国在著作权法领域已有相关的司法案例，但法院对上述问题的观点并不一致。在北京菲林律师事务所诉北京百度网讯科技有限公司著作权侵权案[1]中，北京互联网法院认为，虽然涉诉分析报告具有一定的独创性，但"具备独创性并非构成文字作品的充分条件，根据现行法律规定，文字作品应由自然人创作完成"。由于该分析报告不是自然人创作的，因

---

[1] 北京互联网法院（2018）京 0491 民初 239 号民事判决书。

此不是著作权法意义上的作品，不受著作权法保护。然而，在深圳市腾讯计算机系统有限公司诉上海盈讯科技有限公司一案中，广东省深圳市南山区人民法院提出了完全相反的观点。在该案件中，法院认为，涉案文章是否构成作品的关键在于其是否具有独创性。无论从文字作品的形式要求还是文章生成过程分析，涉案作品均满足著作权法对文字作品的保护条件，属于著作权法意义上的文字作品。据此，法院一审判决上海盈讯科技有限公司未经授权转载涉案文章的行为侵犯了深圳市腾讯计算机系统公司享有的信息网络传播权。❶

尽管当前国内司法实践和学术界对人工智能生成物的知识产权保护和权属分配问题主要集中于著作权领域，但这一问题并非该领域所独有，而是知识产权领域的普遍性问题。例如，欧盟委员会联合研究中心发布的《知识产权与人工智能报告》即对人工智能生成物的著作权和专利权保护进行了较为全面的讨论。❷ 为此，面对数字经济时代出现的这一知识产权领域的普遍性、基础性问题，也需要通过基础性法律进行规范。

3. 新创新客体的知识产权保护需求

创新客体的增加对现行知识产权制度直接形成了冲击和挑战。从最终解决方案来说，对新创新客体的保护需要以修改或制定单行法来回应。

然而，在当前知识产权立法模式下，规则的调整速度和周期已远远无法满足数字经济时代快速变革的需求。例如，《专利法》自 1984 年制定以来，分别于 1992 年、2000 年和 2008 年进行了修正，保持 8 年一次的修订频率。第四次修改工作虽然已启动数年，但截至 2019 年仍然处于修订程序当中。面对数字经济时代新出现的大量新型的创新成果，虽然国家知识产权局通过修改专利审查指南等部门规章的方式进行了回应，但限于部门规章的法律效力，难以解决实践中存在的突出问题。同样地，对于产业界呼吁多年的企业大数据的保护问题，至今仍未有成熟的立法建议，更遑论立法。

在这种情况下，为适应数字经济时代创新客体不断增加的需求，建

---

❶ 中国知识产权资讯网. 腾讯诉上海盈讯公司著作权侵权案一审胜诉：AI 独创亦有版权 [EB/OL]. http：//www. iprchn. com/Index_NewsContent. aspx？NewsId=120713.

❷ LGLESIAS M, SHAMUILIA S, ANDERBERG A. Intellectual property and artificial intelligence：a literature review［M/OL］. Luxembourg：Publications Office of the European Union，2019. doi：10. 2760/2517.

议建立"基础性法律原则性条款＋单行法常态化修改＋授权立法"的三重模式。具体而言，首先在基础性法律中明确知识产权客体的基本原则性要求，作为下位法必要时扩大保护客体的根据依据；其次，形成常态化的知识产权法律修改机制，对实践中新出现的问题及时作出回应；最后，以法律授权的形式适当扩大行政机关的立法权限。这是因为，法律修改除了周期长以外，还存在影响广泛、立法机关往往采取更为谨慎保守的态度等特点，难以对新出现的问题作出及时回应，也难以根据实践情况及时作出调整。行政法规和部门规章虽然具有修改周期短、立法方式相对灵活的特点，但受限于立法层级，在现行法律体系下难以就知识产权重大规则作出规定。为解决这一矛盾，可以采取法律授权的方式，授权国务院及其主管部门在一定条件下通过行政法规或部门规章就特定的知识产权事项作出规定。例如，对于新出现的创新成果，可以授权国务院或其主管部门通过试点方式予以先行保护，并在总结试点经验的基础上决定是否上升为法律规范。

4. 知识产权保护和确权新模式法律地位

面临数字经济时代创新方式发生变革、创新客体范围扩大、技术更新迭代速度加快等挑战，需要对知识产权保护规则进行及时调整予以应对。

知识产权是法律拟制的权利。传统上对知识产权的保护主要通过侵权行为发生后要求侵权行为人承担赔偿责任的事后规制方式来实现。同时，由于知识产权具有无形性的特点，权利人对其无法进行实质上的控制和占有，这使得知识产权保护存在很大的困难。在此种情况下，作为私利救济重要手段的技术保护措施应运而生。权利人通过运用技术保护措施，能够以事先规制的方式有效保护其知识产权，从而与事后救济的法律保护措施形成互补关系。技术保护措施最为成熟的当属著作权技术保护措施。但在实践中，除了著作权以外，其他知识产权也不同程度地使用了技术保护措施。例如，为了保护商标专用权，权利人会采取防伪商标、防伪标记等措施；为了保护数据，权利人往往会通过相关技术和"爬虫规则"禁止或限制他人爬取相关数据。

除了技术保护措施外，在知识产权确权、维权取证等方面，技术措施也发挥着重要作用。但当前知识产权制度中仅对著作权技术保护措施进行了规定，而对于其他相关技术措施的法律地位未作出明确，这导致了这些技术措施在实践中处于尴尬的地位。当然，针对不同的知识产权类型和知识产权确权、保护和维权不同阶段，所使用的技术措施会存在很大的不同，难以通过知识产权基础性法律作出全面细化的规定。但面对数字经济时代知识产权领域出现的这一新特点，仍然有必要对这些技术措施的法律地位通过基础性法律作出原则性规定，以指引相关单行法的修改以及相关司法实践。

5. 知识产权国际化与地域性冲突的解决

从根本上来说，知识产权国际化与地域性之间的冲突需要国际条约来进行协调，进行面向未来的制度架构改造。但是，在当前国际环境下，《巴黎公约》《伯尔尼公约》和 TRIPS 等国际条约奠定的全球知识产权体系仍难以撼动，这意味着知识产权地域性在短期内将难以突破。在这种情况下，为促进我国数字经济，尤其是跨境电子商务的发展，需要通过国内法予以规范。具体而言，可从以下两个方面进行调整。

一是知识产权权利用尽规则。由于缺乏国际条约统一协调，各国有关权利用尽的规则不尽一致。我国不同知识产权类型的权利用尽规则也不相同。在当前以地域性为基础的国际知识产权体系下，国际用尽规则能够有效打破国际贸易中的知识产权壁垒，起到促进知识产权产品和服务跨境流通的作用，是对知识产权地域性规则的有效补充。为此，即便在没有国际条约协调的情况下，我国也有必要在国内法中明确知识产权国际用尽规则。由于权利用尽是知识产权基础性规则，如能在统摄各知识产权单行法的基础性法律中作出统一规定，则是最佳的选项。

二是知识产权侵权的司法管辖和法律适用规则。由于缺乏国际条约的协调，对于知识产权侵权纠纷的司法管辖、法律适用以及立法管辖等问题，各国无论在立法还是司法实践中都存在较大差异。尤其是在互联网环境下，有关跨境侵权纠纷的管辖等问题更是成为理论和实务界的一大难题。在缺乏国际规则协调的情况下，欧美等国家和地区均在不同程度上、以不同方式扩张了跨境知识产权侵权纠纷的司法或立法管辖权。知识产权领域司法和立法管辖权的域外扩张，增加了互联网相关行为法律后果的不确定性，对互联网相关经营行为造成了极大干扰。为促进全球互联网经济的发展，有必要对网络跨境侵权的司法和立法管辖设立更加符合互联网规律和需求的规则。从根本上来说，这些规则的建立需要国际社会的共同努力，形成对各国均有约束力的国际规则。但由于我国互联网经济高度发达且正处于快速发展当中，即便在没有国际规则的情况下，也有必要在国内立法中确立更加有利于互联网发展的规则，并在国际社会中逐步形成共识，从而最终建立统一的国际规则。这些规则在国内法中的确立，显然难以通过逐一修改单行法来完成，而依赖于单行法之上的基础性法律制度。

四、结　语

与此前历次技术进步对知识产权带来的挑战不同，数字经济时代技术革命对知识产权制度带来了全面的、根本性的挑战。这些挑战既有对制度目的、功能、地域性原则等根本性问题的冲击，又有对知识产权主体、客体、保护方式等各类型知识产权共性问题的挑战。面对这些前所未有的问题和挑战，需要对现有制度作出重大突破，而非简单的适应和调整。

落实《关于强化知识产权保护的意见》，研究制定知识产权基础性法律，形成"基础性法律＋单行法"的知识产权法律体系，是回应数字经济时代对知识产权制度所带来的冲击和挑战的重要举措。在这一体系下，基础性法律对原则性、根本性、普遍性问题作出规定，确保知识产权制度的稳定性和统一性，同时通过原则性条款指引单行法对社会和技术发展所带来的新问题作出及时回应，并在单行法未能及时作出回应的情况下能够在相关实践中适用原则性条款及时解决新的问题。各单行法则在基础性法律的统领下，就专门领域特有的、具体的法律问题作出规定，并充分利用单行法的灵活性及时就该专门领域所面临的新问题作出回应。

知识产权公共政策
法律化的立法技术探析

——兼论知识产权基本法
编纂方向与基本方法*

张　鹏❶

摘　要

在全面实施创新驱动发展战略的背景下，知识产权公共政策体系成为激励创新、涤清市场、促进发展的重要政策工具。知识产权公共政策体系和知识产权法律制度体系良性互动，是知识产权公共政策合法化和知识产权公共政策法律化的交互进程，需要从立法技术方面分析知识产权公共政策法律化的具体技术。规则、原则、政策具有相互转化的向度和空间。在上述转化和转换的过程中，公共政策通常扮演着起点和启动者的角色。知识产权领域规则、原则、政策的转化和转换更具正当性基础和现实性意义；知识产权公共政策法律化符合提高政策稳定性、战略性、全局性、系统性、民主性、科学性的要求。日本、韩国的知识产权基本法均是以公法形式建构知识产权公

---

　　*　本文系国家知识产权局 2019 年度软科学研究项目"知识产权基础性法律关键制度研究"（项目编号：SS19-B-13）的阶段性成果。

　　❶　作者单位：华东政法大学（博士后）、北京市中伦律师事务所。

共政策法律化的典型立法例。通过法典化编纂形成知识产权基本法的方式，是实现知识产权公共政策法律化的根本路径。知识产权公共政策法律化，需要从法律条文构成、法律规范结构、法律原则提炼三个角度探讨其立法技术。亦即，用概念、规则、原则的维度构建知识产权基本法法律文本中的法律条文，用"基本条件—行为模式—后果引导"的规范结构构建知识产权基本法法律文本中的法律规范，从公共政策导向和社会需求导向两个维度提炼知识产权基本法法律文本中的法律原则。

关键词

公共政策　　知识产权　　法律制度　　规则原则　　立法技术

　　党的十八大以来，以习近平同志为核心的党中央高度重视知识产权工作，把知识产权制度作为激励创新的基本保障。❶ 党的十九大报告着眼新时代宏伟发展目标，对知识产权工作作出明确部署，要求倡导创新文化，强化知识产权创造、保护、运用。《中共中央　国务院关于深化体制机制改革加快实施创新驱动发展战略的若干意见》《国家创新驱动发展战略纲要》《关于强化知识产权保护的意见》等一系列文件对推进知识产权治理体系和治理能力现代化、加快建设知识产权强国提出了明确要求。2019 年 11 月，中共中央办公厅、国务院办公厅印发《关于强化知识产权保护的意见》，明确要求研究制定知识产权基础性法律的必要性和可行性。可以说，研究制定知识产权基础性法律，是实现知识产权治理体系和治理能力现代化的制度保障。为了全面提升新时代国家知识产权治理能力，促进新时代国家知识产权治理体系现代化，迫切需要研究制定知识产权基本法。那么，以何种立法技术、沿着何种立法路径研究制定知识产权基本法，成为迫切需要讨论的重要问题。

　　回顾我国知识产权制度发展的历程，知识产权制度在公共政策体系中也是一项知识产权政策，是在国家层面上制定、实施和推进的，即政府以国家的名义，通过制度配置和政策安排对知识资源的创造、归属、利用以及管理等进行指导和规制，宗旨在于维护知识产权的正义秩序，

---

❶ 吴汉东. 新时代中国知识产权制度建设的思想纲领和行动指南：试论习近平关于知识产权的重要论述 [J]. 法律科学（西北政法大学学报），2019，37（4）：31-39.

实现知识产权传播的效益目标。❶ 改革开放以来，我国建立了与国际通行规则一致、适合我国国情的知识产权制度，基本形成了以《商标法》《专利法》《著作权法》为骨干，以行政法规和司法解释为补充的中国特色知识产权法律制度体系。2008 年国务院印发《国家知识产权战略纲要》以来，我国形成了以党中央、国务院联合颁布的创新驱动发展战略文件和加强知识产权保护文件，国务院发布的加快建设知识产权强国的总体部署和知识产权发展的总体规划，国务院办公厅转发的深入实施国家知识产权战略的具体安排❷等为主体的知识产权公共政策体系。可以说，在全面实施创新驱动发展战略的背景下，知识产权公共政策体系❸成为严格保护、激励创新、涤清市场、促进发展的重要政策工具。知识产权公共政策体系和知识产权法律制度体系良性互动，是知识产权公共政策合法化和知识产权公共政策法律化的交互进程，❹ 需要从决策机制方面分析知识产权公共政策合法化的有效路径，并从立法技术方面分析知识产权公共政策法律化的具体技术。本文主要讨论后者，亦即分析知识产权公共政策法律化的立法技术。

一、法理基础：知识产权公共政策法律化与法治化

知识产权公共政策法律化与法治化问题讨论的起点是政策和法律的区别与联系。美国学者伍德罗·威尔逊指出，"公共政策是由政治家，即具有立法权者制定的，而由行政人员执行的法律和法规"❺，明晰了公共政策与法律法规种属上的同质性。美国法理学家德沃金教授提出"规则-原则-政策"理论，对此作出了明确的诠释。按照德沃金教授的观点，"政策"是涉及社

❶ 吴汉东. 中国应建立以知识产权为导向的公共政策体系 [J]. 中国发展观察，2006 (5)：4-6.

❷ 参见《中共中央 国务院关于深化体制机制改革加快实施创新驱动发展战略的若干意见》，中共中央、国务院《国家创新驱动发展战略纲要》，国务院《关于新形势下加快知识产权强国建设的若干意见》，国务院办公厅《深入实施知识产权战略行动计划（2014—2020 年）》等。

❸ 张鹏. 知识产权公共政策体系的理论框架、构成要素和建设方向研究 [J]. 知识产权，2014 (12)：69.

❹ 关于政策合法化和政策法律化的关系，参见：陈潭. 浅论政策合法化与政策法律化 [J]. 行政与法，2001 (1)：53-55.

❺ 转引自：吴汉东. 关于知识产权本质的多维度解读 [J]. 中国法学，2006 (5)：19-26.

会性、集体性的目标或者目的的一种政治决定，"它们规定一个必须实现的目标，一般是关于社会的某些经济、政治或者社会问题的改善"❶。由此可见，德沃金教授所界定的"政策"与我国现实实践中所认知的"公共政策"并无二致。同时，德沃金教授所指出的"政策"与"原则""规则"存在明显不同：政策具有政治性、功利性和实用性，原则具有法理性、稳定性和长期性，规则具有明确性、实践性和预期性。当然，规则、原则、政策具有相互转化的向度和空间：政策经过一段时间的推行证明具有良好的公共政策效果，可以通过立法程序转换为规则；原则经过系列案件的验证获得广泛的社会认知效果，可以通过司法实践转换为规则；政策经过不同情形的反复验证后被确认具有正向的价值导向功能，可以通过司法认知转化为原则。而在上述转化和转换的过程中，公共政策通常扮演着起点和启动者的角色。

知识产权领域规则、原则、政策的转化和转换更具正当性基础和现实性意义。世界各国的历史经验表明，除了法律规范之外，公共政策已经成为调控市场经济和社会发展不可或缺的一个重要方面和关键性因素，而且社会经济发展程度越高，国家宏观调控的重要性越大，公共政策的作用和影响也就越大。❷ 这一点在知识产权领域表现得尤为突出。事实上，知识产权领域由于并不具有较强的道德可非难性，更多地体现为公共政策，亦即知识产权制度在公共政策体系中也是一项知识产权政策。❸首先，从知识产权公共政策的决策主体而言，其主要活动包括制定法律法规，提供实施条件、手段，建立包括司法裁判、行政管理、社会服务等在内的配套机制等。其次，从知识产权公共政策的政策导向而言，知识产权公共政策之所以必要，是因为选择公共政策来解决知识资源配置与知识财富增长的问题，较之于市场自发解决问题所产生的社会成本更低，而带来的收益更高。正如科斯所述，政府公共政策是一种在市场解决问题时社会成本过高的情况下所作出的替代选择。❹ 作为知识产权保护

---

❶　德沃金. 认真对待权利 [M]. 信春鹰，吴玉章，译. 北京：中国大百科全书出版社，1998：41.

❷　刘平. 立法原理、程序与技术 [M]. 上海：学林出版社，上海人民出版社，2017：138.

❸　吴汉东. 知识产权精要：制度创新与知识创新 [M]. 北京：法律出版社，2017：28.

❹　科斯. 社会成本问题 [M] //科斯，等. 财产权利与制度变迁. 胡庄君，等译. 上海：上海三联书店，1991：3.

客体的知识产品，恰恰因为其非物质性产生市场调节手段的失灵问题，采用政府公共政策解决创新补偿、交易保障的作用社会成本较低。最后，从知识产权公共政策的基本逻辑而言，"知识产权法律与公共政策同构"❶。关于知识产权法律制度的选择和安排，背后体现的是国家利益的政策立场。亦即，知识产权法律制度蕴含着创新发展的目标选择和实现目标的手段，反映了私人产权制度中的国家利益需求。

从上述知识产权公共政策的决策主体、政策导向、基本逻辑而言，知识产权公共政策法律化符合提高政策稳定性、战略性、全局性、系统性、民主性、科学性的要求。正如党的十八届四中全会通过的《中共中央关于全面推进依法治国若干重大问题的决定》所要求的，"法律是治国之重器，良法是善治之前提。建设中国特色社会主义法治体系，必须坚持立法先行，发挥立法的引领和推动作用，抓住提高立法质量这个关键。"首先，知识产权公共政策法律化符合提高政策稳定性和战略性的要求。法律制度较之公共政策更加具有稳定性，可以用国家强制力的方式促进持续稳定的规则适用和原则保障，从而保障政策实施效果符合总体战略目标的需要。其次，知识产权公共政策法律化符合全局性和系统性的要求。法律制度较之公共政策更加具有全局性，其可以在整个法域内全面推行，避免公共政策在地域、行业、层级方面的适用局限性，避免行政领域公共政策对司法实践的迁移性等问题，促进知识产权公共政策实现系统性的推行效果。最后，知识产权公共政策法律化符合民主性和科学性的要求。法律制度的形成需要严格按照《立法法》规定的立法程序，在立法规划、立法调研、形成法案的基础上多次进行审议，以保障相关内容的民主性和科学性。

综上所述，知识产权公共政策法律化就是给政策之实披以"法律外衣"，而以法律替代政策实为法经济学视角下的最优进路。❷正如美国法学家昂格尔所指出的，政策导向的法律推理以强调公正性和社会责任性的广义标准为特征，对法律形式主义的反叛似乎是不可避免的并且是有

---

❶ 吴汉东. 知识产权精要：制度创新与知识创新［M］. 北京：法律出版社，2017：341.

❷ 张燕城. 由"内容法律化"到"政策法制化"：以互联网行业产业政策法治化优先进路选择为视角［M］//杨慧. 中财法律评论：第九卷. 北京：中国法制出版社，2017：302-323.

益的。● 知识产权公共政策法律化既有助于提高知识产权公共政策的稳定性、战略性、全局性、系统性、民主性、科学性,亦有助于实现知识产权法律制度的政策导向。知识产权公共政策法律化是促进提高知识产权领域法治水平、实现知识产权领域治理体系和治理能力现代化的关键举措。

二、软法之治:知识产权领域公共政策法律化的必要性

回顾过去,我国知识产权制度发展史是一个从"逼我使用"到"为我所用"的法律变迁史,也是一个从被动移植到主动创制的政策发展史。在改革开放的历史背景下,我国基本建立了一套与国际通行规则接轨,以《著作权法》《专利法》《商标法》等法律为主导,以《专利法实施细则》《计算机软件保护条例》《植物新品种保护条例》《集成电路布图设计保护条例》《信息网络传播权保护条例》等行政法规为主体,以司法解释和政府规章为补充的中国特色知识产权制度构成体系,形成了包括司法保护、行政保护、仲裁调解等在内的中国特色知识产权制度执行体系,形成了严格保护、促进运用、平衡高效的中国特色知识产权制度价值体系。可以说,我国现代知识产权法律制度是在改革开放背景下形成的,以保护权利、推动发展为本质特征的与时俱进的制度安排,体现了强烈的推动创新发展的公共政策属性。

立足当下,在知识产权强国建设总体战略背景下,中国特色知识产权制度成为战略推进的制度引领。知识产权强国建设由理论体系、发展道路、支撑制度三位一体构成:知识产权强国建设理论体系是指导知识产权强国建设的基本理论,是中国特色社会主义理论在知识产权领域的具体落实;知识产权强国建设的发展道路是立足我国国情谋划的知识产权强国建设的时间表、路线图,是中国特色主义道路在知识产权领域的现实反映;知识产权强国建设的支撑制度是知识产权强国建设的制度体系,是中国特色社会主义法律制度的组成部分。三者构成了引导我国知

● 伯尔曼. 法律与革命:西方法律传统的形成 [M]. 贺卫方,高鸿钧,张志铭,等译. 北京:中国大百科全书出版社,1993:7.

识产权事业发展的基本框架。就本质属性而言，中国特色知识产权制度是中国特色社会主义法律体系的重要组成部分，是中国特色社会主义法治体系的基本构成要素，是国家知识产权治理能力和治理体系现代化的制度基础，是知识产权强国建设的制度支撑。❶ 其中，知识产权强国建设理论体系为道路拓展和制度创新提供理论支撑，知识产权强国建设道路为理论形成发展和制度创新完善提供实践基础，中国特色知识产权制度为道路拓展和理论创新提供制度保障。三者统一于知识产权事业科学发展的伟大实践中。

展望未来，知识产权强国建设为中国特色知识产权制度的建设与完善提出了新的更高要求。与知识产权强国建设的战略需求相比，中国特色知识产权制度建设存在如下问题。一是立法存在滞后性，无法很好地适应科技产业发展。二是立法全面性不足。《专利法》《商标法》《著作权法》等法律法规偏重知识产权保护方面，对知识产权运用促进方面的法律规则明显不足，难以适应当前多种样态的知识产权运营需要。三是立法深入性不足，与法律实践存在一定差距。例如，在知识产权创造方面，缺少对于滥用专利、商标申请制度相关行为的规制措施；在知识产权运用方面，缺少对保障交易安全和降低交易成本的关键性制度安排；在知识产权保护方面，缺乏知识产权保护的程序性规则和知识产权滥用的规制规则；在知识产权管理方面，缺乏对知识产权治理体系现代化的法律制度保障；在知识产权服务方面，缺乏对公共服务和服务业发展的促进内容。

2006 年国务院制定颁布《国家中长期科学和技术发展规划纲要（2006—2020 年）》，并出台知识产权的配套政策和实施细则以来，尤其是2008 年国务院颁布《国家知识产权战略纲要》以来，我国形成了以中共中央、国务院联合颁布的创新驱动发展战略文件和加强知识产权保护文件，国务院发布的加快建设知识产权强国的总体部署，国务院办公厅转发的深入实施国家知识产权战略的具体安排❷等为主体的知识产权公共政

---

❶ 张鹏. 知识产权强国建设基本问题初探［J］. 科技与法律，2016（1）：4-16.

❷ 参见《中共中央　国务院关于深化体制机制改革加快实施创新驱动发展战略的若干意见》，中共中央、国务院《国家创新驱动发展战略纲要》，中共中央办公厅、国务院办公厅《关于强化知识产权保护的意见》，国务院《关于新形势下加快知识产权强国建设的若干意见》，国务院办公厅《深入实施知识产权战略行动计划（2014—2020 年）》等。

策体系。到目前为止，我国知识产权政策措施数量已达 30 余项，知识产权公共政策体系逐渐成型，迫切需要"制定知识产权政策发展的路线图，及时清理调整落后的知识产权政策，及时将稳定的政策上升为法律"❶。

综上所述，为了应对知识产权法律制度存在的滞后性和全面性、深入性不足，以及知识产权公共政策在体系性、协调性等方面存在的问题，我国知识产权领域将二者加以互补产生了知识产权领域的"软法之治"。亦即，发挥知识产权法律制度和知识产权公共政策的各自优势，互补各自劣势，促进柔性互动，开展协同治理。❷ 进一步促进和优化知识产权领域的"软法之治"，是实现知识产权领域治理能力和治理体系现代化的关键。进一步促进和优化知识产权领域的"软法之治"，关键在于打通公共政策法律化的现实通道，协调运用公共政策和法律制度的各自优势，通过"立法整合"与"共生而治"等多重路径，分别构建起"软法"与"硬法"之间的良性转化机制和良性共存机制。❸

三、他山之石：公共政策法律化立法技术借鉴

《日本知识产权基本法》是以公法形式建构知识产权公共政策法律化的典型立法例。就《日本知识产权基本法》的制定背景而言，2002 年 3 月，时任日本首相提出"知识产权立国"论；2002 年 7 月，日本知识产权战略会议制定出台《知识产权战略大纲》；2002 年 11 月，日本国会通过《日本知识产权基本法》。可以说，《日本知识产权基本法》就是为了从法律制度层面推进知识产权战略、促进知识产权立国，就《知识产权战略大纲》作出的政策部署给予法律保障。《日本知识产权基本法》分为四章和一个附则，其中的第四章分别规定了总则，基本措施，有关知识财产的创造、保护及应用的推进计划以及知识产权战略本部。"总则"是关于《日本知识产权基本法》的立法目的、立法理念以及什么是知识财产、知识产权以及国家、高校、企业等发展和保护知识产权的义务；"基

---

❶ 宋河发，沙开清，刘峰. 创新驱动发展与知识产权强国建设的知识产权政策体系研究 [J]. 知识产权，2016（2）：93-96.

❷ 罗豪才，苗志江. 社会管理创新中的软法之治 [J]. 法学杂志，2011（12）：1-4.

❸ 廉睿，高鹏怀. 整合与共治：软法与硬法在国家治理体系中的互动模式研究 [J]. 宁夏社会科学，2016（6）：81-85.

本措施"规定了推进研究开发、促进成果转化、加速授权、诉讼程序的完善和便捷、加大侵权惩罚力度等措施;"有关知识财产的创造、保护及应用的推进计划"则部署了知识产权战略本部制定有关知识财产的创造保护及应用的推进计划,并就计划的主体内容进行了规定;"知识产权战略本部"则明确了本部长、副本部长、本部员的职责和构成。● 从《日本知识产权基本法》的内容可以看出,尽管其对知识产权法的一般性问题,如立法目的、理念以及何谓知识财产、何谓知识产权进行了规定,但是主体内容却是对政府以及社会各界推进知识财产的创造、保护和应用义务的规定,属于行政法性质,而非私法。●

《韩国知识产权基本法》的立法历程和主要内容与《日本知识产权基本法》的立法历程和主要内容总体类似,旨在直接实现知识产权公共政策法律化。就《韩国知识产权基本法》的制定背景而言,2009 年 3 月,韩国知识产权局联合相关部门研究制定《知识产权的战略与愿景》;2009年 7 月 29 日,直属韩国总统领导的国家竞争力强化委员会第十五次全体会议审议通过《知识产权强国实现战略》。韩国在《知识产权强国实现战略》实施伊始,即在国务总理室设置专门机构,组成由知识产权相关部门及民间专门委员组成的知识产权政策协调委员会,负责制定包括知识产权创造、运用、保护等内容的知识产权基本法。● 2011 年 4 月 29 日,韩国国会全体会议通过《韩国知识产权基本法》。这一立法历程与《日本知识产权基本法》的立法历程非常类似,都是为了实现国家层面知识产权战略的法律化保障。就内容而言,《韩国知识产权基本法》规定了成立国家知识产权委员会、制定国家知识产权基本计划等推进知识产权工作、整备知识产权环境的多项措施,已经成为韩国国家知识产权战略的基础和支柱。

四、解决方法:知识基本法具体立法技术探析

通过法典化编纂形成知识产权基本法的方式,是实现知识产权公共政策法律化的根本路径。其中所谓"法典编纂",是指有权国家机关在法

● 日本知识产权基本法. 中村真帆,译 [M] //张平. 网络法律评论:第 4 卷. 北京:法律出版社,2004:314-320.

● 齐爱民. 知识产权基本法之构建 [J]. 河北法学,2009 (5):57-60.

● 王淇. 韩国知识产权政策体系初探 [J]. 科技促进与发展,2017 (10):826-831.

律清理和法律汇编的基础上，将现存有效的同一类或者同一法律部门的法律加以审查，根据社会发展的需要，决定各种法律规范的存废，或者对其加以修改，并最终形成一部统一的法典。❶ 应当说，法典编纂是一种更高级的立法，是国家法典化的重要内容，直接体现了一个国家的立法能力。❷《民法总则》第 123 条对知识产权保护客体作出了规定，走出了知识产权入典的关键一步。同时，知识产权法全面纳入《民法典》具有技术障碍和观念障碍，已经成为不可能的选项。在这样的背景下，在知识产权入典和知识产权成典之间，应选择尽快研究制定知识产权基本法。就知识产权基本法的价值归属而言，其是知识产权治理体系和治理能力现代化的基本依托，是充分发挥市场配置创新资源决定性作用的制度保障，是提高知识产权国际竞争力、引导知识产权国际规则发展的范式立法例，应当是严格保护知识产权的实现法、有效激励创新发展的促进法、发展中国家知识产权制度的示范法。进一步就实现路径而言，法典化编纂形成知识产权基本法需要实现公共政策法律化，需要从法律条文构成、法律规范结构、法律原则提炼三个角度探讨其立法技术。❸ 亦即，基于知识产权基本法所具有的知识产权公共政策法律化的本质属性，需要探讨知识产权基本法的立法技术。笔者认为，从立法技术的角度而言，应当用概念、规则、原则的维度构建知识产权基本法法律文本中的法律条文。

　　一是构建知识产权基本概念。"法律概念乃是解决法律问题所必需的和必不可少的工具，没有严格限定的专门概念，我们不能清楚和理性地思考法律问题。"❹ 知识产权基本法需要对知识产权领域的基本概念作出界定，尤其是《专利法》《商标法》《著作权法》等知识产权单行法律法规没有予以界定的、能够统领各个单行法律法规的基本概念。首先，需要给出"知识产权"的概念。我国《民法总则》第 123 条从知识产权权利客体列举的角度对"知识产权"予以界定，而《民法典》也承继了上述条文。建议从知识产权所具有的客体非物质性、专有性（排他性）、时

---

❶ 侯淑雯. 新编立法学 [M]. 北京：中国社会科学出版社，2010：312.

❷ 邓世豹. 立法学：原理与技术 [M]. 广州：中山大学出版社，2016：351.

❸ 张鹏. 知识产权基本法基本问题研究：知识产权法典化的序章 [M]. 北京：知识产权出版社，2019：64-67.

❹ 博登海默. 法理学：法哲学与法律方法 [M]. 邓正来，译. 北京：中国政法大学出版社，1999：486.

间性、地域性等本质属性的角度给出知识产权概念描述。其次，建议对知识产权保护格局、知识产权运用体系、知识产权公共服务等基本概念从内涵或者外延的角度给出描述。

二是构建知识产权法律原则。法律原则源于正义要求和政策考量等社会制度的精神和性质，用于指导各项具体的法律规则，"是证成法律规则，确定法律规则应当如何扩展和修正，以及解决法律规则冲突的理论实体"❶。就知识产权基本法而言，需要权利法定原则、严格保护原则、禁止权利滥用原则、高效运用原则、诚实信用原则等加以明确规定。❷尤其是，需要结合知识产权所具有的权利客体非物质性特点，以及基于上述特点产生的知识产权侵权行为的获益性侵权行为特征，基于其对以"无损害即无责任"为主旨、以补偿原则和禁止获利原则为基础的损害赔偿制度的挑战，❸丰富严格保护原则的内涵，从实体法和程序法两个方面明晰严格保护原则的系统构成与具体落实。

具体而言，从公共政策导向和社会需求导向两个维度提炼知识产权基本法法律文本中的法律原则。一方面，如前所述，知识产权基本法是知识产权领域公共政策法律化的重要产物，因此，其具有强烈的公共政策导向。从立法目的而言，知识产权基本法的立法目的在于严格保护权利人合法权益，高效运用创新成果，维护公平竞争和有效竞争的市场环境，深入推进国家知识产权战略实施，有力支撑知识产权强国建设，实现知识产权治理体系和治理能力现代化。亦即，通过"严格保护权利人合法权益"和"高效运用创新成果"，实现"维护公平竞争和有效竞争的市场环境"的直接效果，促进"深入推进国家知识产权战略实施，有力支撑知识产权强国建设，实现知识产权治理体系和治理能力现代化"的公共政策导向实现。另一方面，知识产权基本法应当面向社会需求。党的十八届四中全会通过的《中共中央关于全面推进依法治国若干重大问题的决定》要求："深入推进科学立法、民主立法。……健全立法机关主

---

❶ 亚历山大，克雷斯. 反对法律原则 [M] //马默. 法律与解释. 张卓明，徐宗立，译. 北京：法律出版社，2006：362.

❷ 张鹏，赵炜楠. 《知识产权基本法》立法目的与基本原则研究 [J]. 知识产权，2018 (12)：45-52.

❸ 张鹏. 专利侵权损害赔偿制度研究：基本原理与法律适用 [M]. 北京：知识产权出版社，2017：9-14.

导、社会各方有序参与立法的途径和方式。探索委托第三方起草法律法规草案。"《立法法》第 5 条亦明确规定："立法应当体现人民的意志，发扬社会主义民主，坚持立法公开，保障人民通过多种途径参与立法活动。"基于"每个人是他自己的权利和利益的唯一可靠保卫者"❶，需要保障各方利益主体在立法过程中充分表达意志，起到促进沟通、形成制约、体现公平、缓和矛盾等❷公民利益表达机制的实际作用。随着知识产权公共政策的深入实施，知识产权公共政策直接关系各方利益主体的切身利益，而且各方利益主体的利益呈现多个方向多个维度的交织与冲突，因此知识产权公共政策法律化尤其需要强调面向社会需求。❸

三是构建知识产权法律规则。"法律规则"是指法律在各类情况下对群体的人允许或者要求什么行为的一般性描述❹，可以被视为规范性控制的方式，其特征是具有很高程度的精确性、具体性和明确性。❺ 知识产权法律规则是构成法律的基本单元，是法律推理的基础性前提。因此，就知识产权保护而言，可以从知识产权司法保护、知识产权行政保护、知识产权海关保护、知识产权仲裁调解等多个角度构建具体法律规则；就知识产权运用而言，可以从高校科研院所、企业、军民融合等多个角度构建具体法律规则，特别强调知识产权运用的市场主导作用；就知识产权服务而言，可以从服务业发展、公共服务投入、财政税收支持等多个角度构建具体法律规则，特别强调知识产权公共服务的公平性原则。

具体而言，用"基本条件-行为模式-后果引导"的规范结构构建知识产权基本法法律文本中的法律规则。"法律是以权利和义务为核心的，法律规范的一切内容都是围绕这一核心而展开的，法律就是通过权利和义务的设定进行利益调整的"❻。从立法技术角度而言，用"基本条件-行

---

❶ 密尔. 代议制政府 [M]. 汪瑄, 译. 北京：商务印书馆, 1984：44.

❷ 王爱声. 立法过程：制度选择的进路 [M]. 北京：中国人民大学出版社, 2009：178-180.

❸ 张鹏. 基于行为科学的知识产权公共政策有效性提升方向研究 [J]. 中国发明与专利, 2019（1）：15-19.

❹ 伯顿. 法律和法律推理导论 [M]. 张志铭, 解兴权, 译. 北京：中国政法大学出版社, 2000：16.

❺ 博登海默. 法理学：法哲学与法律方法 [M]. 邓正来, 译. 北京：中国政法大学出版社, 1999：236.

❻ 孙笑侠. 法律对行政的控制：现代行政法的法理解释 [M]. 济南：山东人民出版社, 1999：46.

为模式-后果引导"的规范结构构建知识产权基本法法律文本中的法律规范,是知识产权基本法主要法律规范建构的正确进路。亦即,通过明晰适用的基本条件,并提出授权模式、禁止模式、义务模式等行为模式,使得"一旦具体案件事实符合法律规范的事实条件,就应当产生法律事先规定的法律后果"❶,从而形成法律权利义务、法律行为和法律责任三者有机构成的法律制度本体要素❷。例如,通过规定"行为人侵害他人知识产权的,应当停止侵害,法律另有规定的除外;行为人有过错的,应当赔偿损失",明确知识产权侵权损害赔偿的过错责任原则,建构起以"他人享有知识产权"为基本条件、以"行为人侵害他人知识产权并存在过错"为行为模式、"赔偿损失"为后果引导的基本法律规范。

综上所述,在全面实施创新驱动发展战略的背景下,知识产权公共政策体系成为严格保护、激励创新、涤清市场、促进发展的重要政策工具。知识产权公共政策体系和知识产权法律体系良性互动,是知识产权公共政策合法化和知识产权公共政策法律化的交互进程,需要从立法技术方面分析知识产权公共政策法律化的具体技术。就我国知识产权基本法的基本秉性而言,知识产权基本法是对《民法典》知识产权规定的落实,是对知识产权法典的探索,是知识产权入典和知识产权成典之间的历史衔接。通过法典化编纂形成知识产权基本法的方式,是实现知识产权公共政策法律化的根本路径。知识产权政策法律化,需要用概念、规则、原则的维度构建知识产权基本法法律文本中的法律条文,用"基本条件-行为模式-后果引导"的规范结构构建知识产权基本法法律文本中的法律规范,从公共政策导向和社会需求导向两个维度提炼知识产权基本法法律文本中的法律原则。

---

❶ 毛雷尔. 行政法学总论 [M]. 高家伟,译. 北京:法律出版社,1999:122.
❷ 刘平. 立法原理、程序和技术 [M]. 上海:学林出版社,上海人民出版社,2017:284.

论互惠原则在承认与执行外国知识产权判决中的适用

何炼红❶ 王一卒❷

摘　要

　　互惠原则可以为主权国家或地区之间对知识产权判决的承认与执行提供最基本的原则指引。随着"一带一路"倡议不断推进，我国与其他国家或地区的知识产权商贸往来愈加频繁，适用互惠原则承认与执行外国知识产权判决是保障民事主体在国际交往中的合法权益、实现国际知识产权贸易公平的必然要求。知识产权纠纷的复杂性以及互惠关系认定标准过高是我国难以承认与执行外国知识产权判决的现实原因。在承认与执行外国知识产权判决中，应区别不同的知识产权纠纷分类适用互惠原则，建立法律互惠和推定互惠兼适的认定规则，明确互惠关系的查明责任与查明程序，并限缩解释公共政策例外排除规则，以推动知识产权领域国际司法协助实践的广泛开展。

关键词

　　互惠原则　外国法院　知识产权判决承认与执行　适用标准

---

　　❶❷　作者单位：中南大学法学院。

引　言

2019 年 7 月 2 日，海牙国际私法会议第 22 届外交大会通过了《承认与执行外国民商事判决公约》（以下简称《公约》），而知识产权作为争议较大的事项被排除出承认与执行的适用范围。知识产权虽为私权，但具有很强的公共政策属性，与一国的经济、科技、文化、地缘等现实条件密切相关。当前，国与国之间科技发展水平与经济发展水平的差异性客观存在，由此衍生的知识产权保护制度和标准也有不同，尤其是发达国家与发展中国家在知识产权保护程度、保护范围与保护手段等方面不尽相同。承认与执行外国法院知识产权判决，在客观上会致使发展中国家知识产权保护标准的拔高，有导致利益失衡的可能性，因此，各国在实践中对知识产权相关判决的司法协助问题都抱着十分审慎的态度。❶当前全球格局发生了新的变化，中国将以更加开放、合作、共赢胸怀谋划发展，推动建设开放型世界经济。随着知识产权国际合作不断深化，知识产权经贸往来不断繁荣，需要通过互相承认与执行民商事判决以实现对民商事主体利益的保护。在国际公约、双边或多边协议缺位的情况下，如何适用互惠原则以实现我国与他国之间知识产权相关判决的承认与执行，对于推动知识产权领域国际司法协助实践的开展具有重要现实意义。

一、互惠原则的含义及适用标准的嬗变

2015 年出台的《最高人民法院关于适用〈中华人民共和国民事诉讼法〉的解释》（法释〔2015〕5 号）第 544 条对承认与执行外国法院判决、裁定的裁定标准作出了一定解释，即裁判作出国与中国没有缔结或者共同参与国际条约的，需依据是否有互惠关系进行裁定，没有互惠关系则应裁定驳回，有关外国法院作出的发生法律效力的离婚判决的除外。因此，对于互惠关系的解释将直接影响我国承认与执行外国判决的裁定

---

❶　例如在海牙《选择法院协议公约》的制定协商中，"中国、俄罗斯、澳大利亚等国曾建议将知识产权问题完全排除在《选择法院协议公约》适用范围以外，美国和欧洲国家则表示如果不纳入知识产权问题，《选择法院协议公约》对有关国家完全没有吸引力。"参见：肖永平. 批准《选择法院协议公约》的利弊分析及我国的对策 [J]. 武大国际法评论，2017，1（5）：1-16.

标准。

（一）国际互惠原则认定的变化

在互惠关系的认定上，各国在司法实践中出现了认定标准由严格到逐渐宽松的理念转变。现代国际司法协助中的互惠起源于 17 世纪荷兰法学派胡伯等人提出的国际礼让学说，[1] 是在国与国之间相互承认与执行他国判决的过程中衍生出来的观念。在缺乏国际公约规制与双边协议商定的情况下，互惠为主权国家或地区之间对判决的承认与执行提供了最基本的原则指引。而国际私法意义上的互惠原则适用也在发展变化中经历了复杂的内容变化。传统的国际礼让学说下，国家主权利益的至上性被摆在首要位置，在互惠的适用中重视形式及内容上的对等，在此基础上形成了以事实互惠[2]为原则的传统互惠理念。[3] 而在"债务说"理论和美国实用主义的影响下，民事权益与私人利益的实现被看作承认与执行外国民商事判决的首要作用，传统互惠理念也受到了冲击并有所发展。[4] 在国际贸易较发达国家，承认与执行他国民事判决的要求也进一步降低，形成了以法律互惠[5]及推定互惠[6]为原则的更加宽松的外国判决承认与标准。

随着经济全球化的发展及各国民事法律制度的进一步完善，企业之间的跨国经贸往来日趋频繁，承认与执行外国判决导致本国的国家主权属性有所淡化。各国国民在国际交往中民事权益的保障需要加强国际民事司法协助，降低国与国之间互相承认与执行民商事判决的壁垒成为国家参与国际交往的客观要求。因此，甚至有部分国家在对外国判决的承

---

[1] 韩德培. 国际私法 [M]. 北京：高等教育出版社，2014：536.

[2] 事实互惠指互惠关系的认定前提是判决作出法院所属国在客观上存在承认与执行被申请国家判决的先例。

[3] 付颖哲. 论承认与执行外国民商事判决法律制度中的互惠 [J]. 西部法学评论，2018（1）：84-95.

[4] 徐崇利. 经济全球化与外国判决承认和执行的互惠原则 [J]. 厦门大学法律评论，2005（1）：43-72.

[5] 法律互惠指互惠关系的认定不要求存在客观先例，而以两国承认与执行外国法院判决具有近似法律规定，被申请国法院判决在相同条件下可以得到判决作出法院所属国的承认与执行为前提。

[6] 推定互惠是指在判决作出法院所属国没有拒绝被申请国相关判决的先例，即推定存在互惠关系。

认与执行上取消了对互惠的要求，例如瑞士、波兰、西班牙等，以解决在国际司法协助中因秉持事实互惠而引起的相互报复主义难题。

（二）我国人民法院对认定互惠关系的态度转变

近年来，由于事实互惠的适用在司法实践过程中产生的诸多问题，以及我国在深化对外开放过程中面临的民商事交流日益频繁的现实需求，我国人民法院对于互惠关系的认定标准和思路也发生了一定转变。《最高人民法院关于人民法院为"一带一路"建设提供司法服务和保障的若干意见》（以下简称《意见》）中提出在未缔结司法协助协定的情况下，"可以考虑由我国法院先行给予对方国家当事人司法协助，积极促成形成互惠关系，积极倡导并逐步扩大国际司法协助范围"。《第二届中国-东盟大法官论坛南宁声明》（以下简称《声明》）在"区域内的跨境交易和投资需要以各国适当的判决的相互承认和执行机制作为其司法保障"等方面与与会东盟国家达成共识，提出了推定互惠的观点。相关《意见》及《声明》释放出我国司法机构在承认与执行外国法院判决上将采取更加积极主动的态度以达成互惠关系的友善信号，其中也对互惠原则的适用作出了一定程度的调整与解释。

但是从现实语境来看，一方面相关的《意见》和《声明》本身针对的是区域性司法协调，适用范围非常有限；另一方面《意见》和《声明》本身并非国际条约或司法解释，对于互惠原则的认定仅提供了概念性指引，并未为法官提供切实可行的互惠认定标准及程序，相关的司法解释也并未及时跟进，法官在进行裁定时依然援引的是《民事诉讼法》及其司法解释中的规定。❶ 但是我国互惠原则的规定本身较为宽泛，并未对互惠关系的认定作出具体解释，而是在司法实践中由合议庭法官通过严格认定互惠关系确立了事实互惠的认定标准。在互惠关系认定程序及标准上，仍然缺乏法律解释的说明及规制。法官在裁定是否承认与执行外国民商事判决时还是基于惯性适用简单的事实互惠原则，并未在真正意义上适用更为积极的推定互惠原则。

---

❶ 参见福州市中级人民法院〔2017〕闽 01 协外认 4 号民事裁定书，转引自：王雅菡. 外国法院判决承认与执行中互惠的认定标准 [J]. 武大国际法评论，2019，3（4）：20-38.

二、互惠原则在承认与执行外国
知识产权判决中面临的阻滞

法院判决的承认与执行是当事人争议最终解决的保障，[1] 对外国判决的承认和执行是通过国际民事合作实现民事权利的基本途径。[2] 加强涉外知识产权领域的司法协助，有利于在实质意义上促进国际商贸纠纷的顺利解决。在国际公约缺位的情况下，订立承认与执行外国知识产权判决的双边或多边协议，成了保护民事主体在国际知识产权纠纷中民事权益的退而求其次的选择。而目前与我国签订了民商事司法协助协定的国家或地区仅 39 个[3]，其中与新加坡、泰国、韩国等国家的协定并不包括对判决的承认与执行[4]，因而双边或多边协议在承认与执行外国知识产权民商事判决中同样存在缺位的可能性。但是，如果全盘否定外国知识产权民商事判决在本国的承认与执行，在相互报复主义之下，会形成互相拒绝承认与执行有效判决的恶性循环，阻断知识产权民商事正当的权利救济渠道，最终影响各类经济要素在全球范围内的自由流动。因此，当前面临的问题并非要不要承认与执行相关外国知识产权判决的问题，而是在缺乏国际公约、双边或多边协议的情况下，如何适用互惠原则为权利人在跨国知识产权民商事纠纷中实现自身权利救济提供保障途径。不过，在承认与执行外国知识产权判决的领域，适用互惠原则还存在以下阻滞因素。

（一）知识产权纠纷存在复杂性

知识产权本身虽然是私权，但因对于高新技术的高度敏感性，常与一国的基本政策、发展目标、技术目标密切相关，具有很强的公共属性，

---

[1] 徐伟功. 我国承认与执行外国法院判决制度的构建路径：兼论我国认定互惠关系态度的转变 [J]. 法商研究，2018，35（2）：171-182.

[2] 付颖哲. 论承认与执行外国民商事判决法律制度中的互惠 [J]. 西部法学评论，2018（1）：84-95.

[3] 罗东川. 集思广益，共谋发展：在国际商事专家委员会成立暨首届研讨会上的主题发言 [EB/OL]. http://cicc.court.gov.cn/html/1/218/62/164/1061.html.

[4] 参见：《中华人民共和国和新加坡共和国关于民事和商事司法协助的条约》《中华人民共和国和泰王国关于民商事司法协助和仲裁合作的协定》《中华人民共和国和大韩民国关于民事和商事司法协助的条约》。

易与社会公共利益产生形式上的勾连。所以依据我国《民事诉讼法》第282 条的规定，适用互惠原则承认与执行他国知识产权判决则面临更加苛刻的实践标准。此外，在知识产权领域，各国对于国际司法协助机制的构建还存在较大争议，对外国知识产权判决的承认与执行的标准也并不明晰。主要问题是在知识产权的管辖权、法律适用、效力范围及保护标准等内容上各国难以达成有效共识，因此在司法实践中，我国对于知识产权相关案件还是审慎地采取专属管辖"一刀切"的办法。虽然学界在知识产权国际私法领域着手研究并确立了诸多国际规则❶，但是在实践中并未能进行广泛适用，留下了诸多制度空白，权利人的私益在对知识产权纠纷的涉外判决承认与执行时很难得到保障。

（二）我国互惠关系认定标准过高

我国法院在互惠原则的运用上一直呈现出非常保守的态度。最高人民法院虽未出台关于互惠原则适用的具体解释，但从关于日本五味晃案件的复函及之后针对一系列案件的裁判和复函❷可以看出，我国法院在互惠的认定标准上推行"事实互惠"，要求作出判决的法院所属国家存在认可过我国判决的事实。而这样的事实互惠理念在适用中也招致了他国适用互惠原则时的同等处理，导致我国判决也难以在相应国家被承认与执行。当两个国家都存在"事实互惠"要求时，可能陷入"鸡蛋问题"的逻辑陷阱，导致任何一方都无法先行承认和执行另一国的判决，互惠关系也就不可能实质落地。在 2016 年 12 月以前，我国法院一直没有依据互惠原则承认与执行外国法院判决的公开案例，当事人很难证明判决作出国是否在同一条件下承认和执行中国法院判决，客观上也限制了我国在承认和执行外国法院判决中适用互惠原则。直到现在，在缺乏双边或多边协议的情况下，除关于婚姻关系的判决认定外，外国法院判决依靠互

---

❶　例如美国法学会《知识产权：调整跨境诉讼中管辖权、法律适用和判决的原则》（简称《ALI 原则》）、欧洲马克思普朗克知识产权冲突法小组《知识产权冲突法原则》（简称《CLIP 原则》）、韩国和日本国际私法学会《知识产权国际私法原则》和中国国际私法学会《中华人民共和国国际私法示范法》等。

❷　参见《最高人民法院关于我国人民法院应否承认和执行日本国法院具有债权债务内容裁判的复函》（〔1995〕民他字第 17 号）、《北京市第二中级人民法院（2004）二中民特字第 928 号民事判决书》、《最高人民法院关于申请人弗拉西动力发动机有限公司申请承认和执行澳大利亚法院一案的请示的复函》〔（2006）民四他字第 45 号〕、《湘潭市中级人民法院（2014）潭中民三初字第 181 号民事裁定书》等。

惠原则在中国得到承认和执行的实例依然十分有限。

三、明确互惠原则在承认与执行外国
知识产权判决中的分类适用情形

在我国尚未针对知识产权领域外国判决的承认与执行作出详细规定的情况下,《民事诉讼法》第282条确立的互惠原则审查则发挥了制度补全作用,为我国对他国知识产权民商事判决的承认与执行提供了直接的法律依据与遵循,为国际知识产权贸易规则的实现提供了更为灵活的救济手段。但是鉴于知识产权诉讼本身的复杂性与地域性特征,互惠原则在承认与执行外国知识产权判决中的具体适用,应当根据知识产权纠纷的不同类型予以区别对待。

(一)知识产权权属纠纷排除适用互惠原则

知识产权的权属纠纷是指以知识产权成立条件、权利内容、权利归属、效力范围以及保护期限为主要诉争对象而进行的诉讼。这类纠纷与一国的公共政策安排的联系最为紧密。知识产权本身是一种抽象的产权,是个人利益与公共利益平衡的产物。地域性是知识产权的基本特征,❶ 除非有国际条约、双边或多边协定的特别规定,知识产权的成立条件、权利内容和归属、效力范围以及保护期限等都是各国遵循本国经济、政治、文化、技术发展需求而通过法律予以规制和固定,其权利的确认、保护和救济都依赖于国家法律的规定,效力也只限于本国境内。一般而言,为了实现个人知识创造激励与公共知识需求之间的平衡,知识产权保护力度和范围要与国家经济发展水平相当,由此也产生了国家之间知识产权保护制度的差异与保护力度的不同。相较于发展中国家,发达国家的知识产权相关法律在知识产权保护内容与力度上通常会有更高的要求。因此在实践中,无论是依注册登记而发生效力的知识产权还是自动取得保护的知识产权,均是依照其权利产生地的法律而产生,也应依照权利产生地的法律规范及效力范围予以保护;在相关权属纠纷中,也应适用

---

❶ 王迁. 知识产权法教程 [M]. 6版. 北京:中国人民大学出版社,2019:9-10.

被请求保护地法律进行裁判。❶ 此类判决所产生的既判力也应当限定于诉讼当事人之间，基于知识产权地域性原则，其他国家并不承担执行此类判决的义务。《公约》在起草阶段曾一度将与侵权认定无关的专利和商标有效性判决、版权与未注册商标权和未注册外观设计权的有效性判决纳入承认和执行的适用范围，但最终排除也是基于前述原因。另外，在我国以注册、登记为前提的知识产权有效性问题需要行政机关的确权。此类知识产权效力问题引起的行政诉讼，属我国专属管辖，所以在承认与执行外国知识产权判决时也应考虑我国关于知识产权效力产生的现实法律规定。

从公共政策的角度来看，承认和执行此类判决也会使得知识产权创造者和持有者更倾向于在保护标准更严格的国家进行知识产权的创造与运用，因为其在当地的知识产权即可通过承认与执行的方式在其他国家得到保护，自然没有必要再到其他国家进行注册、登记或创造等方式确认其知识产权权属。因此我国人民法院在处理有关知识产权效力、归属与存续状态问题的外国法院判决时，可以承认该类知识产权纠纷在权利产生国与被请求保护国的效力，但因此类判决在我国不具备可执行性，应以《民事诉讼法》第 282 条为法律依据不予执行。

（二）知识产权侵权纠纷审慎适用互惠原则

知识产权侵权纠纷，即因侵犯他人知识产权而产生的民事纠纷，是我国知识产权"引进来""走出去"过程中面临知识产权纠纷的主要形式之一，但是对其判决的承认与执行与否也存在诸多争议。王迁教授表达了对外国知识产权侵权案件判决中部分国家设定的较高惩罚性赔偿与补偿性赔偿是否需要承认与执行的担忧。❷ 樊靖博士对跨国知识产权纠纷中单法域侵权和多法域侵权的各类情况进行分析，提出严格的地域性限制未必能够对我国利益给予更多保障。❸ 阮开欣博士认为对外国知识产权侵

---

❶ 例如，《涉外民事关系法律适用法》第 48 条规定："知识产权的归属和内容，适用被请求保护地法律。"

❷ 王迁. 《承认和执行外国判决公约》（草案）中知识产权条款研究 [J]. 中国法学，2018 (1)：118-142.

❸ 樊婧. 论海牙《判决公约（草案）》中知识产权的间接管辖权问题 [J]. 中国国际私法与比较法年刊，2018，23（2）：313-337.

权判决的承认与执行可以防止对知识产权的保护存在重大缺陷。❶ 丛立先教授在讨论《公约》的草案条款时表示应当将以知识产权的有效性、归属和存续为诉争对象的判决排除出承认和执行的范围。❷ 跨境知识产权侵权案件的管辖权、侵权行为认定、诉前禁令、赔偿范围等内容比普通侵权案件的更加特殊，易受一国的公共政策影响。但是，结合我国不断深化对外开放与强化知识产权保护的背景以及互惠原则的实际效用来看，我国承认与执行外国知识产权侵权判决具有一定的合理性，当然，也应根据具体案情实际裁量。以对等的法律互惠为原则，如果我国法院同类型知识产权侵权判决也能够在对方国家得到承认或执行，即可视为两国间存在互惠。在对方国家缺乏相关外国知识产权侵权判决承认与执行规定和案例的情况下，可以在不存在相反案例的前提下推定存在互惠关系，承认与执行相关知识产权侵权判决，释放我国法院在加强知识产权保护、促进知识产权判决流通上的积极信号，以促进我国与其他国家互惠关系的达成。

就目前知识产权侵权中涉及惩罚性赔偿的判决来说，侵权惩罚性赔偿制度本身适用于知识产权保护水平较高的国家，其制度设置具有较强的公共政策性，赔偿范围远超一般民事诉讼所遵循的侵权赔偿原则，并不符合损害填补规则。各国关于知识产权侵权惩罚性赔偿制度的规定并不统一，对相关判决的承认和执行在世界范围内都具有争议。但是结合我国商标领域已经建立起的惩罚性赔偿制度❸以及正在逐步完善专利、著作权等领域侵权惩罚性赔偿制度❹的客观实践，可以在相同条件下即我国同类判决在对方国家得到承认与执行的基础上，对相关判决进行承认与执行。

（三）知识产权合同纠纷原则上适用互惠原则

知识产权合同纠纷是指因知识产权合同的生效、解释、履行、变更、终止等引起的争议，是知识产权国际贸易合作中面临的主要纠纷形式之一。

---

❶ 阮开欣. 海牙判决项目中知识产权条款探析：兼与王迁教授商榷 [J]. 中国国际私法与比较法年刊，2018，22（1）：17-39.

❷ 丛立先. 金砖国家知识产权争议解决机制的构建及其实现路径 [J]. 国际论坛，2018，20（6）：52-59，76.

❸ 参见《商标法》第 63 条。

❹ 参见《关于强化知识产权保护的意见》。

双方当事人因超期使用或超过许可范围使用相关知识产权引起的合同纠纷屡见不鲜。在缺乏国际公约与协定的情况下，我国在承认外国知识产权合同纠纷判决时，原则上只需按照一般民商事判决的认定规则适用互惠原则即可。不过，需要考虑的是，在违约诉讼中如果排除以知识产权确权或权属认定为先决条件的判决的承认与执行，就意味着各当事人都可以知识产权效力为抗辩理由，进而将知识产权违约纠纷转化为知识产权效力纠纷，从而规避该类判决在他国的承认与执行。❶ 因此，考虑到我国将来与"一带一路"倡议参加国以及其他国家和地区开展多领域商贸交流与技术合作，针对此类知识产权判决，可以考虑在审查过程中查明不存在违背我国公共政策、侵犯我国公共利益的情况后，适用推定互惠。

四、建立互惠原则在承认与执行
外国知识产权判决中的适用标准

目前，我国《民事诉讼法》及司法解释中国际司法协助的相关条款规定较为宽泛，并未就互惠原则的认定规则和认定程序作出明确规定，在实践中则完全依赖法院合议庭法官的自由裁量，导致法院在片面强调司法主权的情况下损害国际民商事关系当事人的正当利益并且未能符合其正当期望，进而损害国际社会普遍公认的公平原则，❷ 同时也对我国民商事判决在外国法院的承认与执行造成了阻碍。考虑到司法协助与统一承认外国法院判决程序和标准的重要性，以及知识产权诉讼的特殊性，建议我国在区别不同知识产权纠纷分类适用互惠原则的基础上，在承认与执行外国知识产权判决中建立法律互惠与推定互惠兼适的认定规则，并从查明责任的分配和查明程序以及限缩解释公共政策例外等方面明确互惠原则的适用标准。

（一）建立法律互惠与推定互惠兼适的认定规则

在我国加强区域司法合作的大背景下，应通过司法解释对互惠理念的定义、内容、适用程序进行进一步的解释，结合《意见》和《声明》

---

❶ 王迁.《承认和执行外国判决公约》（草案）中知识产权条款研究 [J]. 中国法学，2018（1）：118-142.

❷ 王吉文. 外国判决承认与执行的国际合作机制研究 [M]. 北京：中国政法大学出版社，2014：224.

中主动积极认定互惠关系的目标，建立法律互惠与推定互惠兼适的认定规则。《最高人民法院关于承认与执行外国法院民商事判决的司法解释（征求意见稿）》中提出我国应确立以不存在拒绝先例推定有互惠关系的原则。这类推定互惠在司法实践中的表现是：在没有拒绝承认与执行的前例存在时，应当推定存在互惠关系。部分欧洲国家在司法实践中采用此种认定标准，例如乌克兰、斯洛文尼亚，即如果没有可供参考的国际条约，外国判决可以依据互惠在国内法院得到承认和执行，在没有拒绝承认与执行的前例存在时应当推定存在互惠关系。这一方案的缺陷在于，无法解决和我国在事实互惠路径指导下已经有互相拒绝承认与执行民商事判决事实的日本、澳大利亚等国家的民事主体与我国民事主体之间的判决的承认与执行问题。因此，不妨以《意见》中主动积极认定互惠关系为路径，确立更为宽松的推定互惠适用原则，即如在相同条件下国内法院判决也能够在对方国家得到承认或执行，可视为两国间存在互惠关系。对于已经在国际司法协助法律规定中取消适用互惠原则的国家，可以适用推定互惠原则，在情况类似的案件中，如该法院所在国没有拒绝我国相关判决的先例，即推定存在互惠关系。而对于与我国在适用事实互惠原则有过互相拒绝承认与执行民商事判决案例的国家，从促进国家间司法合作的角度出发，我国应从外交路径着手，积极与其达成司法协助的意向；在达成互相承认与执行民商事判决互惠合作意向的前提下，在承认与执行中予以积极回应，在审查过程中认定互惠关系的存在，以此实现我国与外国之间民商事判决的流通以保护国内外民商事主体利益。以此建立更为清晰、合理的互惠认定标准，推动我国与"一带一路"倡议参与国及其他国家在民商事交往与经贸领域的合作，实现对各国民事主体合法权益的保障。

（二）明确互惠关系的查明责任与查明程序

互惠关系的查明是互惠关系认定的关键，但当前我国《民事诉讼法》及其司法解释对互惠关系的查明责任并无具体规定。《最高人民法院关于适用〈中华人民共和国民事诉讼法〉的解释》第 548 条仅对审查主体及程序作出了简单规定。从我国承认或拒绝外国民商事判决执行的裁定书来看，事实互惠关系主要由法院查明。在事实互惠原则下，法官只需查明裁判作出国法院是否有承认与执行我国民商事判决的先例即可。但是在确定了法律互惠与推定互惠的情况下，除了需要查明该国法院是否有拒绝我国相关判决承认与执行的先例外，还需将查明延伸至该国关于承认与执行外国民商事判决的具体法律规定甚至政策规定。因此，应建立以法院查明为主，申请人与被申请人查明为辅的互惠关系证明责任分配制度，对申请人与被申请人的查明责任进行规定。建议首先明确法院合议庭法官在查明外国法律规定及法院判决的责任，对于涉及知识产权的外国判决依托我国知识产权法院和知识产权法庭进行查明。其次，申请人可以在申请承认与执行时出具该国关于承认与执行外国民商事判决的相关法律规定的证明文件以辅证互惠关系的存在。再次，被申请人以不存在互惠关系为由进行抗辩时，应负担证明我国与该国不存在互惠关系的举证责任，查明该国法院拒绝我国民商事判决承认与执行的具体案例或法律规定，再由我国法官在法院查明的基础上，结合申请人与被申请人提供的证明文件作出是否具有互惠关系的认定。最后，由法院合议庭对判决书具体内容进行审查，审查重点放在是否与我国法律原则和国家主权、安全、社会公共利益相违背，然后作出承认或拒绝外国法院民商事判决的裁定。

（三）限缩解释公共政策例外排除规则

公共政策例外是一国主权的体现，承认与执行外国判决中的公共政策例外普遍存在于各国立法和国际条约之中。❶《民事诉讼法》第 282 条规定了在互惠审查后，还应审查判决的承认与执行是否违反我国法律的基本原则或者国家主权、安全、社会公共利益。而国家主权、安全与社会公共利益的具体内涵与外延均缺乏明确的规定，在实践中则由合议庭法官进行自由裁量。鉴于当前我国跨国民商事交往的普遍性以及知识产权本身的特殊性，对于外国知识产权民商事判决不应一概以公共政策例外进行排除。公共政策例外作为规定承认与执行外国判决的法律条文中一项重要的款项，为维护国家利益、防范未知风险起到了"兜底"的作用，但公共政策解释的扩张将会使判决的自由流通陷入司法主权争夺的泥淖。大陆法系国家普遍对公共政策例外作出了限制性规定，排除了援引管辖权问题、法律适用问题以及原判决实质内容错误❷作为公共政策适

---

❶ 阮开欣. 承认与执行外国知识产权判决的公共政策例外：以路易斯花娃案为视角 [J]. 河南财经政法大学学报，2017，32 (6)：136-143.

❷ LASOK D, STONE P A. Conflict of laws in European Community [M]. London：Professional Books Ltd，1987：299.

用依据的情形，将公共政策例外的适用限制在附带离婚令的抚养判决和缺席判决等领域。❶ 因此，我国若要推动国际司法协助的广泛开展，需要保持社会公共利益在解释与适用中的谦抑。建议通过司法解释的形式对于社会公共利益的范围及具体内容进行限缩解释。只有当判决对我国主权、安全与社会公共利益产生实质性影响时，才予以拒绝承认与执行；对于外国知识产权侵权之诉以及违约之诉的判决，如果只涉及平等民事主体之间的利益纠纷，则应以正常的民商事纠纷承认与执行审查程序进行审查。在法院经审理后认为判决因违反国家主权、安全或社会公共利益而不予承认和执行时，也应就审查程序与结果在裁定书中予以阐述和说明，以保证公共政策例外不会影响他国与我国间互惠关系的认定。

五、结　语

互惠原则为我国法院在面临外国知识产权判决的承认与执行时提供了最基本的解释依据。保护国际民商事活动的繁荣发展、保证知识产权交流合作的正常开展、保障权利人的合法利益在受侵犯时能够得到有效救济，都需要合理承认与执行外国法院判决。因此，在承认与执行外国知识产权判决中，通过立法及司法解释明确互惠原则的分类适用情形，建立互惠原则的适用标准，具有重要的现实意义。但是我们也应看到，各国经济发展水平不一，知识产权保护水平、制度规范各有不同，且各类知识产权本身也因其调整的对象不同而各有差异，有关知识产权判决承认与执行的国际性公约始终难以达成。我国还应从双边、多边协定入手，针对不同国家具体的知识产权保护制度规范，在知识产权民事乃至刑事判决承认与执行领域，积极推动符合国内国外共同利益的双边、多边协议的达成，推进更加公平合理的国际司法协助秩序的构建。具体而言，在著作权、商业秘密等非注册性知识产权的保护上，可以与他国建立涉及较广的相互承认与执行判决的多边合作协定。而针对专利权、商标权等地域性较强的注册性知识产权领域的侵权纠纷及违约纠

---

❶ 宣增益. 国家间判决承认与执行问题研究［M］. 北京：中国政法大学出版社，2009：78-80.

纷，结合不同国家和区域的保护水平，建立符合中外共同利益的双边协议，并允许各个国家和区域依据其具体情况对承认与执行的知识产权纠纷判决类型提出保留，以此实现中外在知识产权国际贸易合作领域的互利共赢。

商业秘密司法保护的
量化分析

——基于我国商业秘密案件
裁判文书的实证研究 *

鲍晓晔❶　谢一彤❷　奚润禾❸

摘　要

商业秘密对企业具有重要价值。目前中国商业秘密的司法保护力度仍较弱，权利人利益受损，司法救济却困难重重。通过对 1993～2018 年底中国侵犯商业秘密民事案件裁判文书的量化分析，本文认为地区差异、原被告类型、是否聘请律师、诉讼请求、适用法律均对审判结果具有影响。适用《反不正当竞争法》的案件数量最多，但原告胜诉率尚未过半，主要原因在于举证困难。

关键词

商业秘密　司法保护　裁判文书　举证责任

＊　基金项目：上海市人民政府决策咨询研究重点课题"在更大范围和更宽领域进一步优化上海营商环境研究"（2019-A-029-A）。

❶～❸　作者单位：上海师范大学商学院。

引 言

商业秘密对企业的重要性不言而喻。一些企业特有的商业秘密可以使其在市场中保持长达几十年久盛不衰的霸主地位，一纸配方甚至关系到一个企业的生死存亡、荣辱兴衰。如 WD-40® 多用途产品、可口可乐为确保配方不被公开，都没有申请专利，由于专利具有保护期限，而商业秘密只要不泄露就可以无期限进行保护，因此 WD-40® 产品和可口可乐至今仍然可以作为商业秘密保护。企业也费尽心机保护好自己的商业机密。据说，肯德基最初的配方仅保存在山德士上校的脑袋里，后来还是用纸记录下来，但仅有极少数企业高管才能看到，并且由两家独立公司分别负责生产部分配料，在到达餐馆前自动混合处理。

随着人工智能等技术创新，诸如无人驾驶、刷脸支付、语言识别、AlphaGo 等"黑科技"被人熟知，这些科技企业如何在长时间内保证其关键技术不被竞争者获取、保持其市场竞争力？商业秘密保护至关重要。对企业而言，商业秘密和创新成果的保护强弱，直接影响到企业研发创新的动力和信心。我国对商业秘密的法律保护起步较晚，目前在对打击侵犯商业秘密违法行为、保护和救济受损企业合法权益方面仍存在一些问题。2019 年 4 月，第十三届全国人大常委会第十次会议决定修改《反不正当竞争法》。此次修改主要集中在"侵犯商业秘密"领域，进一步明确了侵犯商业秘密的情形，扩大了侵犯商业秘密的责任主体范围，强化了侵犯商业秘密行为的法律责任，并完善了举证责任的分配，有利于企业选择商业秘密进行保护。

一、文献综述

商业秘密司法保护在英美国家已有 200 年的历史。早在 1817 年，英国法院就对一起被告擅自使用原告治疗痛风病秘方的案件（Newber v. James），判决被告赔偿原告损失，成为近现代商业秘密法制史上最早的判例。而我国对商业秘密的法律保护起步较晚，目前我国并未制定有商业秘密保护的专门法，关于商业秘密的法律规定分散于《反不正当竞争法》《刑法》《合同法》《劳动合同法》。

根据最新修正的《反不正当竞争法》，商业秘密的定义为"不为公众所知悉、具有商业价值并经权利人采取相应保密措施的技术信息、经营信息等商业信息"。即商业秘密具有秘密性、商业价值及保密性三要素。从商业秘密保护角度考虑，凡与竞争和物质利益这两个标准同时有关的秘密信息，均可构成商业秘密。❶

唐海滨等提出商业秘密的立法侧重点在于认定其是民事权利。❷ 2017年《民法总则》第123条之"民事主体依法享有知识产权"，首次明确了商业秘密属于知识产权的范畴，将商业秘密权利化。商业秘密是一种特殊的知识产权，指法人或公民通过正当手段掌握和使用的具有所有权属性的无形的技术和经营方面的信息，❸但商业秘密与其他知识产权如专利权、商标权等存在差异。从保护范围来看，专利法保护的是申请专利的技术信息，著作权法保护的是作品的形式而非作品的内容，商标法保护的是已核准注册的商标标识，而商业秘密的保护范围往往与这些知识产权交织在一起。❹在法律准则方面，反不正当竞争法是通过制止不正当手段或者特定不合法行为的方式来保护商业秘密，所以侵犯商业秘密的行为人无一例外地存在主观过错，适用过错责任归责原则；其他知识产权法是通过保护权利本身来使权利获得保护，即不考虑行为是否正当，在归责原则上采用无过错责任原则。❺在保护的局限性上，专利权、著作权、商标权等知识产权大多具有时限性和公开性，而商业秘密则没有保护期限。这使得商业秘密可以几十年保密传承下去，不受时间限制，但面临一旦泄露或公开就失去经济价值的风险。

在司法实践中，商业秘密的合法持有人要保护自身权益仍受到重重困难和挑战。郑成思曾指出，商业秘密保护的立法上不够周延，没有更细地区分因违约而侵害与因盗窃而侵害他人商业秘密两种性质完全不同的行为，而统统予以一样的刑事制裁或行政制裁。❻商业秘密作为一种特殊的财产权，无论是转让还是在商业秘密侵权诉讼的司法量刑中都需进

---

❶ 张玉瑞. 商业秘密保护范围的发展 [J]. 法学研究，1995 (4)：40-42.

❷❹ 唐海滨，孙才森，梁彦，等. 有关商业秘密立法的重点难点问题 [J]. 中国法学，1999 (4)：20-32.

❸ 李永明. 商业秘密及其法律保护 [J]. 法学研究，1994 (3)：46-54.

❺ 邓恒. 反不正当竞争立法中商业秘密保护的理解 [N]. 人民法院报，2017-05-17 (007).

❻ 郑成思. 反不正当竞争与知识产权 [J]. 法学，1997 (6)：55-60.

行评估。然而，我国现有的法律对商业秘密的价值评估标准、评估机构及评估程序均缺乏具体的规定，以至于在实践中对侵犯商业秘密的损害后果难以确定。❶ 由于现行诉讼法中仍缺少相关保障措施，商业秘密的合法持有者在诉讼中所提供的证据很有可能导致商业秘密内容的彻底暴露，从而得不偿失。❷ 而由于互联网的兴起与数据技术的进步，侵害商业秘密的行为更具隐蔽性，互联网上侵犯商业秘密发生在虚拟空间，其证据主要为电子证据，而电子证据有很大可能被侵犯者用自己所掌握的技术所消除，警方和法院的取证难度加大。❸

二、商业秘密司法文书的样本选择与统计方法

解释法律现象的法经济学分析包含规范和实证两个方面。但是由于法律中往往缺乏严格的理论假说、精密的测试设备、对实证研究和规范性研究的明确分辨、资料的数量化、可信的受控实验、严格的统计推论、可测定结果的显著干预等，❹ 法学研究经常局限于抽象的思辨分析，人们非常容易陷入良好愿望和想象指导法律实践的泥潭。❺ 事实上，法律研究在一定范围内是定量的、可预测和普遍的。❻ 目前实证研究已被新法律现实主义者作为研究司法行为的基本思路，法律实际效果的测量是法律实证分析的一个重要领域。

本文将我国侵犯商业秘密案件的法院一审裁判文书作为研究对象，运用"中国法律检索系统"（北大法宝）及中国裁判文书网的数据库，以"商业秘密"为主题关键词进行检索，时间跨度为自 1993 年 12 月 1 日《反不正当竞争法》施行以来至 2018 年底。共计检索到 1554 条法院一审裁判文书信息，涉及全国 29 个省、自治区及直辖市。根据案件类型，绝大多数为民事纠纷案件，占 93.42%；刑事案件次之，占 6.39%；政府部门侵犯当事人商业秘密的案件很少，行政诉讼仅 3 起（参见图 1）。从裁

---

❶ 李大欣. 我国商业秘密法律保护存在的问题 [J]. 商场现代化，2007 (11)：267-268.

❷ 王雪. 新《反不正当竞争法》对商业秘密保护之管窥 [J]. 江南大学学报（人文社会科学版），2018 (5)：52-57.

❸ 傅卫卫，陈捷. 互联网条件下商业秘密侵权案件研究 [J]. 北方金融，2016 (4)：16-18.

❹ 波斯纳. 法律学问题 [M]. 苏力，译. 北京：中国政法大学出版社，1994：89.

❺ 白建军. 论法律实证分析 [J]. 中国法学，2000 (4)：29-39.

❻ 布莱克. 法律的运作行为 [M]. 唐越，苏力，译. 北京：中国政法大学出版社，1994：2.

判文书类型来看，超过半数案件以裁定书结案，约四成的案件由法院作出了判决，达成调解书的案件也占有 7％左右比例（参见图 2）。可见，将侵犯商业秘密以刑事案件追责的情形较少，而民事纠纷案件中，经常由于被告下落不明、原告举证困难、当事人庭外和解等种种原因最终由法院裁定结案。本文进一步对相关司法裁判文书进行分类和筛选，剔除信息有误和数据不全的案件文书，确定 457 份民事判决书作为主要研究样本；旨在通过统计和评价法院对商业秘密保护案件审判实践，在科学分析审判实践"实然"的基础上，贯彻商业秘密法律保护"应然"的价值取向。

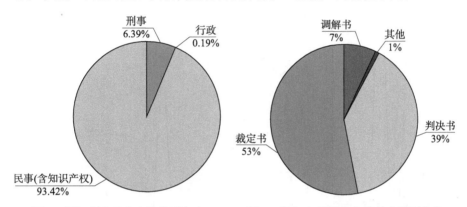

图 1　侵犯商业秘密案件类型占比　　图 2　侵犯商业秘密案件文书类型占比

三、商业秘密案件裁判文书的量化分析

（一）商业秘密民事案件的空间和时间分布

我国商业秘密民事一审案件的空间分布上，受理数量最多的地方依次是上海市（276 件）、北京市（194 件）、广东省（183 件）和浙江省（174 件），法院依法判决数量最多的地方依次是北京市（80 件）、上海市（73 件）、浙江省（63 件）和广东省（63 件）（参见图 3）。无论是案件受理数量，还是案件判决数量，均是这四个省（市）数量占前四名，合计超过全国半数以上。四地均为我国经济或政治发达地区，开放程度高，企业之间竞争激烈，可能是商业秘密窃取案件频发的原因。其中，上海受理的 276 件侵犯商业秘密民事一审案件中，仅有 73 件法院作出了判决书，仅占不到三成，有高达 177 件案件或因被告下落不明裁定驳回起诉，或由于原告举证困难、庭外和解等原因撤诉等作出裁定书结案。而在北京，判决的比率要远高于上海，约占受理案件总数的 41.2%。

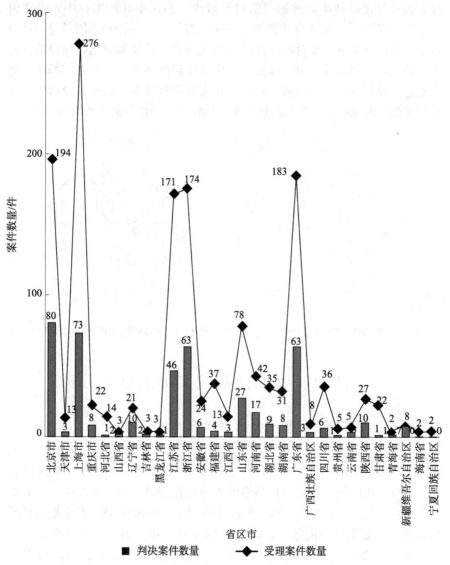

图 3 1994～2018 年法院一审受理与判决的商业秘密民事案件空间分布

　　从作出一审民事判决的案件时间分布上来看，从 1993 年《反不正当竞争法》实施起的前 10 年（1994～2003 年）仅发生了 70 件，尚不足其后 10 年（2004～2013 年）的 1/3。2016 年是侵犯商业秘密案件数最多的一年，将近是其前一年（2015 年）的 2 倍，而在 2017 年又锐减至 31 件。在 2016 年广东省发生案件数为当年最多，为 12 件；其次是浙江省，共 10 件；随后是上海市，发生 7 件。1994～2018 年，共有两次激增和锐减，分别是 2004 年和 2016 年，其中 2004 年较前一年度增加 15 件又于次年减少 14 件，2016 年增加 24 件后又于次年减少了 23 件（参见图 4）。

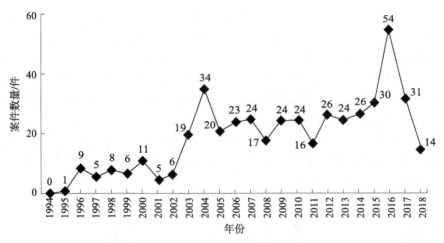

图 4　1994～2018 年法院一审判决的商业秘密民事案件的时间分布

（二）商业秘密案件的民事诉讼程序

　　在一审判决的 457 个商业秘密民事纠纷样本中，原告的数量基本为 1 人（个人或企业）提出诉讼；主体类型，以企业为主，占比高达 93.39％，也就是说仅存在不足 7％的个人诉讼。案件的被告一般为 2～3 人（个人或企业）。由于侵犯商业秘密多为员工或者前员工将商业秘密泄露给其他公司，因此被告多为员工或前员工，部分包含接受泄密的公司；企业占比相对较少，为 36.28％。从原被告人数总体而言，侵犯商业秘密的诉讼主要为"一诉多"的情况。多数原告聘请了律师作为委托代理人参与诉讼，在 457 个样本案件中有 363 个原告聘请了律师，而被告聘请律师的数量要少于原告，为 321 个样本。

从立案之日起算至判决之日为终，商业秘密民事一审案件审判的平均诉讼周期为246.77天（约8个月）。其中，案件审理时间最长的是"北京易华录信息技术股份有限公司与被告广东盈通网络投资有限公司侵害商业秘密纠纷一案"〔（2010）南市民三初字第245号〕，诉讼周期为1163天，原告最终败诉。

在一审法院层级方面，由于多数商业秘密案件涉及知识产权纠纷，因此直接由中级人民法院受理并判决的一审案件比率较高，略高于基层法院占比。

（三）原被告力量、诉讼请求与审判结果

在457份样本判决中，一审法院支持原告诉讼请求的案件仅占12.25%（56件）；部分支持的占32.39%（148件）；不支持原告诉讼请求的案件为多数，共有253件，占55.36%。在商业秘密民事诉讼案件数量排名前四的省份中，北京市法院一审支持原告诉讼请求的判决比重远高于全国平均水平，而如果将部分支持的也计入，在北京市诉讼的原告胜诉率却又低于全国平均水平。上海市恰恰相反，一审支持原告诉讼请求的比率低于全国平均水平，但含部分支持的胜诉率却高于全国平均水平。浙江省法院判决中原告胜诉率（含或不含部分支持）均低于全国平均水平（参见图5、图6）。

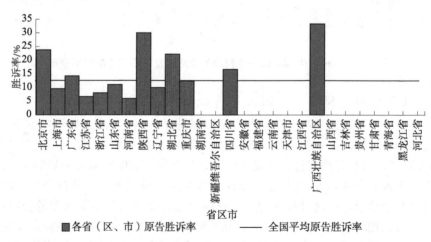

图5　各省（区、市）一审判决支持原告诉请的商业秘密民事案件的占比

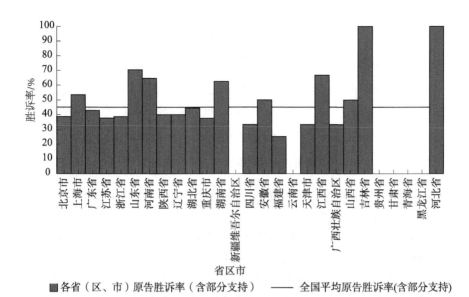

**图6 各省（区、市）一审判决支持（含部分支持）
原告诉请的商业秘密民事案件的占比**

从诉讼当事人的类型考量，原告为个人的案件共 8 件，其中，6 件败诉，2 件胜诉（法院支持和部分支持原告诉讼请求的案件各 1 件），原告的败诉率高达 75%，显著高于原告为企业的案件，当原告为企业时约有六成的案件败诉。被告仅为个人时，原告的胜诉率较高，而当被告为企业，原告获得法院支持或部分支持诉讼请求的比率均有所降低。可见，诉讼当事人是企业还是个人，对诉讼中力量的博弈会产生影响。

在样本诉讼案例中，大部分原告和被告都聘请了律师，而律师作为专业的诉讼委托代理人也对案件审判结果产生了影响。在原告聘请律师的情况下，被告不聘请律师情形下的原告胜诉率要高于被告聘请律师的情形，其中，被告不聘请律师时有 26.47% 的案件原告获得了一审法院的完全支持，而当被告也聘请了律师时原告得到一审法院完全支持的比率显著下降，仅占 9.32%。如果诉讼双方都没有聘请律师，大部分案件原告得到一审法院的部分支持，原告得到完全支持的比率（25%）仍低于仅原告聘请律师的情形（26.47%）（参见图7）。在样本案例中倘若被告聘请了律师，不存在原告不聘请律师的案件。可见，聘请律师会增加当事人在诉讼博弈中的实力，并且大部分诉讼当事人也积极寻求律师的法律帮助。

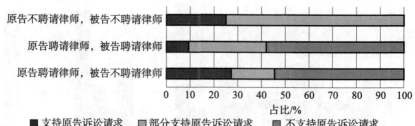

图7　原被告是否聘请律师与案件一审判决结果

　　当原告仅提出经济上的损害赔偿要求（即金钱性请求）时，有13.55％的法院一审判决支持，24.52％部分支持，原告胜诉率合计38.07％。如果原告既请求金钱赔偿，又提出非金钱性请求，一审法院完全支持的比重下降了4个百分点（占同类案件的9.55％），但部分支持的比重达37.69％，原告胜诉率合计为47.24％。在原告仅提出金钱性请求和既请求金钱赔偿又提出非金钱性请求的两类案件中，原告平均请求金额都是170多万元人民币。从法院判决的赔偿金额（不计诉讼费）来看，原告胜诉（包括法院支持和部分支持原告诉请）的两类案件中，平均获赔金额分别约为780000元人民币和421350元人民币。可见，当原告仅提出经济上的损害赔偿要求时，一审法院判决的赔偿金额约为原告请求的一半，而既请求金钱赔偿又提出非金钱性请求的，原告赔偿金的获赔率还不到1/4（参见表1）。然而，当原告仅提出非金钱性请求时，无一法院完全支持原告请求，且仅有2件案件一审法院部分支持了原告的诉讼请求，剩余的6件案件原告都没有得到法院支持，败诉率高达75％。

表1　仅金钱性请求和既有金钱性请求又有非金钱性
请求的案件中原告请求金额和获赔金额

请求类型	请求金额/元	赔偿金额/元	获赔比例
仅有金钱性请求	1755671	780000	44.43％
既有金钱性请求又有非金钱性请求	1708835	421350	24.66％

（四）适用法律条文分析

　　在商业秘密民事案件判决中，一审法院主要适用的实体法有《反不正当竞争法》《劳动合同法》《侵权责任法》和《专利法》。关于侵犯商业秘密的法律规定最为全面的是《反不正当竞争法》。《反不正当竞争法》

中第 9 条为侵犯商业秘密的禁止性规定，列举式规定了侵犯商业秘密的行为方式、主体类型，并对商业秘密概念和内涵进行明确界定。第 21 条规定侵犯商业秘密的法律责任，第 32 条规定的是关于侵犯商业秘密民事审判程序中的举证责任。其次，受害企业可基于劳动合同中员工保密协议的约定，以违约为由提出民事赔偿请求。《劳动合同法》第 23 条中涉及用人单位与劳动者的保密协议以及违反竞业限制约定的赔偿责任。2010 年 7 月《侵权责任法》实施后，在以侵权为由的诉讼中，还适用《侵权责任法》中第 6 条过错责任原则、第 8 条和第 10 条关于共同侵权的连带赔偿责任。此外，《专利法》第 65 条中涉及侵犯专利权损害赔偿的计算方法。

尽管《反不正当竞争法》对于商业秘密及侵犯商业秘密行为有明确、具体的条文规定，但在实践中适用《反不正当竞争法》的大量案件中原告胜诉率较低，一审法院支持原告诉讼请求的仅占 13.06%，部分支持的占 33.02%，合计胜诉率尚未过半（46.08%）。在由员工侵害雇主商业秘密引发的案件中，一审法院依据《劳动合同法》判决支持原告（即雇主）诉讼请求的比重稍高，占 18.49%，部分支持原告诉请的占 21.85%。自 2010 年后有 17 份样本判决属于侵权之诉并适用了《侵权责任法》。这十多件案件中原告大部分都得到了一审法院的支持或部分支持，胜诉率达 88.24%，但其中仅有 2 件案件法院一审判决完全支持原告的诉讼请求，其余多数为部分支持。当被告同时存在侵害原告商业秘密的违法行为与侵害专利行为时，适用《专利法》作为法律依据的大多数案件，原告的诉讼请求获得了一审法院的支持或部分支持，分别占 29.17% 和 62.50%，合计胜诉率达 91.67%（参见图 8）。

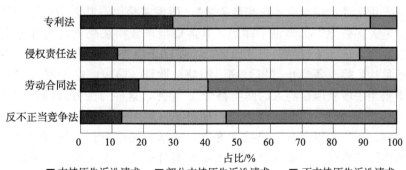

图 8　一审法院判决适用的法律依据与判决结果

四、问题与建议

（一）问题总结

商业秘密对企业至关重要，然而，当商业秘密遭到侵犯时，通过司法途径维护自身权益却困难重重。大多数案件由于被告下落不明、原告举证困难等原因最终无法获得法院判决，有 39％ 的案例受理后经过了法院审判。经过法院审判的案件中仅有 12.25％ 能够得到一审法院的支持，32.39％ 得到部分支持。也就是说，大部分商业秘密民事案件，原告最终不能得到法院的支持或部分支持。一方面，原告方要背负着败诉风险；另一方面，付诸诉讼还意味着企业的商业秘密可能被公之于众，更有可能扩大原告的损失。商业秘密最显著的特征就是不为公众所知，绝大部分商业秘密都是依靠保密，才使其商业价值得以延续。可见，目前我国商业秘密的司法保护力度仍较弱，受害人利益受损，却救济无门。

在雇员侵犯雇主（企业）商业秘密的案件中，企业必须选择究竟以侵权为由诉讼还是提出违约之诉。2017 年 10 月 1 日开始施行的《民法总则》已将商业秘密纳入民事主体依法享有的知识产权范畴之中，当商业秘密合法持有人的权益遭到侵害时，多数法院依据《侵权责任法》予以支持。但是，在 457 份样本裁判文书中，仅有 17 个案件适用了《侵权责任法》进行判决，所占比重很小。依据《劳动合同法》向违反保密义务的雇员请求赔偿，则面临劳动争议仲裁程序前置的问题，即使经过劳动仲裁后审判胜诉率仍未过半。

大量案件适用《反不正当竞争法》，但现实是原告胜诉率很低，并且即使绝大多数原告都聘请了律师，其诉讼请求获得法院支持或部分支持的案件合计也尚未过半。究其原因，主要在于原告方举证困难。《反不正当竞争法》第 9 条禁止"以盗窃、贿赂、欺诈、胁迫、电子侵入或者其他不正当手段获取权利人的商业秘密"。显然，这些行为方式都要求侵权人具有主观过错。因此，侵害商业秘密案件适用一般侵权行为的过错责任原则。行为人仅在有过错的情况下，才承担民事责任；没有过错，则不承担民事责任。过错责任原则归责的案件采用"谁主张，谁举证"原则，只有当权利人证明侵权人实施了侵权行为、权利人遭受损失、二者存在因果关系且侵权人具有主观过错，其赔偿请求才能得到支持。根据

《最高人民法院关于审理不正当竞争民事案件应用法律若干问题的解释》（法释〔2007〕2号第14条，"当事人指称他人侵犯其商业秘密的，应当对其拥有的商业秘密符合法定条件、对方当事人的信息与其商业秘密相同或者实质相同以及对方当事人采取不正当手段的事实负举证责任。"在原有的法律体系中，商业秘密权利人的举证难度相当高。

（二）互联网环境下商业秘密保护的新挑战

随着电子商务和网络技术的迅猛发展，国际经济贸易往来和企业经营管理越来越依赖于互联网络和计算机技术手段，同时商业秘密的法律保护问题也越来越突出。互联网环境下的侵犯商业秘密行为，亦属于《反不正当竞争法》中明文禁止的侵犯商业秘密行为之一，但在侵权行为方式上更为复杂和隐蔽，原告举证难度更大。

传统的商业秘密侵权往往局限在一个地区，缺乏流动性。但是互联网提供了一个跨区域交流的平台，扩大了侵犯规模，且更容易保存和贩卖。商业秘密侵犯者既可以通过企业内部员工的盗取和泄露，也可以通过外部的黑客手段、交流窃听手段、爬虫等更隐蔽和智能的手法，对商业秘密的数据进行挖掘，犯罪的可能性加大。并且信息在互联网环境下的公开和传播速度更为迅速，可能给受害企业带来无法挽回的巨大损失。

互联网的兴起变相地降低了商业秘密侵权违法成本，更加重了原告举证难度。随着信息数据技术进步，侵犯商业秘密行为的形式发生变化。互联网侵犯商业秘密发生在虚拟空间，其证据主要为电子证据，而电子证据有很大可能被侵犯者用自己所掌握的技术所消除，原告的取证难度加大。[1]

（三）相关建议

2019年新修正的《反不正当竞争法》重新调整了商业秘密权利人和侵权人的举证责任分配。权利人提供初步证据，证明其已经对所主张的商业秘密采取保密措施，且合理表明商业秘密被侵犯。简而言之，权利人只需证明"采取保密措施"，而由侵权人举证该商业秘密"已被公众所知悉"或"不具有商业价值"。在侵权行为的举证上，权利人提供初步证据合理表明商业秘密被侵犯，并且在三类特定情形下由被告证明其不存在侵犯商业秘密的行为。权利人的举证责任被减轻的同时，2019年新修

---

[1] 傅卫卫，陈捷. 互联网条件下商业秘密侵权案件研究 [J]. 北方金融，2016（4）：16-18.

正的《反不正当竞争法》中还增加了"电子侵入"的侵权手段，对新型侵犯商业秘密的行为方式加以约束和限制。预计，之后依据《反不正当竞争法》请求保护商业秘密的诉讼案件数量会有增长。

在立法层面，由于 2019 年新修正的《反不正当竞争法》对商业秘密权利人和侵权人的举证责任进行了重新分配，这与《最高人民法院关于审理不正当竞争民事案件应用法律若干问题的解释》中关于侵犯商业秘密举证责任的规定不尽一致，应当修改司法解释中的相关规定。《反不正当竞争法》中规定，当原告举证证明被告"有渠道或者机会获取商业秘密，且其使用的信息与该商业秘密实质上相同"时，举证责任倒置到被告一方，"涉嫌侵权人应当证明其不存在侵犯商业秘密的行为"。这一规定与司法实践中"接触＋相似"原则类似，但在何种程度上"相似"可以认定为实质相同，"有渠道或者机会获取"是否超越了"接触"原则，都应当在司法解释中进一步明确。

在司法层面，尽管历史数据中适用《反不正当竞争法》的原告胜诉率要显著低于《侵权责任法》，但 2019 年新修正的《反不正当竞争法》已经重新调整了商业秘密权利人和侵权人的举证责任分配，建议原告密切关注最新判例，并根据个案实际情况选择法律适用。在侵害商业秘密案件中，受害方除了希望侵权人弥补和赔偿经济损失之外，往往更希望获得法院禁令，以保护自身商业秘密权益不再继续遭受侵害。在诉讼请求方面，尽管仅提出金钱性请求获赔比率要高于既请求金钱赔偿又提出非金钱性请求的案件，但是原告仍应当将金钱性请求（损害赔偿）和非金钱性请求（停止侵害行为）相结合。此外，在诉讼博弈中，律师可以增加当事人的实力，因此聘请律师非常必要。

在企业微观层面，应当抓住此次《反不正当竞争法》修订的契机，完善企业对商业秘密的保护机制。首先，企业应对加强保密措施，尤其应发展互联网信息数据技术，对电子化商业秘密进行加密。其次，注重保密措施实施的记录留存，将涉密人员以及所有有机会接触商业秘密的个人或单位记录在案，确保过程可追溯。最后，面对侵害商业秘密的行为企业应当积极寻求法律保护。

"强制技术转让"
争端分析与建议

——基于欧美指控中国
"强制技术转让"的回应

楚　楚❶

摘　要

2018年3月，美国就中国现行法律存在的"强制技术转让"条款问题正式向WTO争端解决机构提出磋商请求（DS542）。欧盟的磋商请求（DS549）紧随其后。基于此，本文展开如下讨论：第一，从立法本身求证，中国的法律条文中是否确有不符合WTO规则以及"强制技术转让"的问题；第二，在中国对外贸易中，是否真实存在强制技术转移；第三，我国在技术转让以及知识产权保护方面实施的新法律法规政策有哪些。本文认为，技术转让是发达国家进行工业化转型的必经之路，应当适时修正TRIPS以促进发达国家向发展中国家输出技术。

关键词

技术转让　强制技术转让　TRIPS　知识产权制度

---

❶　作者单位：同济大学上海国际知识产权学院。

美国于 2018 年 3 月就知识产权保护问题正式向 WTO 争端解决机构（Dispute Settlement Body，DSB）提出对中国的磋商请求（China—Certain Measures Concerning the Protection of Intellectual Property-Rights，DS542 号❶，现已暂停）。其根据"301 调查报告"中所谓"中国的技术法规制度迫使美国企业以技术许可换取中国市场"，指控中国的《技术进出口管理条例》《中外合资经营企业法实施条例》中部分条款不符合《与贸易有关的知识产权协议》（Agreement on Trade-Related Aspects of Intellectual Property Rights，TRIPS）的国民待遇原则，并且认为相关法条本身（itself）而非法条适用（apply）不满足国民待遇原则的基本要求。紧接着，欧盟也向 WTO 争端解决机构提交磋商请求（DS549），不仅指控中国相关法条本身不满足国民待遇原则，还指控中国贸易实践中存在"强制技术转让"行为。

面对美国和欧盟对中国的上述指控，我们需要从两个方面考虑是否确实存在"强制技术转让"问题：一是国内法条文是否存在文义上的"强制"，二是合同双方在实际签订技术合同、进行许可谈判时是否存在被指控的现象。

一、"技术转让"条款本身已经符合 TRIPS 的国民待遇原则

国民待遇原则最早在 1883 年制定的《保护工业产权巴黎公约》（Paris Convention for the Protection of Industrial Property）中予以规定，❷ 并在 TRIPS 中成为国际知识产权保护的基本原则之一，即要求每一成员向其他成员的国民就知识产权保护提供的待遇不得低于（no less than）其给予本成员国民的待遇。作为消除贸易壁垒、促进国际贸易的重要保障，

---

❶ WTO. DS542：China—Certain Measures Concerning the Protection of Intellectual Property Rights [EB/OL]. https://www.wto.org/english/tratop_e/cases_e/ds542_e.htm.

❷ 《保护工业产权巴黎公约》第 2 条：本联盟任何国家的国民，在保护工业产权方面，在本联盟所有其他国家内应享有各该国法律现在授予或今后可能授予各该国国民的各种利益，一切都不应损害本公约特别规定的权利，因此，他们应和各该国国民享有同样的保护，对侵犯他们的权利享有同样的法律上的救济手段，但是以他们遵守对各该国国民规定的条件和手续为限。

《保护工业产权巴黎公约》第 3 条：本联盟以外各国的国民，在本联盟一个国家的领土内设有住所或有真实和有效的工商业营业所的，应享有与本联盟国家国民同样的待遇。

国民待遇原则影响着各个国家或地区的知识产权立法，现已成为众多国际知识产权公约的基本原则，是现行知识产权国际保护体系中最重要的一环。❶ 通过 WTO 争端解决机构与专家组对国民待遇原则的澄清❷，可以看出国民待遇原则的适用是非常严格的：它不仅规制 WTO 成员明显的差别待遇行为，还规制产生非国民待遇可能性的措施。❸

2019 年 3 月 15 日，第十三届全国人民代表大会第二次会议表决通过了《外商投资法》。该法自 2020 年 1 月 1 日起施行。与此同时，为了顺应新法"鼓励在外商投资过程中基于自愿原则和商业规则开展技术合作""技术合作的条件由投资各方遵循公平原则平等协商确定。行政机关及其工作人员不得利用行政手段强制转让技术"等原则，2019 年 3 月 2 日，国务院公布了《国务院关于修改部分行政法规的决定》。该决定对《技术进出口管理条例》作出修改，删去第 24 条第 3 款、第 27 条、第 29 条等关于权利瑕疵担保、改进技术成果归属、技术进口合同不得含有限制性条款的规定。因此，在立法方面，实施新法、删除"差别条例"等措施，使原本不符合 TRIPS 第 3 条第 1 款国民待遇原则的条款被改正，涉及国际技术合作的平等和自愿原则被强化。《技术进出口管理条例》中被删除条款的具体内容如表 1 所示。

表 1　2019 年新修正《技术进出口管理条例》中被删除的条款

删除条款	内　容
原第 24 条第 3 款	技术进口合同的受让人按照合同约定使用让与人提供的技术，侵害他人合法权益的，由让与人承担责任。
原第 27 条	在技术进口合同有效期内，改进技术的成果属于改进方。

---

❶ SANDERS A K. The principle of national treatment in international economic law：trade, investment and intellectual property [M]. Cheltenham：Edward Elgar Publishing，2015：839-844.

❷ US-Section 211 Appropriations Act，DS176/AB/R，para.242.；EC - Trademarks and Geographical Indications，DS174.

❸ 张乃根. 试析美欧诉中国技术转让案 [J]. 法治研究，2019，121 (1)：128-140.

删除条款	内　容
原第 29 条	技术进口合同中，不得含有下列限制性条款： （一）要求受让人接受并非技术进口必不可少的附带条件，包括购买非必需的技术、原材料、产品、设备或者服务； （二）要求受让人为专利权有效期限届满或者专利权被宣布无效的技术支付使用费或者承担相关义务； （三）限制受让人改进让与人提供的技术或者限制受让人使用所改进的技术； （四）限制受让人从其他来源获得与让与人提供的技术类似的技术或者与其竞争的技术； （五）不合理地限制受让人购买原材料、零部件、产品或者设备的渠道或者来源； （六）不合理地限制受让人产品的生产数量、品种或者销售价格； （七）不合理地限制受让人利用进口的技术生产产品的出口渠道。

同时，《外商投资法》第 22 条规定："国家保护外国投资者和外商投资企业的知识产权，保护知识产权权利人和相关权利人的合法权益；对知识产权侵权行为，严格依法追究法律责任。国家鼓励在外商投资过程中基于自愿原则和商业规则开展技术合作。技术合作的条件由投资各方遵循公平原则平等协商确定。行政机关及其工作人员不得利用行政手段强制转让技术。"

由此表明，在此后的跨境技术交易中，中国法律将充分尊重技术合作合同双方意思自治，一切有关的权益亦可参照"国民"待遇，适用与《合同法》统一的法律准则。由此，在法律条文方面，符合 TRIPS 下的国民待遇原则。

二、关于"强制技术转让"
是否存在于国际贸易活动中

尽管如此，美国企业界认为中国在商业活动中依然实际存在"强制技术转让"行为，而这些行为无法由法律规制。在这里首要考虑的一个问题是：既然无法通过法律规制，是否同时也说明了商业行为的自由性？即这种商业实践完全是由合同双方谈判结果决定的，法律亦无权干涉双方的意思自治。然而，他们认为中国对特殊的机械设备（如医疗设备）购买管制造成了强制技术转让。他们指出，中国企业在购买外企医疗设备时要求外方提供的设备必须是在中国境内生产的设备，否则将不能获得国务院食品药品监督管理部门的批准。从而进一步得出，外方想要获得达成设备买卖协议，就必须在中国境内生产产品，这将会导致技术的被迫占用和窃取（下文称为"指控一"）。同时他们又指出，如果将生产链移入中国，技术将无法免于被侵犯（下文称为"指控二"）。❶ 医疗器械是事关全人类健康和生命安全的特殊器械，世界各国对不论是境内生产还是境外生产的医疗器械均采取严格的监督管理。❷ 对于指控一，根据《医疗器械监督管理条例》规定，无论是在中国生产还是境外生产的医疗器械，都需要提交备案材料或者注册申请材料，唯一的区别是境外生产的医疗器械需要附带所在国（地区）主管部门准许该医疗器械上市销售的证明文件。因此，现行医疗器械相关法律法规条文规定不存在上述被指责的差别待遇；即便外方最终选择在中国境内生产医疗器械，也是双方基于意思自治谈判的结果。对于指控二，器械的境内制造与是否被侵权之间没有必然的因果关系，即便是任何一个国家任何一台进口的机械设备，也都存在被反向工程的可能。同时，防止技术被他人擅自使用的有效措施，可以是通过在中国地域内申请专利并获得专利权来获得法律保护，因此对于上述指控二中的"被侵犯"实际上是可以通过在中国地域获取法律保护而避免的。而对于未获得专利权等法律保护的技术而言，他人的使用行为也不是法律规制的对象，自然也就不属于侵犯范畴。

早期研究表明，外资企业经常用专利作为直接投资换取某国市场的的替代品，❸ 而该国的知识产权制度并不是外国进行直接投资决策时考虑的重要因素。因此，奉行知识产权强保护制度并不是外资进入一国市场

---

❶ DICKINSONS. China's new foreign investment law and forced technology transfer: same as it ever was [EB/OL]. (2019-03-21) [2019-09-06]. https://www.chinalawblog.com/2019/03/chinas-new-foreign-investment-law-and-forced-technology-transfer-same-as-it-ever-was.html.

❷ USA Safe Medical Devices Act (SMDA); EU Council Directive 93/42/EEC; Australian Regulatory Guidelines for Medical Devices (ARGMD).

❸ VAITSONS C. Patents revisited: Their function in developing countries [J]. The Journal of Development Studies, 1972, 9 (1): 71-97.

的必要条件。❶ 同样地，瑞士的历史案例表明，专利法的缺位是当时刺激外商投资的重要原因。❷ 联合国开发计划署（UNDP，1999）在研究了针对加拿大和意大利的的外商直接投资（FDI）案例后，也作出了相似的论断。❸ 所有这些都说明，外国企业的技术投资以及知识产权密集型商品贸易与知识产权保护强度没有直接联系，而企业以技术投资也是它们进入某国市场的可替代方案之一，不存在"强制"的情况。

三、国际条约框架下我国（发展中国家）技术转让条款的合理性

党的十九大报告指出，中国仍处于并将长期处于社会主义初级阶段的基本国情没有变，我国是世界最大发展中国家的国际地位没有变。发展中国家相较于发达国家仍然存在较大的科技发展差距，也存在较大的技术提升空间，而这离不开国际社会的技术合作与共享。例如，UNDP强调，除了使用专利垄断奖励创新成果，创新也可以建立在分享、公开使用和集体创新的基础上。Primo Braga 指出，没有任何证据表明，在发展中国家强有力的知识产权保护会鼓励更多的研发活动。当世界专利的97％掌握在发达国家手中时，发展中国家使用这些专利所支付的成本要远远大于得到的收益。❹ TRIPS 显然意识到上述问题的存在，因此为最不发达国家和发展中国家设定了一些例外规则。

TRIPS 是首个将贸易与知识产权保护问题关联起来的国际条约。促成这一国际条约的形成主要存在两个原因。❺ 首先，这是发达国家的倡导，以期建立新的国际经济秩序。以美国为代表的发达国家于 20 世纪 70

---

❶　BRAGA C A P，FINK C. The relationship between intellectual property rights and foreign direct investment ［J］. Duke Journal of Comparative & International Law，1998（9）：163-188.

❷　SCHIFF E. Industrialization without national patents：the Netherlands，1869—1912；Switzerland，1850—1907 ［M］. Princeton：Princeton University Press，1971：102-103.

❸　UNDP. Human development report 1999 ［R］. New York：Oxford University Press，1999：73.

❹　UNDP. Human development report 1999 ［R］. New York：Oxford University Press，1999：68.

❺　SHELL S. Power and ideas ［M］. New York：State University of New York Press，1998：120-123.

年代到 80 年代，通过世界知识产权组织（WIPO）要求创立国际知识产权体系。但发展中国家提出强制许可、降低许可费用、延长发展中国家投资者优先权期限等要求，引起了发达国家的强烈反击。❶ 其次，美国工业竞争力的相对衰落使得美国开始对外国"偷窃"其私有知识产权产生愤怒情绪。而为了支持这一态度，美国法院前所未有地保护专利所有人。从美国的司法判例来看，尤其在 William Orville Douglas 担任美国联邦最高法院法官时期（1946～1965 年），美国法院一直疏于加强专利权所有者的权利；但在 1982～1983 年，法院对侵犯知识产权的行为开始判令侵权人给付权利人高额补偿金。最重要的是，美国逐渐意识到贸易威胁能够作为向贸易伙伴强调知识产权强保护的有力手段。因此，美国于 1986 年 4 月提出将 TRIPS 列入《关税与贸易总协定》（GATT）乌拉圭回合的日程安排。需要强调的是，TRIPS 在正式签署时，许多成员还未真正明白专利对社会以及本国经济发展意味着什么。❷

　　TRIPS 的倡导者声称该协议能够为发展中国家或地区的创新活动带来积极影响，因为 TRIPS 的基本原则之一是"对知识产权的保护需要致力于技术转移"❸。同样地，TRIPS 的起草者们在第 67 条"技术合作"中规定："发达国家成员应发展中国家成员和最不发达国家成员的请求，并按双方同意的条款和条件，应提供有利于发展中国家成员和最不发达国家成员的技术和资金合作。此种合作应包括帮助制定有关知识产权保护和实施以及防止其被滥用的法律和法规，还应包括支持设立或加强与这些事项有关的国内机关和机构，包括人员培训。"❹ 因此，中国基于促进技术转让的国际条约的原则和针对发展中成员的例外规则，建立并实施《专利法》《技术进出口管理条例》等相关措施，积极履行国际条约义务，促进外来技术的转让、许可、改进以及保护。

　　但实际上，TRIPS 严格限制了发展中国家或地区模仿和吸收发达国

---

❶　CHANG H J. Intellectual property rights and economic development：Historical lessons and e-merging issues［J］. Journal of Human Development and Capabilities，2001，2（2）：287-309.

❷　UNDP. Human development report 1999［R］. New York：Oxford University Press，1999：74.

❸　详见 Article 7 of TRIPS Agreement（as amended on 23 January 2017）［EB/OL］. https：//www. wto. org/english/docs_e/legal_e/31bis_trips_01_e. htm.

❹　详见 Article 67 of TRIPS Agreement（as amended on 23 January 2017）［EB/OL］. https：//www. wto. org/english/docs_e/legal_e/31bis_trips_08_e. htm.

家或地区先进技术的机会（这些机会包括但不限于通过反向工程对现有技术进行小幅度改进、发现专利化学物质的替代品）。因此，有学者认为，获取技术的"非正式"渠道对发展中成员而言比"正式"渠道更重要。❶ 理论上，加强发展中成员知识产权保护有利于促进发达成员通过正式渠道将技术转移到发展中成员，而美国（发达国家）的实践经验证明事实并非如此。美国通过设置实体清单限制本国先进技术产品向发展中国家输出；通过垄断定价许可标准必要专利，导致发展中国家对技术的使用成本远远超出实际收益；缩短人工智能、高科技制造业等专业的中国研究生签证期限，限制高科技企业员工流动等多种途径逃避 TRIPS 对发达成员设定的"技术合作"义务。其在限制中国以正当渠道获得技术转让的同时，也站在道义制高点上指责中国存在模仿、改进甚至"偷窃"美国知识产权的行为。具有正当理由的指责是必要的，它能够更好地维护和促进科技发展的国际环境和普适准则。但不可否认的是，历史经验和 U 型增长模型表明，一些发达国家是在经历过贸易保护、大量技术转让甚至技术窃取行为后，建立本国的科技基础（technology base）。此刻对中国的严苛指责是否符合发达国家在国际社会的责任和形象，是否确实做到了发达国家协助和支持发展中国家的义务，值得国际社会深思。

因此，TRIPS 对发展中成员而言存在以下五个问题。第一，不仅没有给发展中成员带来收益，反而造成通过高成本获得技术许可，迫使发展中成员新兴市场采取激励政策促成技术转让（比如巴西、尼日利亚、南非以及印度尼西亚）。❷ 第二，通过强调完全相同而非等同的知识产权强保护，无法有效约束跨国公司的垄断定价行为。因为发展中成员由于经验缺乏，没有和发达成员一样成熟的反托拉斯法及相应的执法能力。第三，运作复杂的知识产权保护制度也会提高人力资源成本。因为不仅需要更多专业的人才实施知识产权制度，还需要律师和其他有经验技能的人应诉 WTO 争端，而这无疑是对发展中成员的较高要求。第四，

---

❶ FRANSMAN M, KING K. Technological capability in the third world [M]. London：Palgrave Macmillan，1984.

❷ ANDRENELLI A, GOURDON J, MOÏSÉ E. International technology transfer policies：OECD Trade Policy Paper No. 222 [R/OL]. Paris：OECD Publishing，2019（2019-01-24）. https：//doi. org/10. 1787/7103eabf-en.

TRIPS 允许曾被认定为非可专利性的天然物质和程序申请专利❶，这将使发达成员生产商抢占先机，将本属于公共资源的事物申请专利，从而垄断技术。❷ 第五，TRIPS 无法实现帮助发展中成员建立本国或地区技术基础。TRIPS 对于发展中成员模仿和改进引进技术作出了严格的限制，没有为它们提供逐渐学习和创新科技能力的路径。

四、我国关于健全知识产权保护体系的政策与举措

中国自加入 WTO 以来，在知识产权领域不断摸索，经过多次自主改革，已经取得瞩目成就。截至 2019 年 11 月底，国内发明专利有效量为 264.5 万件，国内商标注册有效量达 2478.0 万件。❸ 2019 年 1~11 月，国家知识产权局受理 PCT 国际专利申请 5.2 万件，其中，国内申请 4.8 万件；收到马德里商标国际注册申请 5825 件。❹ 在 WIPO 发布的《2019全球创新指数（GII）报告》中，中国排名第 14 位，❺ 实现连续四年上升。这些成就离不开中国在立法、政策和司法层面以及在知识产权保护体系建设方面的努力。

立法层面，为充分保障知识产权权利人尤其是外国投资者的相关权益，营造公平合理营商环境，规范与外商投资有关的行政行为，我国的《外商投资法》中专门规定要依法保护外商投资者的商业秘密、禁止强制转让技术行为。例如，第 22 条规定："国家保护外国投资者和外商投资企业的知识产权，保护知识产权权利人和相关权利人的合法权益；对知识产权侵权行为，严格依法追究法律责任。国家鼓励在外商投资过程中基于自愿原则和商业规则开展技术合作。技术合作的条件由投资各方遵循公平原则平等协商确定。行政机关及其工作人员不得利用行政手段强

❶ GHOSH J. Rules of international economic integration and human rights：Human development occasional papers [R]. Human Development Report Office（HDRO），United Nations Development Programme，2000.

❷ 张夏准，郝正非. 撤掉经济发展的梯子：知识产权保护的历史教训 [J]. 国际经济评论，2002（6）：16-22.

❸❹ 国家知识产权局战略规划司. 2019 年 1-11 月知识产权主要统计数据 [R/OL]. (2019-12-02) [2019-12-20]. https：//www. cnipa. gov. cn/20191218100330051210. pdf.

❺ 康奈尔大学，欧洲工商管理学院，世界知识产权组织. 2019 年全球创新指数：打造健康生活——医学创新的未来 [R]. 2019：31.

制转让技术。"第 23 条规定："行政机关及其工作人员对于履行职责过程中知悉的外国投资者、外商投资企业的商业秘密，应当依法予以保密，不得泄露或者非法向他人提供。"第 39 条规定："行政机关工作人员在外商投资促进、保护和管理工作中滥用职权、玩忽职守、徇私舞弊的，或者泄露、非法向他人提供履行职责过程中知悉的商业秘密的，依法给予处分；构成犯罪的，依法追究刑事责任"。与《外商投资法》配套生效的《外商投资法实施条例》第 24 条规定："行政机关（包括法律、法规授权的具有管理公共事务职能的组织，下同）及其工作人员不得利用实施行政许可、行政检查、行政处罚、行政强制以及其他行政手段，强制或者变相强制外国投资者、外商投资企业转让技术。"2019 年新修正的《行政许可法》第 5 条中也明确规定，"未经申请人同意，行政机关及其工作人员、参与专家评审等的人员不得披露申请人提交的商业秘密、未披露信息或者保密商务信息；"第 31 条第 2 款规定，"行政机关及其工作人员不得以转让技术作为取得行政许可的条件；不得在实施行政许可的过程中，直接或者间接地要求转让技术"。这些充分说明我国立法层面已经严厉禁止强制技术转让行为，充分保护外国投资者的知识产权相关权益。

政策层面，2019 年 11 月，中共中央办公厅、国务院办公厅印发《关于强化知识产权保护的意见》（以下简称《意见》）。《意见》包含 99 条措施。这是一份统筹推进知识产权保护的纲领性政策，涉及加大侵权假冒行为惩戒力度、强化案件执行措施、优化知识产权授权确权维权衔接程序、加强国际合作、加强海外维权援助服务等重要工作。《意见》明确提出力争到 2022 年，侵权易发多发现象得到有效遏制，权利人维权"举证难、周期长、成本高、赔偿低"的局面明显改观；到 2025 年，知识产权保护社会满意度达到并保持较高水平，保护能力有效提升，保护体系更加完善。

司法层面，2019 年 1 月 1 日，最高人民法院成立知识产权庭，负责审理覆盖医药、生物科技、网络电缆、大型机械、智能输入法等复杂技术领域案件；制定《最高人民法院知识产权法庭统一裁判标准实施细则》，同步编发《法官会议纪要摘编》和《办案提示》，及时统一重要裁判标准和类案办理方式。同时，人民法院贯彻落实《最高人民法院关于在全国法院推进知识产权民事、行政和刑事案件审判"三合一"工作的意见》，各地级法院开展知识产权形式案件阅卷调研、犯罪量刑调研，为研究知识产权刑事司法保护规范、修订完善相关司法解释奠定基础。在知识产权司法案件中，中国法院贯彻平等保护中外主体合法权利的原则，在陆风 X7 与路虎揽胜极光外观设计侵权案件，本田技研工业株式会社与重庆恒胜鑫泰贸易有限公司、重庆恒胜集团有限公司涉外定牌加工商标侵权纠案等典型案件中，最高人民法院依法支持国外当事人诉讼请求，严格保护权利人合法权益。在北京知识产权法院自成立以来受理的案件中，涉外行政案件国外当事人胜诉率为 49%（不包括原告和第三人均涉外的情形），民事案件国外当事人胜诉率为 68%（不包括原告和被告均涉外的情形）。❶

通过立法层面法律的不断完善、政策层面的顶层指导和司法层面的高质量落实，我国正通过建立健全知识产权保护体系，充分、平等保护国内外知识产权权利人的合法权益。

五、完善我国技术转让制度的对策与建议

本文主要探讨有关美国指控中国"强制技术转让"的三个问题。首先，通过国内现有的学术研究发现，新修订的《技术进出口管理条例》与新颁布的《外商投资法》等法律法规符合 TRIPS 的国民待遇条款；其次，通过实例研究证明我国在商业实践中本身不存在"强迫"外资以技术换市场的现象；最后，通过分析国际条约框架下我国技术转让条款的合法性，以及我国在知识产权保护体系建设方面的不断改革，证明我国现阶段针对技术转让和知识产权严格保护方面作出了积极努力。需要注意的是，虽然我国已经保有大量知识产权，但在以下三方面仍有需要完善之处。

一是在 TRIPS 框架下，中国作为 WTO 发展中成员，需要意识到TRIPS 需要作出适当修补，某些有关"技术转让""技术合作"的条款，应当作为主张本国权利的法律依据。换句话说，中国应当基于发展中成员的共同利益，积极参与到 WTO 改革的协商之中。倡议 TRIPS 需要注重提高发展中成员长期的科技能力，放宽发展中成员在现有技术基础上附加创新的空间，从而保护发展中成员的共同利益。

---

❶ 澎湃新闻. 北京知识产权法院：涉外知产案件逐年增长，美国占比最大［EB/OL］. (2019-11-11). https://www.thepaper.cn/newsDetail_forward_4924449.

二是在知识产权执法层面，中国迫切需要提高知识产权执法力度，严厉惩治知识产权侵权行为。惩罚性赔偿制度未来有望加入《著作权法》《商标法》，严厉惩治知识产权恶意侵权行为将成为法院面临的一个新挑战；提高海关对涉嫌侵权货物的监管力度，利用互联网技术联通线上信息共享机制；建立"知识产权"诚信体制，接轨全国征信体系，形成知识产权领域诚信风气。

三是在科技创新层面，在新兴技术领域，例如人工智能、5G 通信、智慧医疗、新能源产业等，创新机遇和创新空间对于任何国家而言都是平等的，而创造新技术总是比投入资金吸收后改进技术更有意义。❶ 因此，如何发展新兴领域的核心技术，建立标准必要专利，激励自主创新技术依然是发展我国科技、建立坚实技术基础的重要途径，也是未来的研究重点。

---

❶ HAMDAN I. How compliant are developing countries with their TRIPS obligations? [EB/OL]. http：//dx. doi. org/10. 2139/ssrn. 1427752.